O CASTELO DE VIDRO

O
CASTELO
DE VIDRO

Jeannette
Walls

Tradução
Luciana Persice Nogueira

Editora Nova Fronteira S.A.
Rua Bambina, 25 – Botafogo – 22251-050
Rio de Janeiro – RJ – Brasil
Tel.: (21) 2131-1111 – Fax: (21) 2286-6755
http://www.novafronteira.com.br
e-mail: sac@novafronteira.com.br

CIP-Brasil. Catalogação-na-fonte
Sindicato Nacional dos Editores de Livros, RJ

W187c   Walls, Jeannette
      O Castelo de Vidro / Jeannette Walls ; tradução de Luciana Persice Nogueira. – Rio de Janeiro : Nova Fronteira, 2007.

      Tradução de: The Glass Castle
      ISBN 978-85-209-2040-4

      1. Walls, Jeannette. 2. Filhos de alcoólatras – Estados Unidos – Biografia. 3. Famílias com problemas – Estados Unidos. 4. Pobres – Estados Unidos. 5. Pessoas desabrigadas – Estados Unidos. I. Título.

                                      CDD 920.936282
                                       CDU 929:364.29

Meus pais, Rose Mary e Rex Walls, no dia de seu casamento, em 1956.

Para John,
por ter me convencido de que toda pessoa
interessante tem um passado

AGRADECIMENTOS

EU GOSTARIA DE AGRADECER a meu irmão, Brian, por ter me acompanhado durante nossa juventude e enquanto eu escrevia este livro. Agradeço, também, a minha mãe, por acreditar na arte e na verdade, e por ter apoiado o projeto deste livro; a minha brilhante e talentosa irmã mais velha, Lori, por ter me animado; e a minha irmã mais nova, Maureen, a quem sempre amarei. E a meu pai, Rex S. Walls, por ter sonhado todos aqueles grandes sonhos.

Um agradecimento especial, igualmente, para a minha agente, Jennifer Rudolph Walsh, por sua compaixão, sagacidade, tenacidade e energizante apoio; a minha editora, Nan Graham, por sua perspicácia em reconhecer limites, e por se preocupar tão profundamente; e a Alexis Gargagliano, por suas leituras atenciosas e sensíveis.

Minha gratidão pelo apoio de longa data e constante de Jay e Betsy Taylor, Laurie Peck, Cynthia e David Young, Amy e Jim Scully, Ashley Pearson, Dan Mathews, Jessica Taylor e Alex Guerrios.

Jamais poderei agradecer o suficiente a meu marido, John Taylor, que me convenceu de que já era tempo de contar minha história, e que, então, a extraiu de mim.

A treva é um caminho e a luz um lugar,
O céu que nunca existiu
Nem existirá jamais é sempre verdadeiro.

Dylan Thomas,
"Poema em seu aniversário"

1

UMA MULHER NA RUA

EU ESTAVA SENTADA NO TÁXI, pensando se a minha roupa estava chique demais para aquela noite, quando olhei pela janela e vi mamãe remexendo o fundo de um latão de lixo. Tinha acabado de escurecer. O vento tempestuoso de março cortava as fumarolas de vapor que escapavam dos bueiros das calçadas, e as pessoas andavam apressadas, com as golas levantadas. Eu estava presa num engarrafamento a dois quarteirões da festa para onde me dirigia.

Mamãe estava a uns cinco metros de distância. Tinha trapos enrolados em torno dos ombros contra a friagem do início da primavera e procurava coisas no lixo, enquanto seu cachorro, um *terrier mix* preto-e-branco, brincava a seus pés. Eu reconhecia todos os gestos de mamãe — a maneira de inclinar a cabeça e projetar o lábio inferior para frente ao avaliar itens de valor potencial que ela suspendia da lixeira, a maneira alegre e infantil de arregalar os olhos ao encontrar algo que lhe agradava. Seus cabelos longos estavam repletos de mechas grisalhas, embaraçados e desgrenhados, e os olhos haviam afundado nas órbitas, mas ela ainda me lembrava a mãe que tive quando pequena, mergulhando de cabeça do topo de penhascos, pintando no deserto e lendo Shakespeare em voz alta. As maçãs do rosto ainda eram proeminentes e fortes, mas a pele estava seca e avermelhada, de todos aqueles invernos e verões expostos às intempéries. Quem passava por ela pensava que provavelmente se tratava de qualquer um dos milhares de sem-teto da cidade de Nova York.

Havia meses eu não via mamãe. Quando ela olhou para cima, fui invadida por uma sensação de pânico. Tive medo de que ela me visse e me chamasse, de que alguém a caminho da mesma festa nos visse juntas e mamãe se apresentasse, e o meu segredo, assim, fosse revelado.

Encolhi-me no assento e pedi ao motorista que desse meia-volta e me levasse para casa, na Park Avenue.

O táxi estacionou na frente do prédio, o porteiro abriu a porta para mim, o ascensorista levou-me ao meu andar. Meu marido ainda estava no trabalho, fazendo hora extra, como fazia a maioria das noites, e o apartamento estava silencioso, a não ser pelo estalar do salto de meus sapatos no chão encerado. Ainda estava estremecida por ter visto mamãe, e com o inesperado da situação, com a visão de a ver remexendo feliz e satisfeita a lata de lixo. Coloquei um disco de Vivaldi, na esperança de que a música me acalmasse.

Dei uma olhada ao redor da sala. Lá estavam os vasos de bronze e prata do fim do século passado e os velhos livros com encadernação de couro gasta, que eu vinha colecionando das feiras de antiguidades. Lá estavam os mapas georgianos que eu havia emoldurado, os tapetes persas, e a poltrona de couro estofada, na qual eu gostava de me refestelar no final do dia. Vinha tentando transformar o lugar na minha morada, imprimir meus gostos, fazer do apartamento um tipo de lugar em que se deseja viver. Mas eu nunca poderia me sentir bem naquela sala com mamãe e papai amontoados sobre a grade de ventilação de um bueiro, em um canto qualquer. Era muita preocupação. Ao mesmo tempo em que ficava aflita por eles, constrangia-me, e tinha vergonha de mim mesma por usar pérolas e morar na Park Avenue, enquanto os meus pais lutavam para se manter aquecidos e encontrar o que comer.

O que eu podia fazer? Tentara ajudá-los inúmeras vezes, mas papai insistia em que eles não precisavam de nada, e mamãe pedia coisas imbecis, como um spray de perfume ou o pagamento das mensalidades em uma academia de ginástica. Eles diziam que estavam vivendo exatamente como queriam.

Depois de me encolher no assento do táxi para que mamãe não me visse, senti ódio de mim mesma — ódio de minhas antiguidades, de minhas roupas, de meu apartamento. Eu precisava fazer alguma coisa, então liguei para uma amiga de mamãe e deixei um recado. Assim nos comunicávamos, era nosso código. Mamãe sempre levava alguns dias para retornar a ligação, mas quando eu a ouvia, ela soava, como sempre, alegre e despreocupada, como se tivéssemos almoçado juntas um dia antes. Disse-lhe que queria encontrá-la, e sugeri que ela passasse aqui em casa, mas ela preferia ir a um restaurante. Ela adorava comer fora, e combinamos de nos encontrar para almoçar no seu restaurante predileto de comida chinesa.

Mamãe estava sentada em um canto, consultando o menu, quando eu cheguei. Esforçara-se para se arrumar melhor. Estava usando um suéter cinza largo, com umas poucas manchas pequenas, e sapatos masculinos de couro preto. Tinha lavado o rosto, mas o pescoço e as têmporas ainda estavam escuras de sujeira.

Acenou animadamente quando me viu.

— É a minha filhinha! — exclamou, com a voz elevada.

Dei-lhe um beijo no rosto. Mamãe havia enfiado na bolsa todos os sachês de molho de soja e mostarda picante que estavam sobre a mesa. Agora, esvaziava um pratinho de madeira com salgadinhos, também dentro da bolsa.

— Um lanchinho para mais tarde — explicou.

Fizemos nosso pedido. Mamãe escolheu a Delícia Marinha.

— Você sabe que eu adoro esses frutos do mar — disse.

Começou a falar de Picasso. Assistira a uma retrospectiva de sua obra e resolveu que ele que não era tão bom assim. Na sua opinião, toda aquela história de cubismo era enrolação. Ele não havia feito nada realmente valioso depois da sua Fase Rosa.

— Estou preocupada com você — falei. — Me diga no que posso ajudar.

O sorriso dela se desfez.

— Por que acha que eu preciso da sua ajuda?

— Eu não sou rica — respondi —, mas tenho algum dinheiro. Me diga do que você está precisando.

Parou para pensar um instante.

— Eu precisava de umas sessões de eletrólise.

— Fala sério.

— Estou falando sério. Se uma mulher tem uma boa aparência, ela se sente bem.

— Ora, mamãe. — Senti a tensão nos meus ombros, comum e habitual durante essas conversas. — Estou falando de algo que pudesse te ajudar a mudar a sua vida, a avançar.

— Você quer me ajudar a mudar a minha vida? — perguntou. — Eu vou muito bem. Você é quem está precisando de ajuda. Seus valores estão todos invertidos.

— Mamãe, eu te vi revirando lixo no East Village uns dias atrás.

— As pessoas deste país desperdiçam muito. Essa é a minha maneira de reciclar. — Ela deu uma garfada na sua Delícia Marinha. — Por que não parou para me cumprimentar?

— Eu estava envergonhada demais, mamãe. Me escondi.

Mamãe apontou os palitinhos chineses para mim.

— Tá vendo? Pois então. É disso que estou falando. Você fica envergonhada à toa. O seu pai e eu somos o que somos. Você tem que aceitar.

— E o que devo dizer aos outros sobre os meus pais?

— Diga a verdade — respondeu. — A mais simples verdade...

2
O DESERTO

EU PEGUEI FOGO.

É a minha lembrança mais antiga. Eu tinha três anos de idade, e nós morávamos em um acampamento de *trailers* em uma cidade no sul do Arizona, cujo nome eu jamais soube. Eu estava em pé, em cima de uma cadeira, na frente do fogão, usando um vestido cor-de-rosa que minha avó tinha me dado de presente. Rosa era a minha cor preferida. A saia do vestido empinava para fora como um *tutu*, e eu gostava de rodopiar na frente do espelho, imaginando ser uma bailarina. Mas, na ocasião, eu estava usando o vestido para cozinhar salsichas, olhando-as incharem e formarem bolhas na água fervente, e a luz do sol de quase meio-dia se infiltrava pela pequena janela da cozinha do *trailer*.

Eu ouvia a mamãe cantando no cômodo ao lado, enquanto trabalhava em um de seus quadros. Juju, nosso vira-lata preto, me observava. Finquei uma das salsichas de Viena com o garfo e me agachei para dar a ele. Ela estava quente, por isso Juju só deu umas lambidas, mas quando me levantei e voltei a mexer a panela, senti o ardor do calor no meu flanco direito. Virei para ver de onde vinha o calor, e percebi que meu vestido estava pegando fogo. Petrificada de medo, olhei as chamas brancas e amarelas formando uma linha marrom tortuosa que subia pelo tecido cor-de-rosa da minha saia, até a minha barriga. Nesse momento, as chamas deram um pulo, atingindo o meu rosto.

Gritei. Senti o cheiro de queimado e ouvi um horrível estalar de fogo enquanto a labareda lambia meus cabelos e cílios. Juju latia. Gritei de novo.

Mamãe veio correndo.

— Mamãe, socorro! — esganicei. Eu ainda estava em pé na cadeira, estocando as chamas com o garfo que usara para mexer as salsichas.

Mamãe saiu correndo e voltou com um dos cobertores doados pelo exército, que eu detestava porque a lã espetava. Ela jogou o cobertor sobre mim para abafar as chamas. Papai tinha saído de carro, então mamãe levou-nos — eu e meu irmão pequeno, Brian — às pressas até o *trailer* vizinho ao nosso. A dona estava estendendo roupa no varal com a boca cheia de pregadores. Mamãe, com uma voz forçadamente calma, explicou o que havia acontecido, e perguntou se a moça podia, por favor, nos levar até o hospital. A mulher largou os pregadores e a roupa lá mesmo, na terra, e, sem dizer uma palavra, correu até o carro.

Quando chegamos ao hospital, as enfermeiras me colocaram sobre uma maca. Elas trocavam fofocas em voz alta e inquieta, enquanto cortavam o que restara do meu lindo vestido rosa com uma tesoura reluzente. Então, elas me levantaram, me deitaram sobre uma cama de metal, coberta de cubos de gelo, e espalharam alguns pelo meu corpo. Um médico de cabelo grisalho e óculos com armação preta levou minha mãe para fora do quarto. Enquanto caminhavam, ouvi-o dizer à minha mãe que o caso era muito sério. As enfermeiras continuaram onde estavam, cuidando de mim. Percebi que estava criando uma confusão enorme, e fiquei quieta. Uma delas apertou minha mão e disse que tudo ia ficar bem.

— Eu sei, mas se não ficar, não tem problema — confirmara eu.

A enfermeira apertou minha mão de novo e mordeu o lábio inferior.

O quarto era pequeno e branco, com luzes brilhantes e armários de metal. Olhei um certo tempo para as seqüências de buraquinhos do rebaixo do teto. Os cubos de gelo cobriam minha barriga e as costelas, e pesavam sobre minhas bochechas. Olhando de banda, vi uma mãozinha suja aproximar-se a alguns centímetros de meu rosto e pegar um punhado de gelo. Ouvi um ruído alto de mastigação e olhei para baixo. Era o Brian comendo gelo.

Os médicos disseram que sobrevivi por um milagre. Eles cortaram tiras de pele da parte superior da minha coxa e colocaram nos lugares mais seriamente queimados do ventre, costelas e peito. Disseram que o procedimento se chamava enxerto de pele. Quando acabaram, cobriram todo o lado direito do meu corpo com bandagens.

— Olha só, sou uma múmia pela metade! — falei para uma das enfermeiras. Ela sorriu e colocou o meu braço direito em uma tipóia, amarrada na cabeceira da cama, para que eu não pudesse mexer nem o cotovelo.

As enfermeiras e os médicos perguntavam sempre: "Como você se queimou?" "Os seus pais já te machucaram?" "Por que você tem todas essas marcas e cicatrizes?" "Os meus pais nunca me machucaram", eu respondia. "Fiquei com essas marcas e cicatrizes brincando no quintal e cozinhando salsicha." Eles me perguntaram como e por que eu estava cozinhando salsicha sozinha, já que tinha apenas três anos de idade.

— Foi simples — respondi. — Você só tem que pôr a salsicha na água e ferver. Não era como as receitas complicadas que você tem que ser adulto para conseguir fazer. A panela era pesada demais pra mim, eu não conseguia levantar quando tava cheia d'água, por isso eu colocava uma cadeira do lado da pia, subia e enchia um copo. Aí, subia numa cadeira do lado do fogão e despejava a água na panela. Fazia isso direto, até a panela ficar bem cheia. Aí eu acendia o fogão e, quando a água tava fervendo, eu jogava as salsichas dentro. Mamãe diz que sou madura pra minha idade, e ela me deixa cozinhar sozinha, muito.

Duas enfermeiras se entreolharam, e uma delas anotou algo em uma ficha. Perguntei o que havia de errado. "Nada", disseram, "nada".

De dois em dois dias, as enfermeiras trocavam as bandagens. Descartavam a gaze usada, enrolada e manchada de sangue, gosma amarela e pedaços de pele queimada. Então, colocavam outra gaze, bem grande, sobre as queimaduras. De noite, eu passava a mão esquerda sobre a parte da minha pele que estava rugosa e cheia de cicatrizes, não coberta de gaze. Às vezes, eu arrancava as cascas. As enfermeiras mandaram-me não fazer isso, mas eu não conseguia resistir, e puxava bem devagar, para ver se conseguia tirar uma casca bem grande. Depois de tirar duas ou três, eu fingia que elas conversavam entre si, piando que nem passarinho.

O hospital era limpo e brilhante. Tudo era branco — paredes, lençóis e os uniformes das enfermeiras — ou prateado — camas, bandejas e instrumentos médicos. Todo mundo falava com voz educada e calma. Era tão silencioso que se podia ouvir o rangido da sola de borracha do sapato das enfermeiras andando até o final do corredor. Eu não estava acostumada à calma e à ordem, e até que gostava.

Eu também gostava de ter o meu próprio quarto, já que no *trailer* eu dividia um com o meu irmão e a minha irmã. O meu quarto de hospital tinha até uma televisão só para mim chumbada à parede. Nós não tínhamos televisão em casa, então eu assistia o tempo todo. Os programas do Red Buttons e da Lucille Ball eram os meus favoritos.

As enfermeiras e os médicos sempre me perguntavam como eu estava me sentindo e se eu estava com fome, ou se precisava de alguma coisa. As enfermeiras me traziam uma comida deliciosa três vezes por dia, com direito a salada de frutas ou gelatina de sobremesa, e trocavam os lençóis mesmo que eles ainda parecessem limpos. Às vezes eu lia para elas, e elas diziam que eu era muito inteligente e lia tão bem quanto uma criança de seis anos.

Um dia, uma enfermeira de cabelo louro ondulado e sombra azul nos olhos estava mastigando alguma coisa. Eu perguntei o que era, e ela me disse que era chiclete. Eu nunca tinha ouvido falar em chiclete, então ela saiu e comprou um pacote inteiro para mim. Peguei um, tirei o papel branco e o prateado que tem debaixo do branco, e analisei aquele chiclete esbranquiçado, salpicado por um pozinho fininho. Coloquei na boca e fiquei espantada com o gosto doce e forte.

— É bom mesmo! — falei.

— Mastiga, mas não engole — disse a enfermeira, rindo. Ela deu um sorriso enorme, e chamou as outras enfermeiras para que me vissem mascar o meu primeiro chiclete. Quando trouxe o almoço, ela falou que eu tinha que tirar o chiclete da boca, mas que eu não me preocupasse, porque eu poderia mascar outro depois de comer.

Se eu terminasse o pacote, ela me dava outro. Isso é que era legal no hospital. Você nunca tinha que se preocupar com as coisas, nada faltava; comida, gelo ou chiclete. Eu teria ficado contente de viver para sempre naquele hospital.

Quando minha família vinha me visitar, as brigas, as risadas, as cantorias e os gritos ecoavam pelos corredores silenciosos. As enfermeiras pediam para falar baixo, e mamãe, papai, Lori e Brian até diminuíam o tom por uns minutos, mas aí, aos poucos, falavam alto de novo. Todo mundo virava para olhar o papai. Eu não sabia se era porque ele era muito bonito ou porque ele chamava as pessoas de "simpatia", "companheiro" e jogava a cabeça para trás quando ria.

Um dia, papai chegou perto da minha cama e perguntou se as enfermeiras e os médicos estavam me tratando direito. Se não estivessem, disse, ele ia dar a maior bronca. Eu falei para ele como todo mundo era simpático e legal.

— Mas é claro que eles são — disse ele. — Eles sabem que você é filha do Rex Walls.

Quando mamãe quis saber o que os médicos e as enfermeiras faziam que era tão legal, contei do chiclete.

— Oh! — Ela não aprovava o chiclete e explicou que era um hábito nojento das classes subalternas, e a enfermeira devia tê-la consultado antes de incentivar esse tipo de comportamento vulgar. Ela disse que ia dizer àquela mulher exatamente o que ela pensava, ora bolas. — Afinal de contas, sou sua mãe. Sou eu que resolvo como você deve ser criada.

— Vocês têm saudade de mim? — perguntei à minha irmã mais velha durante uma visita.

— Pra falar a verdade, não. Tem acontecido coisa demais.

— Como o quê?

— O de sempre.

— Lori talvez não sinta saudade, minha flor, mas eu sinto — disse papai. — Você não devia estar neste lugar anti-séptico.

Ele sentou na minha cama e começou a contar a história de quando a Lori foi picada por um escorpião venenoso. Eu já tinha ouvido um monte de vezes, mas ainda gostava da maneira do papai contar. Mamãe e papai estavam fora, explorando o deserto, quando a Lori, então com quatro anos, virou uma pedra, e o escorpião que estava escondido debaixo picou sua perna. Ela teve convulsões, e o seu corpo ficou duro e molhado de suor. Mas papai não confiava em hospitais, então levou-a um médico feiticeiro navajo, que cortou e abriu a ferida, botou uma maçaroca marrom-escura e recitou uns encantamentos, e logo, logo, a Lori estava nova em folha.

— A sua mãe devia ter te levado àquele médico feiticeiro no dia em que você se queimou — falou papai —, não a esses doutorezinhos diplomados de meia-tigela.

Na visita seguinte, a cabeça do Brian estava amarrada com uma gaze branca suja, com manchas de sangue secas. Mamãe falou que ele tinha caído do encosto do sofá e rachado a cabeça, mas ela e papai decidiram não levá-lo ao hospital.

— Tinha sangue pra todo lado — disse ela —, mas um filho no hospital já é mais do que suficiente.

— Além do mais — papai emendou —, a cabeça do Brian é tão dura que acho que o chão foi mais afetado do que ele.

O Brian achou engraçadíssimo e morreu de rir.

Mamãe me falou que ela pôs o meu nome no sorteio do parque de diversões, e que eu tinha ganhado um passeio de helicóptero. Adorei. Nunca tinha voado de helicóptero ou avião.

— Quando é que eu vou voar? — perguntei.

— Ah, a gente já voou — respondeu mamãe. — Foi divertido.

Aí, papai começou a brigar com o médico porque achava que eu não devia estar cheia de curativos.

— As queimaduras precisam respirar — disse ao médico.

O médico respondeu que os curativos eram necessários para prevenir infecções. Papai encarou o médico.

— Infecções é o cacete — disse. Ele falou ao médico que eu ia ficar cheia de cicatrizes pro resto da vida por causa dele, mas que ele jurava que eu não ia ser a única a sair de lá toda marcada.

Papai fez que ia dar um soco nele, e o médico levantou as mãos e deu um passo para trás. De repente, um segurança de uniforme apareceu e falou para mamãe, papai, Lori e Brian que eles teriam que ir embora.

Depois disso, uma enfermeira veio me perguntar se eu estava bem.

— Claro. — Eu falei que não ligava se ia ficar com uma cicatrizinha boba. Que bom, disse ela, porque, pelo jeito, eu tinha outras coisas com que me preocupar.

Alguns dias depois, quando eu já estava no hospital havia umas seis semanas, papai apareceu sozinho diante da porta do meu quarto. Ele me disse que a gente ia embora, "*à la* Rex Walls".

— Você tem certeza de que é uma boa idéia? — perguntei.

— Confia no teu velho — respondeu.

Ele soltou o meu braço direito da tipóia acima da minha cabeça. Quando me abraçou, senti o cheiro conhecido do gel Vitalis, uísque e cigarro. Lembrava nossa casa.

Papai desceu o corredor apressado comigo no colo. Uma enfermeira gritou para que parássemos, mas papai desandou a correr. Ele empurrou uma porta de emergência e acelerou escada abaixo, com saída para a rua. O nosso carro, um Plymouth azul caindo aos pedaços que a gente chamava de Ganso Azul, estava estacionado na esquina, com o motor ligado. Mamãe estava no banco da frente, a Lori e o Brian na traseira, com o Juju. Papai me sentou ao lado da mamãe e assumiu o volante.

— Não precisa mais se preocupar, filhinha — falou papai. — Agora você está em segurança.

ALGUNS DIAS DEPOIS DE MAMÃE e papai me levarem para casa, cozinhei umas salsichas para mim. Eu estava com fome, mamãe estava trabalhando em um quadro, e não tinha mais ninguém para me preparar comida.

— Muito bem — disse mamãe quando me viu cozinhando. — Você tem que levantar, sacudir a poeira e dar a volta por cima. Não pode viver com medo de uma coisinha tão besta como o fogo.

Eu não tinha medo. Ao contrário, fiquei até fascinada. Papai também achava que eu tinha que encarar o meu inimigo de frente, e me ensinou como passar o dedo pela chama de uma vela. Eu repetia o gesto com o dedo, cada vez mais devagar, olhando como a chama parecia se dividir ao meio, pondo à prova o quanto o meu dedo podia agüentar sem queimar. Eu estava sempre atenta, à espera de ver um fogo maior. Sempre que os vizinhos queimavam o lixo, eu corria para fora e via o fogaréu tentando sair da lixeira. Eu me aproximava, passo a passo, sentindo o calor contra o meu rosto, beirar o insuportável, e recuava só o necessário para conseguir agüentar.

A vizinha que havia me levado de carro até o hospital ficava espantada de eu não sair correndo quando visse uma chama.

— Diabos! Por que ela faria uma bobagem dessas? — esbravejava o papai, com um sorriso orgulhoso. — Ela já lutou contra o fogo uma vez e venceu.

Passei a roubar fósforos de papai. Eu ia para trás do *trailer* e acendia. Adorava o barulho do fósforo arranhando o lado áspero e escuro da caixa quando eu riscava, e a maneira de a chama pular para fora da cabecinha vermelha, com um estalo e um chiado. Eu ia sentindo o calor chegar à ponta dos dedos, e aí sacudia o palito no ar, triunfante. Eu ateava fogo em pedaços de papel e montinhos de galhos secos, e segurava o fôlego até a hora em que eles pareciam estar prestes a explodir e ficar indomáveis. Então, eu pisoteava a chama e gritava os palavrões que o papai usava, como "fiilhudapuuta" e "caralhaquatro".

Uma vez, saí para brincar com o meu brinquedo predileto, uma bonequinha de plástico da fada Sininho. Ela tinha uns cinco centímetros, um cabelo louro amarrado em um rabo-de-cavalo bem alto e as mãos na cintura com um ar confiante e desafiador que eu admirava. Acendi um fósforo e aproximei do rosto da Sininho para mostrar a ela como era. Ela parecia ainda mais bonita à luz da chama. Quando o fósforo apagou, acendi outro e, dessa vez, segurei bem perto do rosto dela. De repente, seus olhos se arregalaram, como sentindo medo. Percebi, horrorizada, que seu rosto estava começando a derreter. Apaguei o fósforo, mas era tarde demais. O narizinho antes perfeito da Sininho tinha desaparecido completamente, e os seus lábios vermelhos carnudos foram substituídos por uma beiçola feia e torta. Tentei remodelar o rosto como era antes, mas piorei as coisas ainda mais. Quase que imediatamente, o rosto esfriou e endureceu novamente. Coloquei-lhe umas gazes. Queria fazer um enxerto de pele na Sininho, mas teria que retalhá-la. Mesmo com a cara derretida, ela ainda era o meu brinquedo preferido.

Uns meses depois, papai voltou para casa em plena noite e tirou todo mundo da cama.

— Tá na hora de levantar acampamento e sair desse ninho de rato — trovejou.

A gente tinha 15 minutos para pegar o estritamente necessário e enfiar no carro.

— Tá tudo bem, papai? — perguntei. — Tem alguém perseguindo a gente?

— Não te preocupa — respondeu. — Deixa que eu resolvo tudo. Eu sempre tomo conta de vocês, não é?

— É claro! — respondi.

— É isso aí, filhota — disse ele, me abraçando, e então mandou todo mundo acelerar o ritmo.

Ele pegou coisas essenciais — uma grande panela de ferro preta e um tacho também de metal e com tampa, uns pratos de alumínio do exército, algumas facas, sua pistola e o equipamento de arco-e-flecha da mamãe — e botou tudo na mala do Ganso Azul. Disse que não levaríamos muito mais, somente os itens necessários para nos mantermos. Mamãe correu para o quintal e começou a cavar buracos à luz do luar, à procura do nosso cofrinho. Ela tinha esquecido onde ela tinha enterrado.

Uma hora depois, quando finalmente conseguimos amarrar os quadros da mamãe no teto do carro, entulhar a mala com o que ainda cabia nela e empilhar o resto no assento traseiro ou deixar jogado no chão, papai manobrou o Ganso Azul no escuro, dirigindo devagar para não alertar os outros do acampamento no qual nós estávamos, como papai gostava de dizer, dando uma escapulida. Ele resmungava, dizendo que não entendia por que diabos levamos tanto tempo para pegar o essencial e correr pra dentro do carro.

— Pai! — falei. — Esqueci a fada Sininho!

— A fada Sininho pode cuidar de si mesma — disse ele. — Ela é como a minha filhota corajosa. Você *é* corajosa e *está* pronta pra uma aventura, não está?

— Acho que sim — respondi. Eu torcia para que a pessoa que encontrasse a Sininho gostasse dela apesar da cara derretida. Em busca de consolo, tentei ninar o Quixote, nosso gato branco e cinza capenga de uma orelha, mas ele miou e arranhou meu rosto.

— Fica quieto, Quixote! — falei.

— Gatos não gostam de viajar — explicou mamãe.

Quem não gostava de viajar não era bem-vindo à nossa aventura, disse papai. Ele parou o carro, pegou o Quixote pelo cangote e o lançou pela janela. O Quixote aterrissou com um miado estridente e bateu secamente no chão; papai acelerou estrada afora, e eu caí no choro.

— Não seja tão sentimental — disse mamãe. Ela falou que poderíamos arranjar um outro gato, e que agora Quixote se tornaria um gato selvagem, algo muito mais divertido do que ser um gato doméstico. O Brian, com medo de que papai também jogasse o Juju pela janela, agarrou-se bem ao cachorro.

Para nos distrair, mamãe nos fazia cantar músicas como "Don't Fence Me In" e "This Land Is Your Land", e papai entoava, e nós repetíamos, a "Old Man River" e a sua predileta, "Swing Low, Sweet Chariot". Depois de um certo tempo, eu esqueci do Quixote, da Sininho e dos amigos que eu tinha deixado para trás no acampamento. Papai discursou sobre todas as coisas geniais que íamos fazer e como ficaríamos ricos quando chegássemos onde íamos morar.

— Aonde a gente vai, papai? — perguntei.

— Aonde o destino nos levar — respondeu.

Mais tarde, à noite, papai parou o carro no meio do deserto e nós dormimos ao relento, sob as estrelas. Não tínhamos travesseiros, mas papai disse que isso era proposital. Ele estava nos ensinando a desenvolver uma boa postura. Os índios também não deitavam em travesseiros, explicou, e olhem só como eles tinham a coluna reta. Nós bem que tínhamos os nossos cobertores "espetentos" do exército, então os estendemos e deitamo-nos lá, olhando para o espaço sideral. Eu falei para a Lori que éramos sortudas de dormir a céu aberto que nem os índios.

— A gente podia viver assim pra sempre — falei.

— Acho que vamos mesmo — disse ela.

Vivíamos dando escapulidas, geralmente durante a madrugada. Às vezes, eu ouvia a mamãe e o papai conversando sobre as pessoas que estavam nos perseguindo. Papai os chamava de mafiosos, sanguessugas e *gestapo*. Por vezes, ele citava misteriosamente dirigentes da Esso, que estariam tentando roubar umas terras que a família da mamãe possuía no Texas, e agentes do FBI, que estariam atrás do papai por algum episódio obscuro que ele nunca nos contou porque ele não queria nos colocar em perigo também.

Papai estava tão certo de que um destacamento de agentes federais estava no nosso rastro que acendia seu cigarro sem filtro pelo lado errado. Assim, explicava, ele queimava o nome da marca, e se as pessoas que estavam nos perseguindo olhassem o cinzeiro dele, encontrariam guimbas sem identificação, em vez do Pall Mall que poderia ser usado para identificá-lo. Mamãe, porém, nos disse que o FBI não estava atrás do papai de verdade; ele só gostava de dizer isso porque era mais divertido ter o FBI a nosso encalço do que agiotas.

Nós nos deslocávamos como nômades. Morávamos em cidadezinhas mineradoras empoeiradas de Nevada, do Arizona e da Califórnia. Na maioria das vezes, elas não passavam de um punhado de cabanas sombrias e alagadas, um posto de gasolina, um mercadinho e um ou dois bares. Tinham nomes como "Agulhas e Pinga", "Torta", "Goffs" e "Por quê?", e ficavam perto de lugares chamados "montanhas da Superstição", o "lago Soda" — que estava seco

— e a "montanha da Velha". Quanto mais ermo e isolado fosse o lugar, mais mamãe e papai gostavam dele.

Papai podia conseguir um emprego como eletricista ou engenheiro em uma mina de gesso ou de cobre. Mamãe gostava de dizer que papai podia enrolar qualquer chefe, contando lorotas sobre empregos que nunca teve, e diplomas de faculdade que nem sabia para que serviam. Ele podia conseguir qualquer trabalho que quisesse, só não gostava de ficar nele muito tempo. Às vezes, ele ganhava dinheiro no jogo, ou com bicos. Quando ele se cansava, ou era despedido, ou as contas atrasadas acumulavam-se em pilhas altas demais, ou o funcionário da companhia elétrica descobria que ele tinha feito um gato entre o poste e o nosso *trailer* — ou o FBI estava no nosso pé —, nós fazíamos as malas no meio da noite e nos mandávamos, até que mamãe e papai encontrassem outra cidadezinha de que gostassem. Aí, dávamos umas voltas pela cidade, procurando casas com anúncios de ALUGA-SE fincados no jardim da frente.

De tempos em tempos, ficávamos na vovó Smith, mãe da mamãe, que morava em uma casa branca e grande, em Phoenix. Vovó era uma mulher da roça, do oeste do Texas, que adorava dançar, falar palavrão e cavalos. Ela era famosa por conseguir domar os mustangues mais selvagens, e tinha ajudado o vovô a cuidar do rancho perto do cânion Fish Creek, no Arizona, a oeste de Bullhead City, não muito longe do Grand Canyon. Eu achava a vovó o máximo. Mas, em poucas semanas, ela e o papai começavam a trocar desaforos. Isso podia começar quando mamãe mencionasse que estávamos com pouco dinheiro. Aí, vovó fazia um comentário sarcástico sobre a preguiça de papai. Então ele revidava: dizia algo sobre as bruxas velhas e egoístas que tinham mais dinheiro do que conseguiam gastar, e logo, logo, eles estavam cara a cara no que virava uma competição de palavrões cabeludos.

— Seu bêbado pulguento — gritava vovó.

— Sua megera cara-de-pau filha-da-puta! — berrava papai em resposta.

— Seu pé-de-chinelo sem-vergonha vagabundo!

— Sua diaba pestilenta venenosa e castradora!

Papai tinha o vocabulário mais inventivo, mas vovó gritava mais alto; além disso, ela tinha a vantagem de estar jogando em casa. Chegava a hora do papai não agüentar mais e nos mandar entrar no carro. Vovó gritava para a mamãe não deixar que aquele pangaré sem eira nem beira levasse seus netos. Mamãe dava de ombros e dizia que não podia fazer nada, que ele era seu marido. E lá íamos nós, rumo ao deserto, em busca de mais uma casa para alugar em outra cidadezinha mineradora.

Algumas pessoas moravam nesses vilarejos há anos. Outras não tinham raízes, como nós — só estavam de passagem. Eram apostadores, ex-presidiários, veteranos de guerra ou o que mamãe chamava de mulheres desgarradas. Havia antigos mineradores com rostos enrugados e escurecidos pelo sol, que nem maçãs desidratadas. As crianças eram magérrimas e duras, com calos nas mãos e nos pés. Nós ficávamos amigos delas, mas não muito, porque sabíamos que iríamos embora mais cedo ou mais tarde.

De vez em quando, éramos matriculados numa escola, mas nem sempre. Mamãe e papai cuidaram da maior parte da nossa instrução. Mamãe nos fez ler livros sem figuras antes dos cinco anos de idade, e papai nos ensinou matemática. Também ensinou as coisas que eram realmente importantes e úteis, como o código Morse e que nunca devíamos comer fígado de urso polar porque toda aquela vitamina A que ele tem podia nos matar. Ele mostrou como mirar e atirar com a sua pistola, e como atirar flechas com o arco da mamãe, e como jogar uma faca segurando-a pela lâmina para que ela atingisse o centro do alvo com um barulho gratificante. Quando eu tinha quatro anos, eu manuseava bem a pistola do papai, um revólver grande e preto com tambor de seis balas, e acertava cinco de seis garrafas de cerveja a trinta passos de distância. Eu segurava a arma com as duas mãos, colocava o tambor em posição e apertava o gatilho lenta e suavemente, até que, com um forte estalo, o revólver dava um coice e a garrafa explodia. Era divertido. Papai dizia que a minha boa mira poderia vir a calhar se, algum dia, fôssemos cercados pelos agentes federais.

Mamãe foi criada no deserto. Ela adorava o calor seco e crepitante, o jeito como o céu do pôr-do-sol parecia um lençol de fogo, e o vazio esplendoroso, e a severidade de toda aquela terra descampada que foi, um dia, o fundo de um oceano. A maioria das pessoas achava difícil sobreviver no deserto, mas mamãe era mestra. Ela sabia se virar com quase nada. Ela nos mostrava quais plantas eram comestíveis e quais eram tóxicas. Ela conseguia encontrar água em lugares em que ninguém mais a identificaria, e sabia quão pouca era realmente necessária para a sobrevivência. Ela nos ensinou a tomar um banho bem bom com apenas um copo d'água. Ela dizia que fazia bem à saúde tomar água não filtrada, até água de poço, desde que os bichos bebessem dela. A água clorada das cidades era coisa de mariquinha, dizia. A água dos espaços abertos ajudava a criar anticorpos. Ela também achava que pasta de dente era coisa de mariquinha. Na hora de dormir, ela botava um pouco de fermento de cozinha na palma de uma mão e misturava com uma tampinha de água oxigenada, e pegava um dedo nosso e esfregava os nossos dentes com a pasta borbulhante.

Eu adorava o deserto também. Quando o sol estava a pino, a areia ficava tão quente que chegava a queimar os pés se você fosse o tipo de criança que vivia de sapato, mas, como nós andávamos sempre descalços, a sola do pé era grossa que nem couro de vaca. Nós pegávamos escorpiões, e cobras, e lagartos. Procurávamos ouro, e, quando não conseguíamos encontrar, catávamos outras pedras valiosas, como turquesas e granadas. O anoitecer trazia frescor, e os mosquitos apareciam voando em nuvens tão densas que o ar ficava escuro, e, então, à noitinha, esfriava tanto que normalmente precisávamos dormir de cobertor.

Havia tempestades de areia terríveis. Às vezes, elas começavam de repente, outras vezes, dava para saber que elas estavam para chegar, quando se viam rodamoinhos de areia girando e dançando pelo deserto. Quando o vento começava a chicotear a areia, só se via um palmo diante do nariz. Se você não conseguisse encontrar uma casa, um carro ou um abrigo onde se esconder quando uma tempestade começava, tinha que se agachar no chão, fechar os olhos e a boca muito bem, proteger as orelhas e afundar o rosto no meio das pernas até ela passar, senão todos as cavidades do seu corpo ficavam cheias de areia. Arbustos secos poderiam te atingir, mas eles são leves e quicam, então não machucam. Se uma tempestade de areia for muito forte, ela te derruba, e você sai rolando como se fosse um arbusto seco.

Quando, finalmente, a chuva começava, o céu escurecia e o ar ficava pesado. Gotas de chuva do tamanho de bolas de gude despencavam das nuvens. Certos pais temiam que seus filhos fossem atingidos por um raio, mas mamãe e papai nunca se preocuparam e nos deixavam sair e brincar na chuva morna e torrencial. Brincávamos de lutar na água, cantávamos e dançávamos. Enormes descargas de raios detonavam nas nuvens baixas, e trovões faziam a terra tremer. Nós ficávamos ofegantes vendo os raios mais espetaculares, como se estivéssemos todos assistindo a um show de fogos de artifício. Depois do temporal, papai nos levava até os riachos, e testemunhávamos a inundação repentina que atravessava a terra, trovejando. No dia seguinte, os cactos saguaros e os figos-da-índia estavam inchados de beber tudo o que podiam, porque sabiam que, provavelmente, levaria muito tempo até a próxima chuvarada.

A gente era meio que nem os cactos. Comia de maneira irregular e, quando comia, se entupia. Uma vez, quando morávamos em Nevada, um trem cheio de melões que estava indo para o leste descarrilou. Eu nunca tinha comido melão antes, mas papai trouxe engradados e mais engradados de melão cantalupo. Comemos melão fresco, melão cozido e até melão frito. Outra vez, na Califórnia, os catadores de uva entraram em greve. Os donos dos vinhedos deixaram as pessoas colherem suas próprias uvas por dez centavos o quilo. Fizemos uns 160 quilômetros de estrada até o vinhedo, onde as uvas estavam tão maduras que estavam quase explodindo no pé, em cachos maiores do que a minha cabeça. Enchemos todo o carro de uvas verdes — a mala e até o porta-luvas — e papai empilhou tantos cachos nos nossos colos que quase não se via nada à frente. Durante muitas semanas, comemos uva no café-da-manhã, no almoço e no jantar.

Toda essa errância era temporária, papai explicava. Ele tinha um plano. Ele ia encontrar ouro.

Todo mundo dizia que o papai era um gênio. Ele sabia construir ou consertar qualquer coisa. Um dia, quando a televisão de um vizinho pifou, papai abriu a parte de trás e usou uma massinha de macarrão para isolar uns fios que estavam dando mau contato. O vizinho ficou tão maravilhado que saiu pela cidade dizendo a todo mundo que o papai sabia muito bem usar a massa... cinzenta. Papai era especialista em matemática, física e eletricidade. Ele lia livros de cálculo e álgebra logarítmica, e adorava o que apelidou de "a poesia e simetria da matemática". Ele falava das qualidades mágicas que cada número tinha e como eles revelam os segredos do Universo. Mas o interesse principal do papai era a energia: energia térmica, energia nuclear, energia solar, energia elétrica e energia eólica. Ele dizia que havia tantas fontes de energia não exploradas no mundo que era ridículo queimar todo esse combustível fóssil.

Papai estava sempre inventado coisas também. Uma das suas invenções mais importantes foi a complicada máquina que ele denominou de Prospectora. Ela ia nos ajudar a encontrar ouro. A Prospectora tinha uma superfície plana e grande, com um metro e pouco de altura, e quase dois metros de largura, e se erguia em um dos cantos. A superfície era coberta de faixas de madeira horizontais, com intervalos entre si. A Prospectora cavaria a terra e as pedras, e as jogaria para dentro do labirinto de faixas. Ela calculava se uma pedra era de ouro pelo peso. Jogava fora as pedras sem valor e depositava as pepitas de ouro em uma pilha, aí, quando a gente precisava fazer compras no mercado, era só prospectar no quintal e pegar uma pepita. Pelo menos, é o que ela seria capaz de fazer caso papai acabasse de montá-la.

Papai deixava o Brian e eu ajudarmos na Prospectora. Nós íamos para trás da casa, eu segurava os pregos enquanto papai martelava. Às vezes, ele me deixava começar a martelar o prego, mas depois dava uma única grande martelada que afundava o prego todo. O ar ficava com cheiro de madeira recentemente cortada e cheio de serragem. E do barulho do martelo e do assovio, porque o papai sempre assoviava enquanto trabalhava.

Para mim, papai era perfeito, embora tivesse o que mamãe chamava de um "probleminha com a bebida". Havia algo que a mamãe chamava de "fase da cerveja". A gente sabia lidar com esse período. Papai dirigia correndo e cantava muito alto, e uma franja de cabelo ensebado cobria seu rosto, e a vida era meio assustadora, mas muito divertida mesmo assim. Mas quando papai atacava a garrafa do que mamãe nomeou "cana dura", ela entrava meio em pânico, porque, depois de recorrer à garrafa um certo tempo, papai se transformava em um estranho com olhos raivosos, que empurrava os móveis para todo lado e ameaçava bater na mamãe ou em quem quer que atravessasse seu caminho. Quando terminava seu repertório de palavrões e já havia gritado e quebrado todas as coisas a que tinha direito, caía duro. Mas papai só bebia álcool forte quando tínhamos dinheiro, o que era raro, então a vida era quase sempre boa naquela época.

Toda noite, quando a Lori, o Brian e eu íamos para a cama, papai contava histórias de dormir. Elas eram sempre sobre ele. Podíamos estar deitados confortavelmente na cama, ou sob cobertores no deserto; o mundo totalmente escuro ao redor, exceto pela luz alaranjada do seu cigarro. Quando ele dava uma tragada mais demorada, a ponta iluminava o suficiente para que enxergássemos seu rosto.

— Conta uma história sobre você, papai — a gente implorava.

— Ah, vocês não querem ouvir outra história sobre mim — dizia ele.

— Queremos, sim! Queremos, sim!

— Bom, tá certo. — Ele parava e remexia em alguma lembrança. — Tem muita coisa muito doida que o pai de vocês já fez, mas essa foi loucura total, até prum maluco filho-da-mãe que nem o Rex Walls.

E aí papai nos contava como, na época em que estava na aeronáutica, o motor do avião dele parou em pleno vôo e ele fez uma aterrissagem de emergência em um pasto de vacas e salvou a si mesmo e a sua tripulação. Ou a vez em que ele lutou contra uma matilha de cães selvagens que tinham cercado um cavalo mustangue coxo. Ou então a vez em que ele consertou o canal de uma comporta na barragem Hoover, e salvou as vidas de milhares de pessoas que teriam se afogado se a represa tivesse rompido. Teve, também, a vez em que ele fugiu da base da aeronáutica para comprar cerveja e, enquanto ele esperava no bar, pegou um lunático que planejava explodir a base aérea, o que comprova que, de vez em quando, vale a pena transgredir as regras.

Papai era um contador de histórias dramático. Ele sempre começava lento, com muitas pausas. "Continua! O que foi que aconteceu depois?", perguntávamos, mesmo já tendo ouvido a narrativa antes. Mamãe ria e levantava os olhos para o teto quando papai contava as suas histórias, e ele a encarava. Se alguém interrompesse a trama, ele ficava furioso, e tínhamos que implorar que ele continuasse e prometer que ninguém mais ia interromper.

Papai sempre era o melhor lutador, voava mais rápido e apostava mais espertamente do qualquer outra pessoa nos seus contos. No seu caminho, ele salvava mulheres e crianças, e até homens que não fossem tão fortes e inteligentes. Papai ensinou os segredos do seu heroísmo — mostrou como agarrar um cão selvagem e quebrar o seu pescoço, e onde atingir um homem na garganta para matá-lo com um golpe só. Mas ele nos garantia que, enquanto ele estivesse por perto, não teríamos que nos defender, porque, ora bolas, quem encostasse um dedo sequer em um dos filhos de Rex Walls ia levar tanto chute na bunda que ficaria com o tamanho do sapato dele inscrito no couro.

Quando o papai não estava contando sobre as coisas incríveis que já tinha feito, contava sobre as coisas maravilhosas que ele ainda ia fazer. Como construir o Castelo de Vidro. Todos os conhecimentos de engenharia e a genialidade matemática do papai se concentravam em um projeto especial: uma grande casa que ele ia construir para nós no deserto. Ela ia ter um teto de vidro, e paredes espessas de vidro, e até uma escadaria de vidro. O Castelo de Vidro ia ter células solares no telhado para absorver os raios e convertê-los em eletricidade para aquecimento e refrigeração, e alimentação de todos os eletrodomésticos. Ele teria, até, o seu próprio sistema de filtragem de água. Papai tinha trabalhado na arquitetura, nas plantas baixas e na maior parte dos cálculos matemáticos. Ele carregava as cópias heliográficas do Castelo de Vidro para onde quer que fosse e, às vezes, as abria para que nós pensássemos na arrumação dos nossos quartos.

Tudo o que tínhamos que fazer era encontrar ouro, dizia papai, e estávamos prestes a fazê-lo. Assim que ele acabasse a Prospectora e ficássemos ricos com ela, ele começaria a trabalhar no nosso Castelo de Vidro.

POR MAIS QUE PAPAI GOSTASSE de contar histórias sobre si mesmo, era quase impossível fazer com que ele falasse dos seus pais, ou de onde tinha nascido. Nós sabíamos que ele vinha de uma cidade chamada Welch, em West Virginia, onde havia muitas minas de carvão, e que seu pai tinha trabalhado como funcionário da ferrovia, sentado, o dia todo, em um pequenino posto da estação, escrevendo mensagens em pedaços de papel que ele pregava em uma vara de madeira para que os engenheiros do trem que ia passar pudessem ler. Papai não tinha a mínima vontade de viver assim, então foi embora de Welch aos 17 anos para entrar na aeronáutica e tornar-se piloto.

Uma de suas histórias prediletas, que ele deve ter nos contado uma centena de vezes, era sobre como ele conheceu e se apaixonou pela mamãe. Papai estava na aeronáutica, e mamãe era da USO — que assiste às Forças Armadas em atividades recreativas —, mas quando eles se conheceram, mamãe estava de licença, visitando os seus pais no rancho perto do cânion Fish Creek.

Papai e uns amigos da aeronáutica estavam sobre um penhasco do cânion, tentando criar coragem para mergulhar no lago 12 metros abaixo, quando mamãe e uma amiga chegaram de carro. Mamãe estava usando um maiô branco que mostrava sua silhueta e sua pele, bronzeada pelo sol do Arizona. Seu cabelo era castanho-claro, mas louro no verão, e ela nunca usava maquiagem, exceto batom vermelho. Papai dizia sempre que ela parecia uma estrela de cinema, mas, céus, ele tinha conhecido muitas mulheres bonitas antes e nenhuma delas o havia deixado de pernas bambas. Mamãe era diferente. Ele viu logo de cara que ela tinha fibra. Ele se apaixonou no exato instante em que bateu os olhos nela.

Mamãe caminhou até os homens da aeronáutica e disse a eles que mergulhar do penhasco não era nada de mais, ela fazia isso desde criança. Os homens não acreditaram nela, então, mamãe subiu até a borda do penhasco e deu um salto perfeito, de cabeça, dentro da água azul.

Papai mergulhou atrás dela. Nem por um decreto, contava, ele ia deixar uma mulher legal daquelas ir embora.

— Que tipo de mergulho você deu, papai? — eu perguntava toda vez que ele contava a história.

— Um mergulho de pára-quedista. Sem pára-quedas — respondia sempre.

Papai nadou até a mamãe e lá mesmo, dentro d'água, declarou que ia casar com ela. Vinte e três homens já a tinham pedido em casamento, disse ela a papai, e ela recusou todos.

— O que te faz pensar que eu aceitaria o teu pedido? — perguntou ela.

— Eu não fiz nenhum pedido — falou papai. — Eu afirmo que vou casar com você.

Seis meses depois, eles se casaram. Sempre pensei que essa era a história mais romântica que eu já tinha ouvido, mas mamãe não gostava dela. Ela não achava tão romântica.

— Eu tinha que dizer sim — disse mamãe. — O seu pai não aceitaria um "não". — Além do mais, explicava, ela tinha que se afastar da mãe, que não a deixava tomar qualquer decisão por conta própria. — Eu não tinha a menor idéia de que o seu pai seria ainda pior.

Papai deixou a aeronáutica depois que se casou, porque ele queria juntar uma fortuna e enriquecer a família, e ninguém consegue isso sendo militar. Em poucos meses, mamãe ficou grávida. Quando a Lori nasceu, ela era muda e careca como um ovo, e ficou assim durante os três primeiros anos de vida. Aí, de repente, brotou um cabelinho encaracolado cobre como uma moeda nova de um centavo norte-americano e começou a falar sem parar. Mas não dava para entender o que ela dizia, e todo mundo pensava que ela era retardada, menos a mamãe, que entendia perfeitamente o que ela pronunciava e garantia que ela tinha um vocabulário excelente.

Um ano depois que a Lori nasceu, mamãe e papai tiveram uma segunda filha, Mary Charlene, que tinha cabelo preto que nem carvão e olhos castanhos de chocolate, como o papai. Mas a Mary Charlene morreu uma noite, quando ela tinha nove meses de idade. Morte do berço, dizia sempre a mamãe. Dois anos depois, eu nasci.

— Você veio para substituir a Mary Charlene — contou mamãe, dizendo que encomendou uma segunda menina de cabelo cor de cobre para que a Lori não se sentisse esquisita. — Você era um bebê tão magrinho. A coisinha mais comprida e ossuda que as enfermeiras já tinham visto.

O Brian chegou quando eu tinha um ano. Ele era um bebê azul, disse mamãe. Quando nasceu, não conseguia respirar, e veio a esse mundo tendo um ataque epiléptico. Sempre que mamãe contava essa história, ela endurecia os braços, cerrava os dentes e virava os olhos para cima para mostrar como o Brian ficou. Mamãe disse que quando ela o viu daquele jeito, ela pensou, eta ferro, mais um morredor. Mas o Brian viveu. Durante o seu primeiro ano de vida, ele continuou tendo aqueles ataques, e aí, um dia, eles pararam. Ele virou um garotinho forte que nunca chorava nem fazia manha, nem quando eu o empurrei, acidentalmente, do beliche, e ele quebrou o nariz.

Mamãe sempre disse que as pessoas se preocupam demais com os filhos. Sofrer quando jovem é bom pra você, dizia. Imuniza o seu corpo e a sua alma, e por isso ela nos ignorava quando chorávamos. Dar atenção demais às crianças que choram é incentivá-las a continuar, asseverava. Isso seria um reforço positivo de um comportamento negativo.

Mamãe nunca pareceu triste por causa da morte da Mary Charlene.

— Deus sabe o que faz — dizia. — Ele me deu crianças perfeitas, mas Ele também me deu uma que não era tão perfeita, então ele falou: "Ai, ai, é melhor eu pegar essa de volta."

Papai, porém, não falava da Mary Charlene. Se alguém mencionasse o seu nome, o rosto dele congelava, e ele saía do cômodo.

Foi ele quem encontrou o corpo no berço, e mamãe não conseguia entender como ele pôde ficar tão chocado.

— Quando ele a encontrou, ficou em pé, parado, como se estivesse em uma espécie de choque, ninando o corpinho duro dela no colo, e aí urrou que nem um animal ferido — contava. — Nunca ouvi uma coisa tão horrível.

Mamãe disse que o papai nunca mais foi o mesmo depois da morte da Mary Charlene. Ele começou a se sentir meio para baixo, ficar até tarde na rua e chegar em casa bêbado. Perdia empregos. Um dia, pouco depois de o Brian nascer, estávamos com pouco dinheiro, então o papai penhorou a aliança de diamante da mamãe que a vovó tinha pago. A mamãe ficou muito chateada. Depois disso, sempre que mamãe e papai brigavam, mamãe falava na aliança, e papai falava para ela parar com aquela ladainha. Ele dizia que ia lhe comprar outra aliança, ainda maior do que aquela que ele pôs no prego. Era por isso que a gente tinha que encontrar ouro. Para arranjar outra aliança para a mamãe. E, também, para construir o Castelo de Vidro.

— Você gosta de estar sempre mudando de um lugar pro outro? — perguntou Lori.

— Claro que sim — respondi. — Você não?

— Claro — respondeu.

Era fim de tarde, e estávamos dentro do carro, estacionado na frente de um bar no deserto do Nevada. Chamava Bar None Bar. Eu tinha quatro anos, e Lori, sete. Estávamos a caminho de Las Vegas. Papai achava que seria mais fácil, como ele dizia, acumular o capital necessário para a Prospectora se ele ganhasse dinheiro nos cassinos por uns tempos. Ele estava dirigindo há horas quando viu o Bar None Bar e estacionou a Traquitana Verde — o Ganso Azul tinha morrido, e agora tínhamos outro carro, uma perua que o papai chamava de Traquitana Verde. Anunciou, então, que ia entrar para dar uma bebericada. Mamãe passou um pouco de batom vermelho e foi com ele, embora não bebesse nada mais forte do que chá. Eles estavam lá dentro há horas. O sol estava a pino, e não soprava nem uma brisa leve. Nada se mexia, exceto uns urubus ao longo da estrada, que estavam bicando uma espécie de carcaça irreconhecível. O Brian estava lendo um gibi velho, todo amassado.

— Em quantos lugares a gente já morou? — perguntei à Lori.

— Depende do que você entende por "morar" — disse ela. — Se você passa a noite numa cidade qualquer, você morou nela? Ou, então, duas noites? Ou uma semana inteira?

Pensei bem.

— Se você desfizer as malas — respondi.

Nós contamos 11 lugares onde tínhamos morado e aí perdemos a conta. Não conseguíamos lembrar os nomes de algumas das cidades, ou de como eram as casas onde moramos. A maior parte do tempo, eu lembrava do interior dos carros.

— O que você acha que aconteceria se a gente parasse de mudar de um lado pro outro? — perguntei.

— Prenderiam a gente — falou.

Quando a mamãe e o papai saíram do Bar None Bar, trouxeram para cada um de nós um longo pedaço de carne-seca e uma barra de chocolate. Comi a carne primeiro, e quando finalmente acabei de tirar o papel alumínio do chocolate Mounds, ele tinha derretido e virado uma gororoba marrom e grudenta, então resolvi guardá-lo para comer de noite, quando o frio do deserto o teria endurecido de novo.

A essa altura, nós já tínhamos atravessado o vilarejo que havia depois do Bar None Bar. Papai dirigia e fumava com uma das mãos, e segurava uma garrafa escura de cerveja com a outra. A Lori estava no banco da frente, entre ele e a mamãe, e o Brian, que estava atrás comigo, tentava trocar metade do seu chocolate, um 3 Musketeers, pela metade do meu, que tinha recheio de coco. Foi aí que demos uma guinada abrupta, passando por cima dos trilhos do trem, a porta se abriu, e eu saí voando para fora do carro.

Rolei vários metros ao longo do acostamento e, quando parei, estava chocada demais para chorar, sem fôlego e cheia de areia e brita nos olhos e na boca. Levantei a cabeça a tempo de ver a Traquitana Verde ir ficando cada vez menor ao longe e desaparecer na curva da estrada.

O sangue escorria da testa e pingava do nariz. Meus joelhos e cotovelos estavam em carne viva e cobertos de areia. Eu ainda segurava a minha barra de chocolate, mas ela amassou com a queda, o papel tinha rasgado, e o recheio branco de coco, que saiu pelo rasgo, também estava cheio de areia.

Quando recuperei o fôlego, engatinhei até o acostamento da via do trem, ao longo da estrada, e sentei para esperar até que mamãe e papai voltassem. O meu corpo doía todo. O sol estava pequeno, branco e escaldante. O vento tinha começado a soprar e varria a poeira ao longo da estrada. Esperei o que me pareceu muito tempo, até achar que, talvez, mamãe e papai não voltassem para me pegar. Talvez não notassem que eu tinha sumido. Eles poderiam achar que não valia a pena voltar; que, como o gato Quixote, eu era uma amolação e um fardo de que eles não precisavam.

A cidadezinha atrás de mim estava em total silêncio, e não passava nenhum outro carro na estrada. Comecei a chorar, mas isso só serviu para aumentar a dor. Levantei e comecei a caminhar em direção às casas, mas pensei que, se mamãe e papai voltassem mesmo para me pegar, eles não iam conseguir me encontrar, e aí voltei para os trilhos do trem e sentei no chão de novo.

Eu estava limpando o sangue seco na minha perna, quando levantei a cabeça e vi a Traquitana Verde voltando pela curva da estrada. Veio a toda velocidade — e barulho — na minha direção, foi ficando cada vez maior, até frear de repente bem na minha frente. Papai saiu do carro, se ajoelhou e tentou me abraçar.

Eu me afastei.

— Pensei que vocês fossem me deixar aqui — falei.

— Ah, eu nunca faria uma coisa dessas — disse ele. — O teu irmão tava tentando dizer pra gente que você tinha caído, mas ele soluçava tanto de choro que não deu pra entender nada.

Papai começou a tirar a brita do meu rosto. Algumas estavam enterradas profundamente na minha pele, então ele foi pegar um alicate de ponta fina que tinha no porta-luvas. Depois de arrancar tudo das bochechas e testa, pegou um lenço e tentou estancar o sangue que pingava do meu nariz. Parecia uma torneira quebrada.

— Caramba, você deu uma traulitada e tanto no teu armário de meleca — disse ele.

Dei uma gargalhada. "Armário de meleca" era o nome mais engraçado que eu já tinha ouvido para um nariz. Depois que papai me limpou, voltei para o carro e contei para o Brian e a Lori do "armário", e eles riram que nem eu. Armário de meleca. Era gozadérrimo.

Moramos em Las Vegas durante mais ou menos um mês, em um quarto de hotel de beira de estrada com parede vermelho-escura e duas camas estreitas. As três crianças dormíamos em uma, mamãe e papai na outra. Durante o dia, íamos aos cassinos, onde papai dizia ter um método infalível para quebrar a banca. O Brian e eu brincávamos de esconde-esconde entre os caça-níqueis, procurando moedas esquecidas ou caídas pelos cantos, enquanto o papai ganhava dinheiro na mesa de *blackjack*. Eu olhava pasma as dançarinas de pernas compridas quando elas deslizavam pelo salão do cassino, com grandes plumas na cabeça e no traseiro, lantejoulas brilhando pelo corpo e purpurina ao redor dos olhos. Quando eu tentava imitar a maneira de elas andarem, o Brian dizia que eu parecia uma avestruz.

No fim do dia, papai vinha nos pegar, com os bolsos cheios de dinheiro. Ele nos comprava chapéus de caubói e blusões com franja, e nós comíamos frango empanado em restaurantes geladinhos por causa do ar-condicionado, e uma *jukebox* miniatura em cada mesa. Certa noite, quando papai ganhou uma quantidade de dinheiro bastante grande, ele disse que já estava na hora de vivermos como os grã-finos que, agora, nós éramos. Ele nos levou a um restaurante com portas de vaivém, como nos *saloons* do faroeste. Dentro do restaurante, as paredes eram decoradas com ferramentas de mineração de verdade. Um homem com ligas nos braços tocava piano, e uma mulher que usava luvas que batiam em seu ombro corria sempre para acender o cigarro do papai.

Papai disse que íamos comer uma sobremesa especial — um bolo de sorvete flambado. O garçom trouxe o doce em um carrinho, e a mulher de luvas o acendeu com uma vela. Todo mundo parou de comer para ver. As chamas faziam um movimento lento, aquoso, enrolando-se no ar como laçarotes. Todos começaram a bater palmas, e papai levantou com um pulo, erguendo a mão do garçom para o alto, como se ele tivesse ganhado um prêmio.

Uns dias mais tarde, mamãe e papai foram para a mesa de *blackjack* e então, quase imediatamente, vieram nos procurar. Papai disse que um dos crupiês descobriu que ele tinha um esquema de jogo, e que o chamara para um papo. Papai disse que estava na hora de dar uma escapulida.

O papai disse que devíamos ir para longe de Las Vegas porque a máfia, que controlava os cassinos, estava atrás dele. Fomos para o oeste através do deserto e, depois, através das montanhas. Mamãe disse que todos deviam morar perto do oceano Pacífico pelo menos uma vez na vida, e por isso continuamos indo, sem parar, até São Francisco.

Mamãe disse que não queria que ficássemos em um daqueles hotéis engana-turista perto do cais chamado Fisherman's Wharf, que ela considerava artificial e desconectado da dinâmica da cidade. Então encontramos um com muito mais personalidade em um lugar chamado distrito de Tenderloin. Marinheiros e mulheres empanturrados de maquiagem também ficavam lá. Papai disse que era um pulgueiro, mas mamãe disse que era um SPRE, e quando eu perguntei o que queria dizer, ela me falou que o hotel era só para residentes especiais.

Enquanto mamãe e papai saíam para buscar patrocínios para a Prospectora, nós brincávamos no hotel. Um dia, eu encontrei uma caixa de fósforos pela metade. Fiquei muito contente, porque eu gostava muito mais dos fósforos de madeira de caixinha do que os molengos dos maços de papel cartão. Subi com eles e me tranquei no banheiro. Puxei um pouco de papel higiênico, coloquei fogo e, quando ele começou a queimar, joguei dentro da privada. Eu estava torturando o fogo — dando-lhe vida e apagando-o com um sopro.

Aí, tive uma idéia melhor. Fiz um montinho de papel higiênico dentro da privada, acendi e, quando ele começou a pegar fogo e a chama estava saindo por cima da tampa, dei descarga.

Uma noite, alguns dias depois, acordei de repente. O ar estava quente e abafado. Senti cheiro de fumaça e vi chamas subindo pela janela aberta. No início, não entendi se o fogo era dentro ou fora do quarto, mas aí vi que uma das cortinas, a apenas uns poucos metros da minha cama, estava queimando.

Mamãe e papai não estavam no quarto, e a Lori e o Brian ainda estavam dormindo. Eu tentei gritar para avisá-los, mas nenhum som saiu da minha garganta. Queria me mexer para sacudi-los e acordá-los, mas não conseguia. O fogo aumentava, ficava mais forte e mais zangado.

Nesse exato momento, a porta abriu com um estrondo. Alguém gritava os nossos nomes. Era o papai. A Lori e o Brian acordaram e correram em sua direção, tossindo por causa da fumaça. Eu ainda não conseguia me mexer. Eu olhava para o fogo, imaginando que, a qualquer instante, o meu cobertor ia arder em chamas. Papai me enrolou no cobertor e me levantou, e correu escada abaixo, puxando a Lori e o Brian com um braço e me carregando no outro.

Papai nos levou até o bar do outro lado da rua e voltou para ajudar a apagar o incêndio. Uma garçonete de unha vermelha e cabelo preto-azulado perguntou se a gente queria uma Coca-Cola, ou, diabos, talvez uma cerveja, pois tínhamos passado por poucas e boas naquela noite. O Brian e a Lori agradeceram e aceitaram a Coca. Eu perguntei se podia beber um *Shirley Temple*, bebida que o papai sempre pedia para mim quando me levava a um bar. Por alguma razão, a garçonete deu uma risada.

As pessoas no bar ficaram rindo e debochando das mulheres que saíam correndo nuas do hotel em chamas. Debaixo do cobertor, eu só estava usando uma calcinha, então fiquei bem enrolada dentro dele. Depois que acabei de beber o meu *Shirley Temple*, tentei atravessar a rua novamente para ver o incêndio, mas a garçonete não me deixou sair do bar, então trepei em um banquinho para olhar pela janela. Os carros de bombeiro tinham chegado. Havia uns canhões de luz e homens usando roupas de borracha pretas, segurando grandes mangueiras com enormes jatos d'água saindo pelo bico.

Eu fiquei imaginando se o fogo tinha tentado me pegar. Fiquei me perguntando se todos os fogos estavam ligados uns aos outros, como papai disse que as pessoas eram ligadas umas às outras, se o fogo que tinha me queimado quando eu cozinhei as salsichas estava, de alguma forma, relacionado ao fogo que apaguei com a descarga da privada e com o fogo que estava incendiando o hotel. Eu não tinha resposta para essas perguntas; o que eu sabia era que eu vivia em um mundo que, a qualquer momento, podia pegar fogo. Era o tipo de saber que te deixava de cabelo em pé.

Depois que o incêndio destruiu o hotel, nós moramos alguns dias na praia. Se abaixássemos o banco traseiro da Traquitana Verde, havia lugar para todo mundo dormir, mesmo que, às vezes, tivesse um pé bem colado na minha cara. Certa noite, um policial bateu no vidro do carro e disse que tínhamos que ir embora; era ilegal dormir na praia. Ele era bonzinho e nos chamava de "pessoal", e até desenhou o mapa de um lugar onde poderíamos dormir sem risco de ir para a cadeia.

Mas, depois que ele foi embora, o papai chamou ele de *gestapo* filho-da-puta e disse que pessoas como ele ficavam felizes só de mandar em gente como nós. Papai estava cansado da civilização. Mamãe e ele decidiram que devíamos voltar para o deserto e continuar nossa busca do ouro sem capital inicial.

— Essas cidades podem te matar — disse ele.

Saímos batidos de São Francisco e depois seguimos rumo ao deserto de Mojave. Perto das montanhas Eagle, mamãe fez o papai parar o carro. Ela tinha visto uma árvore à beira da estrada que tinha chamado a sua atenção.

Não era uma árvore qualquer. Era uma velha Joshua Tree — uma *Yucca brevifolia*. Estava fincada em uma dobra de terra onde o deserto terminava e a montanha começava, formando um túnel de vento. Desde a época em que era uma mudinha, ela vinha sendo tão castigada pelo vento cortante que, em vez de tentar crescer buscando o céu, ela tinha crescido na direção que o vento a empurrava. Agora, ela vivia em um estado permanente de soprança-de-vento, tão debruçada para o lado que parecia prestes a tombar, embora, na realidade, as raízes a segurassem firmemente.

Eu achava a árvore feia. Era desgrenhada e esquisita, aprisionada para sempre naquela posição tortuosa e atormentada, e me fazia pensar nos adultos que te dizem para não fazer careta, senão a tua cara pode ficar deformada para o resto da vida. A mamãe, porém, achava que aquela era uma das árvores mais bonitas que ela já tinha visto. Ela disse que precisava pintá-la. Enquanto ela preparava o cavalete, papai avançou de carro pela estrada para ver o que havia mais adiante. Ele descobriu um punhado de casebres toscos, *trailers* instalados direto na areia e barracos com telhados enferrujados de zinco. Chamava-se Midland. Um dos casebres tinha uma placa de ALUGA-SE.

— Ora bolas, por que não aqui? — resolveu papai.

A casa que nós alugamos tinha sido construída por uma companhia de mineração. Era branca, com dois cômodos e um telhado encurvado. Não tinha árvores, e a areia do deserto era varrida até a porta de trás da casa. De noite, dava para ouvir os coiotes uivando.

Quando chegamos a Midland, aqueles coiotes não me deixavam dormir, e, quando deitava na cama, eu ouvia outros barulhos — lagartos monstros-de-gila rastejando na vegetação, traças batendo contra as telas das janelas e arbustos ressequidos rangendo ao vento. Uma noite, quando as luzes já estavam apagadas e eu via uma réstia da lua pela fresta na janela, ouvi um som rastejante vindo do chão.

— Acho que tem uma coisa debaixo da nossa cama — falei para a Lori.

— Pura invenção da sua imaginação hiperativa — afirmara ela, que falava que nem gente grande quando estava zangada.

Tentei ser corajosa, mas tinha ouvido alguma coisa. Na luz do luar, eu via que tinha alguma coisa se mexendo.

— Tem um negócio ali — cochichei.

— Vê se dorme — falou Lori.

Segurando o travesseiro sobre a cabeça para me proteger, corri até a sala, onde papai estava lendo.

— O que foi que aconteceu, Cabrita Montesa? — perguntou. Ele me chamava assim porque eu nunca caía quando nós escalávamos nas montanhas: "Ela tem o pé fincado no chão como os cabritos monteses", dizia sempre.

— Acho que nada — respondi. — Eu só pensei ter visto uma coisa no quarto. — Papai levantou as sobrancelhas. — Mas deve ser pura invenção da minha imaginação hiperativa.

— Você viu o que era? — perguntou ele.

— Ver mesmo, não vi, não.

— Você deve ter visto, sim. Era um filho-da-puta grande, velho e peludo, com dentes e garras horrendas?

— Isso!

— E ele tinha orelhas pontudas e olhos malvados com fogo dentro, e ele te olhou com uma cara medonha? — perguntou.

— Foi! Foi, sim! Você viu ele também?

— Ora se vi. É aquele desgraçado do Demônio asqueroso.

Papai falou que vinha perseguindo o Demônio há anos. Àquela altura do campeonato, o velho Demônio já devia saber que era melhor não provocar o Rex Walls. Mas se aquele safado nojento estava pensando que ia assustar a filhinha do Rex Walls, ele ia ter uma baita surpresa.

— Vai pegar a minha faca de caça — falou papai.

Fui pegar a faca de caça do papai, com cabo de osso entalhado e lâmina alemã de aço azul, e ele me deu uma chave inglesa para eu me defender, e fomos atrás do Demônio. Olhamos debaixo da minha cama, onde eu o tinha visto, mas ele não estava mais lá. Olhamos pela casa toda — debaixo da mesa, nos cantos escuros dos armários, na caixa de ferramentas, até do lado de fora, nas latas de lixo.

— Voltaqui, seu Demônio duma figa — gritou papai para a noite do deserto. — Vem cá e mostra a tua cara de bunda, seu monstro de barriga amarela!

— É, vem cá, seu velhaco! Demônio malvado — disse eu, acenando com chave inglesa no ar. — A gente não tem medo de você!

Só se ouviam os coiotes ao longe.

— Era de se esperar que aquele covarde fugisse — falou papai.

Sentou-se na escada da frente da casa e acendeu um cigarro, e aí contou-me uma história sobre quando o Demônio estava aterrorizando uma cidade inteira, e papai o expulsou depois de um combate mano a mano, mordendo as suas orelhas e enfiando o dedo nos seus olhos. O velho Demônio ficou tremendo na base, porque aquela era a primeira vez em que se deparava com alguém que não tinha medo dele.

— Aquele safado daquele Demônio ficou sem saber o que pensar — disse ele, sacudindo a cabeça, dando uma risada. Isso era uma coisa a se ter em mente quando se lidava com um monstro. — Ele adora amedrontar as pessoas, mas, a partir do momento em que você olha bem na cara dele, ele enfia o rabo entre as pernas e dá no pé. Cabritinha Montesa, você só tem que mostrar pro safado do Demônio que você não tem medo.

Pouca coisa crescia ao redor de Midland que não fossem cactos, aquela árvore retorcida e os arbustos magricelos que papai dizia serem das plantas mais antigas do planeta. O tataravô daqueles arbustos tinha milhares de anos de idade. Quando chovia, eles soltavam um cheiro bolorento para que os bichos não os comessem. Só caíam dez centímetros de chuva por ano na região de Midland — mais ou menos o mesmo que no norte do Saara —, e a água para consumo humano chegava de trem, uma vez por dia, em engradados especiais. Os únicos bichos que conseguiam sobreviver perto de Midland eram umas criaturas sem lábio, escamosas, como os monstros-de-gila e os escorpiões. E gente como nós.

Um mês depois de nos mudarmos para Midland, o Juju foi mordido por uma cascavel e morreu. O enterro foi aos pés da Joshua Tree. Foi, talvez, a única vez em que vi o Brian chorar. Mas a gente tinha um monte de gatos que eram nossos amigos. Na verdade, gatos até demais. Tínhamos salvado montões de gatos desde que atiramos o Quixote pela janela, e muitos tiveram gatinhos, e a coisa chegou a tal ponto que nos vimos obrigados a nos livrar de alguns. Não havia vizinho para quem dar, então o papai os punha em uns sacos de juta e dirigia até um laguinho feito pela companhia de mineração para arrefecer os equipamentos. Eu o via encher o porta-malas do carro com sacos que se remexiam e miavam.

— Não tá certo — eu disse para a mamãe. — Primeiro a gente salva. Agora, a gente mata.

— Nós demos a eles um pouco de tempo a mais no planeta — disse ela. — Eles ainda deviam agradecer por isso.

Papai, finalmente, conseguiu um emprego na mina de gesso, escavando as pedras brancas que eram moídas e transformadas em pó, usadas em paredes e revestimento. Quando ele chegava em casa, estava coberto de pó de gesso branco, e, às vezes, nós brincávamos de fantasma, e ele corria atrás de nós. Ele também trazia para casa sacos de gesso, e mamãe misturava com água para fazer esculturas da Vênus de Milo a partir de um molde de borracha que ela encomendou pelo correio. Mamãe ficava triste porque a mina estava destruindo tanta pedra branca — ela dizia que era mármore de verdade, e que a pedra merecia um destino melhor do que aquele, e que, por meio de suas esculturas, pelo menos ela imortalizava um pouco do mármore.

Mamãe estava grávida. Todo mundo queria que fosse um menino, para que o Brian tivesse alguém com quem brincar além de mim. Quando chegasse a hora de a mamãe dar à luz, o plano do papai era que nós nos mudássemos para Blythe, a uns trinta quilômetros ao sul, que era uma cidade tão grande que tinha dois cinemas e duas prisões estaduais.

Enquanto isso, mamãe se dedicava à sua arte. Ela passava o dia todo trabalhando com pintura a óleo, aquarela, desenhos com carvão, gravuras, esculturas de argila e de arame, serigrafia e blocos de madeira. Ela não tinha um estilo em particular; alguns dos quadros que pintava eram o que ela chamava de primitivos, outros eram impressionistas e abstratos, outros eram realistas. "Eu não quero ficar presa a um padrão", ela gostava de dizer. Mamãe também era escritora e estava sempre datilografando, escrevendo romances, contos, peças, poemas, fábulas e livros infantis, que ela mesma ilustrava. Ela precisava de um revisor, e, quando a Lori tinha apenas sete anos, ela relia os manuscritos da mamãe, corrigindo os erros.

Durante nossa estada em Midland, mamãe pintou inúmeras variações e esboços da Joshua Tree. Nós íamos até lá com ela, e ela nos dava aulas de pintura. Um dia, eu vi que uma mudinha de Joshua Tree estava crescendo não muito longe da antiga árvore. Falei para a mamãe que ia protegê-la do vento, e regar todos os dias para que ela pudesse crescer bonita, grande e reta.

Mamãe franziu a testa.

— Você estaria destruindo o que a torna especial. É a luta dela que lhe dá beleza.

Nunca acreditei em Papai Noel.

Nenhum de meus irmãos acreditava. Mamãe e papai se recusaram a nos deixar acreditar. Eles não tinham condições de comprar presentes caros e não queriam que nós pensássemos que não éramos tão bons como todas as outras crianças que, na manhã de Natal, encontravam todo tipo de brinquedos bacanas debaixo da árvore, que eram, supostamente, deixados lá pelo Papai Noel. Então, eles nos contaram que as outras crianças eram enganadas pelos pais, que os brinquedos que os adultos diziam serem feitos por duendes que usavam chapeuzinhos com guizos em um ateliê no pólo Norte tinham, na verdade, etiquetas onde estava escrito "Made in Japan".

— Tentem não desprezar essas outras crianças — dizia mamãe.
— Não é culpa delas se elas sofreram uma lavagem cerebral pra acreditar nesses mitos bobos.

Comemorávamos o Natal, mas, geralmente, uma semana depois de 25 de dezembro, quando se encontravam laços de fita e papel de embrulho em perfeito estado e que as pessoas tinham jogado fora, e árvores de Natal largadas ao longo dos acostamentos das estradas que ainda tinham a maior parte das folhas e, algumas, até enfeites prateados agarrados aos galhos. Mamãe e papai davam de presente um saquinho de bola de gude, ou uma boneca, ou um estilingue, que tinham encontrado na liquidação de Natal.

Naquele ano, papai perdeu o emprego na mina de gesso depois de brigar com um chefe, e, quando chegou o Natal, nós não tínhamos nem um centavo. Na véspera de Natal, papai nos levou para passear de noite no deserto, um de cada vez. Eu estava enrolada em um cobertor e, na minha vez, eu quis dividi-lo com o papai, mas ele disse "não, obrigado". O frio nunca o incomodava. Eu tinha feito cinco anos, e sentei do lado dele, e nós olhamos para cima, para o céu. Papai adorava falar sobre as estrelas. Ele explicava como elas orbitavam pelo céu noturno enquanto a Terra girava. Ele nos ensinou como identificar as constelações e navegar pela estrela Polar. Aquelas estrelas brilhantes, ele insistia sempre, eram uma das melhores coisas que existiam para gente como nós, que vivia na natureza. Os caras ricos da cidade, dizia, moravam em apartamentos chiques, mas o ar deles era tão poluído que eles nem conseguiam ver as estrelas. A gente teria que estar completamente maluco para querer trocar de lugar com eles.

— Escolhe a tua estrela favorita — disse ele naquela noite. Ele disse que eu podia ficar com ela para mim. Ele disse que era o meu presente de Natal.

— Você não pode me dar uma estrela! — falei. — Ninguém é dono de uma estrela.

— É isso aí — disse ele. — Nenhuma outra pessoa tem uma estrela. Basta você declarar que tem antes dos outros, que nem aquele carcamano do Cristóvão Colombo, que declarou que a América era da rainha Isabel. Declarar que uma estrela é tua tem a mesma lógica.

Pensei bem e cheguei à conclusão de que o papai estava certo. Ele sempre descobria umas coisas assim.

Eu podia ter qualquer estrela que quisesse, disse, menos Betelgeuse e Rigel, porque a Lori e o Brian já tinham declarado que elas eram deles.

Levantei os olhos, olhei as estrelas e tentei decidir qual era a melhor de todas. Dava para ver centenas, talvez milhares ou, até, milhões, brilhando no céu claro do deserto. Quanto mais tempo você olhava, mais os olhos se acostumavam ao escuro, mais estrelas você enxergava, camada por camada tornando-se visível. Havia uma em particular, a oeste, sobre as montanhas, mas baixa no céu, que brilhava com mais força do que todas as outras.

— Quero aquela — falei.

Papai sorriu.

— Aquele é Vênus — disse ele. — Vênus é apenas um planeta bem chinfrim se comparado às estrelas de verdade. Ele parece maior e mais brilhante porque está muito mais perto do que as estrelas. O pobrezinho de Vênus nem produz sua própria luz. É iluminado, não luminoso, só brilha porque reflete a luz. — Ele me explicou que os planetas brilhavam porque a luz refletida era constante, e que as estrelas brilhavam porque a sua luz pulsava.

— Gosto dele mesmo assim — falei. Eu já admirava Vênus, mesmo antes daquele Natal. Dava para vê-lo já nas horas iniciais da noite, cintilando no horizonte, a oeste. E, se você levantasse cedo, ainda podia vê-lo de manhã, depois que todas as estrelas já tinham desaparecido.

— Ora bolas — disse papai. — É Natal. Você pode ter um planeta se quiser.

E ele me deu Vênus.

Naquela noite, durante o jantar, conversamos sobre o espaço sideral. Papai explicou o que eram anos-luz, buracos negros e quasares, e falou das qualidades especiais de Betelgeuse, Rigel e Vênus.

Betelgeuse era uma estrela vermelha, no ombro da constelação de Orion. Era uma das maiores estrelas que se podiam ver no céu, centenas de vezes maior do que o Sol. Ela tinha ardido com um brilho intenso durante milhões de anos, e logo se tornaria uma supernova e se apagaria. Fiquei triste porque a Lori tinha escolhido uma estrela toda ferrada, mas papai explicou que "logo" queria dizer centenas de milhares de anos, em se tratando de estrelas.

Rigel era uma estrela azul, menor que Betelgeuse, prosseguiu papai, mas ainda mais brilhante. Também ficava em Orion — estava no seu pé esquerdo, o que parecia apropriado, porque o Brian corria super rápido.

Vênus não tinha luas nem satélites, nem sequer um campo magnético, mas ele tinha uma atmosfera meio que parecida com a da Terra, só que era extremamente quente — uns 260°C ou mais.

— Por isso, quando o Sol começar a se apagar e a Terra congelar, todo mundo daqui vai querer mudar para Vênus, para ficar no quentinho. E eles vão ter que pedir permissão para os seus descendentes primeiro — alegou papai.

Rimos de todas as crianças que acreditavam na lenda do Papai Noel, e só ganhavam um monte de brinquedos baratos — e de plástico — de presente.

— Daqui a muitos anos, quando a porcariada que eles ganharam estiver quebrada e a tiverem esquecido toda — disse ele —, vocês ainda terão as suas estrelas.

Ao ANOITECER, DEPOIS QUE O SOL já tivesse escorregado por detrás das montanhas Palen, os morcegos saíam e rodopiavam pelo céu acima dos casebres de Midland. A velha que morava na casa ao lado tinha nos alertado sobre os morcegos. Ela os chamava de ratos voadores e disse que uma vez um deles ficou preso no seu cabelo, e endoidou, arranhando seu couro cabeludo. Mas eu adorava aqueles morceguinhos feiosos, a maneira de eles zunirem pelo ar, com as asas batendo freneticamente. Papai explicou que eles tinham sonares, como os dos submarinos nucleares. O Brian e eu jogávamos pedrinhas, na esperança de que eles pensassem que eram insetos e tentassem comê-las, e que, com o peso, eles caíssem no chão e a gente conseguisse fazê-los de animais de estimação, amarrando um barbante comprido nas garrinhas para que eles pudessem voar por aí. Eu queria ensinar um a ficar pendurado de cabeça para baixo no meu dedo. Mas aqueles morcegos danados eram espertos demais para cair na nossa armadilha.

Os morcegos estavam voando do lado de fora, circulando e guinchando, quando deixamos Midland e fomos para Blythe. Algumas horas antes, mamãe havia dito que o bebê resolvera que já estava grande o bastante para sair e juntar-se à família. Em plena estrada, papai e mamãe começaram a brigar sério, discutindo sobre quantos meses a mamãe tinha de gravidez. Mamãe disse que ela estava grávida há dez meses. Papai, que tinha consertado a embreagem de um carro cedo pela manhã e que tinha usado o dinheiro que ganhou para comprar uma garrafa de tequila, disse que ela devia ter se enganado nas contas.

— Eu sempre fico grávida mais tempo do que a maioria das mulheres — falou mamãe. — A Lori ficou na minha barriga por 14 meses.

— Papo furado! — respondeu ele. — A não ser que ela seja meio elefante.

— Não se atreva a debochar de mim ou dos meus filhos! — berrou ela. — Alguns bebês são prematuros. Os meus foram todos pósmaturos. É por isso que eles são tão inteligentes. Os cérebros deles tiveram mais tempo pra se desenvolver.

Papai disse alguma coisa sobre as aberrações da natureza, e mamãe chamou o papai de Professor-Sabe-Tudo que se negava a acreditar que ela era especial. Papai falou que nem Nosso Senhor Jesus Cristo preso a um maldito pedaço de pau não levou tanto tempo em gestação. Mamãe ficou zangada com a blasfêmia do papai, esticou a perna para o lado do motorista e pisou no freio. Eram altas horas da noite. Mamãe saiu que nem uma bala do carro e correu para dentro da escuridão.

— Sua vaca maluca — esgoelou papai. — Volta já pra essa porra desse carro!

— Vem me pegar, espertalhão — gritou, enquanto se distanciava.

Papai virou a direção do carro e saiu da estrada, para dentro do deserto, atrás dela. A Lori, o Brian e eu nos abraçamos forte, como sempre fazíamos quando o papai dirigia desembestado, e nós sabíamos que podia sacudir um bocado.

Papai botou a cabeça para fora da janela enquanto dirigia, gritando para a mamãe, chamando-a de "piranha cretina" e "xereca xexelenta", e mandando que ela voltasse para dentro do carro. Mamãe declinou. Ela estava na nossa frente, levantando e abaixando por detrás dos arbustos do deserto. Como ela nunca dizia palavrão, ficava xingando o papai de coisas como "seu imprestável", "bêbado vagabundo" e tudo o mais. Papai parou o carro e aí pisou fundo no acelerador, estalando o pedal. Avançamos que nem um raio na direção da mamãe, que deu um grito e saiu do caminho, num pulo. Papai deu meia-volta e acelerou para cima dela de novo.

Era uma noite sem lua, por isso nós não conseguíamos ver a mamãe, a não ser quando ela ficava na frente da luz do farol. Ela ficava olhando para trás por cima dos ombros, com os olhos arregalados, como os de um animal sendo caçado. Nós três chorávamos e pedíamos para o papai parar, mas ele não dava bola. Eu estava ainda mais preocupada com o bebê dentro da barriga inchada da mamãe do que com ela mesma. O carro dava solavancos, se enfiando em buracos e pedras, os galhos secos arranhavam a lataria, e poeira entrava pelas janelas abertas. Finalmente, papai encurralou a mamãe contra umas rochas. Eu estava com medo de que ele a esmagasse com o carro, mas, em vez disso, ele saiu e a trouxe arrastada, ela com as pernas se debatendo, e jogou-a para dentro do carro. Atravessamos o deserto sacolejando, até a estrada. Todo mundo estava calado, menos a mamãe, que soluçava, dizendo que ela tinha, sim, gestado a Lori durante 14 meses.

Papai e mamãe fizeram as pazes no dia seguinte, e, no final da tarde, ela já estava cortando o cabelo dele na sala de estar do apartamento que tínhamos alugado em Blythe. Ele havia tirado a camisa e estava sentado, apoiando as costas na cadeira, com a cabeça virada para baixo e o cabelo penteado para frente. Mamãe aparava as pontas, e ele mostrava os lugares que ainda estavam compridos demais. Quando acabaram, papai penteou o cabelo para trás de novo e declarou que mamãe tinha acabado de fazer uma cortação porreta.

O nosso apartamento ficava em um prédio de um só andar, feito de blocos de concreto, no subúrbio da cidade. Tinha uma placa na entrada, de plástico grande, azul e branco, oval, e um letreiro que dizia: Condomínio LBJ. Eu pensei que eram as nossas iniciais — Lori, Brian e Jeannette — mas a mamãe disse que LBJ eram as iniciais do presidente da república, que, acrescentou, era bandido e belicista. Alguns motoristas de caminhão e uns caubóis tinham quartos no Condomínio LBJ, mas a maioria dos outros moradores eram trabalhadores imigrantes que moravam com suas famílias, e nós podíamos ouvi-los conversando pelas paredes finas de placas de gesso. Mamãe dizia que era uma das vantagens de morar no Condomínio LBJ, porque se podia aprender um pouco de espanhol mesmo sem estudar.

Blythe ficava na Califórnia, mas a fronteira com o Arizona ficava a um pulo da cidade. As pessoas que moravam lá gostavam de dizer que Blythe ficava a 250 quilômetros de Phoenix, 400 quilômetros de Los Angeles, e bem no meio do nada. Mas elas sempre falavam isso como se estivessem se gabando.

Mamãe e papai não chegavam a adorar Blythe. Civilizada demais, diziam, obviamente artificial também, já que uma cidade do tamanho de Blythe não tinha por que existir fora do deserto do Mojave. Ficava perto do rio Colorado, e foi fundada há muito tempo, no século XIX, por um sujeito que achou que podia ficar rico transformando o deserto em terra cultivável. Ele cavou um monte de canais de irrigação que drenavam água do rio Colorado, para plantar alface, uva e brócolis lá, bem no meio dos cactos e das artemísias. Papai ficava irritado toda vez que nós passávamos de carro beirando uma dessas fazendas com aqueles canais de irrigação com a largura de uma fossa. "Isso é uma maldita perversão contra a natureza", dizia. "Se você quer viver de agricultura, junte suas trouxas e vá pra Pensilvânia. Se você quer viver no deserto, coma figo-da-índia, não essa alface de bicha."

— É isso aí — concordava mamãe. — De qualquer modo, figo-da-índia tem mais vitamina.

Morar em uma cidade grande como Blythe significava que eu tinha que usar sapatos. Também significava que eu tinha que ir para a escola.

A escola não era tão ruim assim. Eu estava na pré-escola, e a minha professora, a srta. Cook, sempre me escolhia para ler alto quando a diretora visitava a nossa sala. Os outros alunos não gostavam muito de mim, porque eu era muito alta, pálida e magra, e levantava a mão rápido demais e acenava o braço freneticamente demais sempre que a professora fazia uma pergunta. Poucos dias depois de eu ter começado na escola, quatro garotas mexicanas me seguiram até em casa e me atacaram em um beco perto do Condomínio LBJ. Elas me deram uma surra daquelas, puxando o meu cabelo e rasgando a minha roupa e me chamando de "queridinha da professora" e de "toguinho".

Naquela noite, cheguei em casa com os joelhos e os ombros ralados, e o lábio machucado.

— Pelo jeito, você entrou numa briga — falou papai. Ele estava sentado à mesa, desmontando um velho despertador com o Brian.

— Foi só uma rixazinha — respondi. Essa era a palavra que o papai sempre usava depois de entrar numa briga.

— Contra quantos?

— Seis — menti.

— Essa boca machucada tá doendo? — perguntou.

— Esse arranhãozinho de nada? — perguntei. — Você tinha que ter visto o que eu fiz com elas.

— Essa é a minha filhota! — disse ele, e voltou a se ocupar do despertador, mas o Brian continuou me olhando.

No dia seguinte, quando cheguei à altura do beco, as mexicanas estavam lá, à minha espera. Antes que elas pudessem me atacar, o Brian saltou de trás de um arbusto, balançando um galho de iúca. O Brian era menor do que eu e tão magricelo quanto, com sardas no nariz e cabelo ruivo-claro que lhe caía sobre os olhos. Ele estava usando a minha calça de segunda mão, que eu havia herdado da Lori, e que passei para ele. A roupa estava sempre descendo bunda abaixo.

— Podem ir circulando, e todo mundo vai voltar pra casa com os braços e as pernas ainda colados no corpo — disse ele. Essa era outra das frases do papai.

As mexicanas olharam bem para ele antes de cair na gargalhada. Aí, elas o cercaram. O Brian se virou bastante bem mantendo-as afastadas, até que o galho quebrou. Foi quando ele desapareceu debaixo de um enxame de socos e pontapés. Agarrei a maior pedra que vi e bati com ela na cabeça de uma das garotas. O meu braço estremeceu, e eu pensei que tivesse rachado o seu crânio. Ela caiu de joelhos. Uma das suas amigas me empurrou no chão e chutou a minha cara; elas fugiram correndo, inclusive a garota que levou a pancada, que saiu cambaleando e segurando a cabeça.

O Brian e eu nos sentamos no chão. O rosto dele estava coberto de areia. Eu só conseguia ver os seus olhos azuis, bem abertos, e uns pingos de sangue começando a escorrer. Eu quis abraçá-lo, mas teria sido meio esquisito. Ele levantou e me fez um sinal para segui-lo.

Atravessamos a cerca de arame por um buraco que ele havia descoberto naquela manhã e corremos pela plantação de alface ao lado do nosso prédio. Eu o segui pelas fileiras de folhas grandes e verdes, e acabamos encontrando um lugar para festejar, enfiando a cara em alfaces enormes e molhadas, e comendo até a barriga ficar doendo.

— Acho que a gente assustou elas direitinho — falei para o Brian.

— Acho que sim.

Ele não gostava de se gabar, mas dava para ver que ele estava orgulhoso de ter encarado quatro crianças maiores e mais fortes, ainda que fossem meninas.

— Guerra de alface! — gritou.

Ele jogou um molho de alface semi-comido em cima de mim, como se fosse uma granada. Corremos entre as fileiras, arrancando os pés de alface e jogando-os um no outro. Um avião agrícola voou sobre nós. Demos adeus quando ele passou sobre a plantação. Uma nuvem saiu da traseira do avião, e um pó branco e fino cobriu as nossas cabeças.

Dois meses depois da mudança para Blythe, quando mamãe disse que estava grávida de 12 meses, ela finalmente deu à luz. E, depois de passar dois dias no hospital, nós fomos, todos, buscá-la de carro. Papai nos deixou esperando dentro do carro, com o motor ligado, enquanto entrou para pegar a mamãe. Eles saíram correndo, ele a segurava pelos ombros. Mamãe vinha ninando uma trouxinha no colo, com um riso ligeiro, como se estivesse fazendo uma coisa meio errada, como se tivesse roubado um doce de uma mercearia. Eu concluí que eles tivessem se mandado *à la* Rex Walls.

— Menino ou menina? — perguntou Lori, enquanto o carro desembestava.

— Menina — respondeu mamãe.

Mamãe me passou o bebê. Eu ia fazer seis anos em poucos meses, e mamãe disse que eu já era madura o suficiente para segurá-lo o tempo todo, até chegar em casa. O bebê era cor-de-rosa e todo enrugado, mas absolutamente lindo, com olhos azuis enormes, uma penugem loura macia e as menores unhas que eu já tinha visto. Ele se mexia com gestos confusos, atrapalhados, como se não conseguisse entender por que a barriga da mamãe não estava mais ao seu redor. Prometi-lhe que sempre cuidaria dele.

O bebê ficou sem nome por muitas semanas. Mamãe disse que o queria estudar primeiro, da mesma forma como passeava em um tema de pintura. Houve várias discussões sobre qual deveria ser o nome. Eu queria que fosse Rosita, como a menina mais bonita da minha sala, mas a mamãe disse que era mexicano demais.

— Pensei que a gente não devia ter preconceitos — falei.

— Não é preconceito — disse mamãe. — É uma questão de precisão na hora de escrever a etiqueta.

Ela falou que as nossas duas avós estavam zangadas porque nem a Lori, nem eu tínhamos os nomes delas, então ela resolveu chamar o bebê de Lilly Ruth Maureen. Lilly era o nome da mãe da mamãe, e Erma Ruth era o nome da mãe do papai. Mas nós a chamaríamos de Maureen, nome de que a mamãe gostava, porque era o diminutivo de Mary, então ela estaria dando ao bebê o seu próprio nome, mas quase ninguém ia saber disso. Papai disse que isso ia deixar todo mundo contente, exceto a mãe dele, que odiava o nome Ruth e queria que o bebê se chamasse Erma, e a mãe da mamãe, que ia detestar partilhar o seu nome com a mãe do papai.

POUCOS MESES DEPOIS de a Maureen nascer, um carro da polícia tentou nos parar na estrada porque a luz de freio da Traquitana Verde não estava mais acendendo. Papai acelerou. Ele disse que se a polícia nos parasse, eles descobririam que não tínhamos certidão de nascimento, nem estávamos cadastrados na previdência social, e que a placa tinha sido tirada de um outro carro, e que eles jogariam todos nós no xadrez. Depois de pisar fundo que nem um louco estrada afora, ele deu meia-volta de repente, cantando pneu, e parecia que íamos capotar, mas o carro da polícia também fez meia-volta. Papai atravessou Blythe a mil por hora, furou um sinal vermelho, subiu uma rua mão única pela contramão, os outros carros buzinavam e saíam do caminho. Ele deu mais umas voltas, e aí desceu uma ruela e encontrou uma garagem vazia, onde nós nos escondemos.

Ouvimos a sirene da polícia a poucos quarteirões de distância, até que ela desapareceu. Papai disse que, já que a *gestapo* ia ficar procurando a Traquitana Verde, teríamos que deixá-la na garagem e andar até em casa.

No dia seguinte, ele anunciou que Blythe estava ficando quente demais, e que a gente ia pôr o pé na estrada novamente. Dessa vez, ele sabia aonde a gente ia. Papai tinha feito umas pesquisas e escolhera uma cidade ao norte do Nevada, chamada Battle Mountain. Tinha ouro em Battle Mountain, disse papai, e ele pretendia procurá-lo com a Prospectora. Até que enfim, a gente ia ficar rico.

Mamãe e papai alugaram uma caminhonete fechada bem grande. Mamãe explicou que, já que só ela e o papai cabiam na cabine da frente, a Lori, o Brian, a Maureen e eu levaríamos vantagem: viajaríamos no baú. Seria divertido, disse ela, uma verdadeira aventura, mas não teríamos nenhuma fonte de luz, por isso deveríamos usar de todos os nossos recursos para nos distrair juntos. Além do mais, não íamos poder conversar. Como era ilegal viajar na traseira, se alguém nos ouvisse falando, poderia chamar a polícia. Mamãe disse que a viagem ia durar umas 14 horas se pegássemos a via expressa, mas que poderia levar mais umas duas horas, porque talvez fizéssemos uns desvios para aproveitar a paisagem.

Nós carregamos a pouca mobília que tínhamos. Não era grande coisa; em sua maior parte, peças da Prospectora, umas cadeiras, os quadros da mamãe e material de pintura. Quando estava tudo pronto para a partida, mamãe enrolou a Maureen em um cobertor azul-lavanda e a entregou para mim, e nós subimos rumo ao baú da caminhonete. Papai fechou as portas. Ficou escuro como piche, e o ar fedia a bolor e poeira. Estávamos sentados no chão de metal com lâminas de madeira, sobre cobertores rasgados e manchados, usados para proteger mobília, e tentávamos nos tocar com as mãos para saber onde os outros estavam.

— Aqui começa a aventura! — cochichei.

— Shhh! — disse Lori.

A caminhonete deu a partida e "trepidou" para a frente. A Maureen desandou a choramingar alto e estridentemente. Eu tentei fazer com que ela ficasse quieta, sacudi-a no colo, ninando. Mas ela continuou se esgoelando. Então eu a passei para a Lori, que cochichou uma cantiga de ninar no ouvidinho dela e contou piadas. Isso também não adiantou nada, então nós imploramos para que ela parasse de chorar. Depois, simplesmente tapamos os ouvidos com as mãos.

Depois de um certo tempo, ficou frio e desconfortável na traseira do furgão. O motor fazia o chão trepidar, e nós todos caíamos quando tinha um quebra-molas na estrada. Várias horas se passaram. A essa altura, todo mundo estava morto de vontade de fazer xixi e imaginando se o papai ia fazer uma parada para descansar. De repente, o carro caiu em um buraco enorme, e as portas traseiras da caminhonete se abriram com um estrondo. O vento gritava dentro do compartimento. Ficamos com medo de ser sugados para fora, e nos encolhemos em frente à Prospectora. Era uma noite de lua cheia, e dava para ver o brilho das luzes traseiras e a estrada por onde tínhamos vindo, que se estendia pelo deserto prateado. As portas destrancadas batiam, abrindo e fechando com um estardalhaço enorme.

Como a mobília estava amontoada entre nós e a cabine, não podíamos bater na parede para chamar a atenção da mamãe e do papai. Batíamos nos lados da lataria e gritávamos o mais alto que podíamos, mas o motor era barulhento demais, e eles não nos ouviam.

O Brian engatinhou até a beira do furgão. Quando uma das portas bateu, fechando, ele a agarrou, mas ela abriu de novo, violentamente, arremessando-o para a frente. Pensei que ele fosse ser jogado para fora, mas deu um salto para trás bem a tempo, e se arrastou pelo chão de lâminas de madeira até onde a Lori e eu estávamos.

O Brian e a Lori se agarravam firme à Prospectora, que o papai tinha amarrado bem com umas cordas. Eu estava segurando a Maureen, que, por alguma razão desconhecida, tinha parado de chorar. Eu me enfurnei em um dos cantos. Parecia que íamos ter que agüentar aquilo ainda por algum tempo.

Foi então que um par de faróis apareceu ao longe, na estrada. Víamos que um carro veio se aproximando, lentamente, da caminhonete. Depois de uns minutos, ele se emparelhou com nosso carro, e a luz dos faróis nos iluminou dentro do compartimento. O carro começou a buzinar e a fazer sinais com o farol. Então, acelerou e ultrapassou o nosso furgão. O motorista deve ter feito gestos pra mamãe e pro papai, porque nós diminuímos a velocidade até parar, e papai veio correndo com uma lanterna.

— Que é que tá acontecendo aqui, porra? — perguntou. Ele estava furioso. Tentamos explicar que não era nossa culpa se as portas tinham aberto de repente, mas ele ainda estava zangado. Eu vi que ele também estava com medo. Talvez com mais medo do que raiva.

— Era a polícia? — perguntou Brian.

— Não! E vocês têm uma sorte danada porque não era, ou ele taria botando vocês na cadeia.

Depois de fazermos xixi, voltamos para dentro da caminhonete e olhamos o papai fechar as portas. A escuridão nos envolveu novamente. Dava para ouvir o papai trancando as portas e verificando mais de uma vez se estavam bem trancadas. O motor foi ligado, e nós continuamos pela estrada afora.

BATTLE MOUNTAIN TINHA SIDO FUNDADA como posto de mineração, há uns cem anos, por pessoas que esperavam ficar ricas, mas, se alguém enriqueceu em Battle Mountain, deve ter se mudado de lá para gastar a fortuna em outro lugar. Não tinha nada de grande na cidade, a não ser pelo grande céu vazio e, ao longe, as montanhas de Tuscarora, com rochas arroxeadas que desabavam sobre o deserto plano e achatado.

A rua principal era larga, com carros e picapes desbotados pelo sol e estacionados na diagonal contra o meio-fio, mas só tinha alguns quarteirões de comprimento, flanqueada, em ambos os lados, por prédios baixos, de telhados horizontais, feitos de adobe ou de tijolo. Um único sinal de trânsito mantinha a luz vermelha acesa, de dia e de noite. Ao longo da rua principal, havia um armazém, um mercadinho, uma concessionária Ford, uma estação rodoviária e dois grandes cassinos: o clube Owl e o hotel Nevada. Os prédios, que pareciam raquíticos sob o céu imenso, tinham lâmpadas em néon que não pareciam estar acesas durante o dia, de tanto que o sol brilhava.

Nós mudamos para um prédio de madeira nos limites da cidade, que foi, no passado, uma estação ferroviária. Ele tinha dois andares e era pintado de um verde típico de indústrias, e ficava tão perto dos trilhos do trem que você podia dar tchau pela janela para o maquinista. Nosso novo lar era um dos prédios mais antigos da cidade, disse-nos mamãe, orgulhosa, com uma verdadeira qualidade de vanguarda.

O quarto da mamãe e do papai era no segundo andar, onde foi, antes, o escritório do gerente da estação. Nós, as crianças, dormíamos no andar de baixo, no que tinha sido a sala de espera. Os velhos banheiros ainda existiam, mas a privada tinha sido arrancada de um deles, substituída por uma banheira. O guichê de venda de bilhetes foi transformado em cozinha. Alguns dos bancos originais ainda estavam presos às paredes de madeira sem pintura, e se podiam ver as partes mais escuras e gastas nos assentos onde exploradores e mineradores, além de suas esposas e filhos, tinham se sentado à espera do trem — suas bundas poliram a madeira.

Como não tínhamos dinheiro para mobília, nós improvisávamos. Um monte de carretéis enormes, de madeira, do tipo que se usa para enrolar cabo industrial, tinha ficado largado ao longo dos trilhos, não longe da casa. Então nós os trouxemos rolando até em casa e os transformamos em mesas.

— Só um idiota para gastar dinheiro em mesa comprada em loja, quando se pode ter essas de graça! — disse papai, batendo na madeira para mostrar como ela era firme.

As cadeiras eram carretéis menores, e baús. Em vez de camas, nós, as crianças, dormíamos em grandes caixas de papelão, como as que envolvem as geladeiras novas. Pouco tempo depois de mudarmos para a estação, ouvimos mamãe e papai falando em comprar camas de verdade para nós, e nós discordamos da idéia. Gostávamos das nossas caixas. Elas faziam com que ir para cama fosse uma aventura.

Logo que nos mudamos para a estação, mamãe resolveu que a gente precisava mesmo era de um piano. Papai encontrou um de tipo vertical, quando um *saloon* na cidade vizinha foi à falência, e pegamos emprestada a picape de um vizinho para trazê-lo para casa. Tiramos o piano da picape fazendo-o escorregar por uma rampa improvisada, mas ele era pesado demais para carregar depois. Para levá-lo até a estação, papai bolou um sistema de cordas e polias que prendeu no piano, no quintal na frente da casa, e que atravessava a casa, pela porta dos fundos, até a picape. O plano era que a mamãe chegasse a picape para a frente, puxando o piano para dentro de casa, enquanto papai e nós guiávamos o piano pela rampa de tábuas e pela porta de entrada.

— Já! — berrou papai quando estávamos todos posicionados.

— Lá vai! — gritou mamãe. Mas, em vez de avançar devagarzinho, a mamãe, que nunca teve muita manha para dirigir, pisou fundo no acelerador, e o caminhão deu uma arrancada. O piano escapou das nossas mãos, o que nos puxou para frente com ele, e saiu quicando pela casa adentro, lascando a moldura da porta de casa. Papai gritou para que a mamãe desacelerasse, mas ela continuou avançando e arrastando o piano, que guinchava e badalava pelo chão da estação, direto pela porta dos fundos, arrebentando a moldura, também, para então seguir pelo quintal adentro, onde ele finalmente parou junto de um arbusto cheio de espinhos.

Papai atravessou a casa correndo.

— Mas o que é que você tem na cabeça? — gritou ele para a mamãe. — Eu te mandei desacelerar!

— Eu só estava a quarenta! — respondeu ela. — Você fica zangado comigo quando eu dirijo devagar na estrada — Ela olhou para trás e viu o piano estacionado no quintal. — Ai, ai, ai — disse.

Mamãe queria dar meia-volta e arrastar o piano até o interior da casa de novo, em sentido contrário, mas papai disse que era impossível, porque os trilhos do trem estavam perto demais da casa para se poder botar a picape na posição necessária. Por isso, o piano ficou onde estava. Nos dias em que mamãe se sentia inspirada, ela levava as suas partituras e uma das nossas cadeiras-carretéis para fora, e dedilhava a sua música por horas lá fora.

— A maioria dos pianistas nunca tem a oportunidade de tocar ao ar livre. E agora, a vizinhança toda pode aproveitar a música também — falou.

Papai arrumou um emprego de eletricista em uma mina de barita. Ele saía e voltava cedo para casa, e, à tarde, nós brincávamos juntos. Papai nos ensinou a jogar cartas. Ele demonstrava como ser um jogador de pôquer com olhos de aço, mas eu não era muito boa nisso. Papai dizia que dava para ler a minha cara como se ela fosse um semáforo. Mesmo sem saber blefar direito, às vezes eu ganhava uma rodada, porque eu sempre ficava animada com qualquer mão, até com um par de cincos, o que fazia com que o Brian e a Lori pensassem que eu tinha um par de ases. Papai também inventava jogos para nós, como o Jogo do Logo, em que ele fazia duas afirmações verdadeiras, e nós tínhamos que responder a uma pergunta com base nessas afirmações, ou então, dizer: "Informação insuficiente para se chegar a uma conclusão", e explicar o porquê.

Quando o papai não estava em casa, inventávamos os nossos próprios jogos. A gente não tinha muitos brinquedos, mas ninguém precisa deles em um lugar como Battle Mountain. Pegávamos um pedaço de papelão e descíamos de escorrega pela escada estreita da estação. Pulávamos do telhado da construção, usando um cobertor doado pelo exército como pára-quedas e encolhendo as pernas na hora de aterrissar, como o papai tinha dito que os pára-quedistas de verdade fazem. Botávamos um pedacinho de metal — ou uma moeda de um centavo, quando queríamos esbanjar — no trilho do trem, pouco antes de o trem passar. Depois de o trem passar trovejando, com as rodas turbilhonando, nós corríamos para ver as nossas peças de metal recém-achatadas, quentes e brilhantes.

O que mais gostávamos de fazer era explorar o deserto. Levantávamos de madrugada, meu período preferido do dia, quando as sombras são longas e roxas e você ainda tem o dia inteiro pela frente. De vez em quando, papai vinha junto, e nós andávamos pelos arbustos de artemísia com passo militar, ele dando ordens e cantando refrões — "um, dois, três, quatro" —, e aí parávamos para fazer flexões ou o papai esticava o braço para que nós fizéssemos barra pendurados nele. Na maioria das vezes, o Brian e eu saíamos explorando sozinhos. Aquele deserto estava repleto de tesouros estonteantes.

Mudamos para Battle Mountain por causa do ouro da região, mas o deserto oferecia toneladas de outras jazidas minerais. Tinha prata, e cobre, e urânio, e barita — utilizada nas perfuradoras de petróleo como auxiliar no processo de drenagem, de acordo com o papai. A mamãe e o papai sabiam que tipo de mineral ou minério estava debaixo do solo, a partir da cor das pedras e da terra, e nos ensinaram o que procurar. O ferro estava nas pedras vermelhas, o cobre, dentro das verdes. Tinha tanta turquesa — pepitas e até pedregulhos espalhados pelo chão do deserto — que o Brian eu enchíamos os bolsos até o peso começar a abaixar as nossas calças compridas. Encontrávamos, também, pontas de flechas e fósseis, além de garrafas velhas que tinham ficado roxo-escuras, de tantos anos pegando um sol escaldante. A gente achava crânios de coiote comidos pelo sol, e cascos vazios de tartaruga, e os guizos e as peles descamadas de cascavéis. E também uns sapos gigantes que tinham ficado sob o sol tempo demais, e que estavam completamente secos e tão leves quanto uma folha de papel.

Domingo à noite, se o papai tivesse dinheiro, íamos jantar no clube Owl. Esse clube era "mundialmente famoso", de acordo com o letreiro, onde uma coruja usando um chapéu de mestre-cuca apontava na direção da entrada. De um lado, tinha uma sala com fileiras de máquinas caça-níqueis que estavam sempre tilintando, tiquetaqueando e acendendo luzinhas coloridas. Mamãe dizia que os jogadores de máquinas caça-níqueis ficavam hipnotizados. Papai dizia que eram uns otários.

— Nunca joguem nos caça-níqueis — falava-nos papai. — Eles são pros trouxas que acreditam na sorte. — O papai sabia tudo sobre estatística e explicava como os cassinos nunca perdiam para os jogadores de caça-níqueis. Quando o papai jogava, ele preferia pôquer e bilhar, que eram jogos de estratégia, não de azar. — O sujeito que cunhou a frase de que a vida deve ser jogada não com boas cartas, mas com as oferecidas era, com toda a certeza, um blefista de marca maior — dizia ele.

O clube Owl tinha um bar, onde grupos de homens com a nuca queimada de sol amontoavam-se em volta de cervejas e cigarros. Todos conheciam o papai, e, sempre que ele entrava no bar, era insultado, de um jeito escandaloso e engraçado, que era, no fundo, amigável.

— Essa espelunca deve estar à beira da falência, se eles tão deixando entrar pé-rapado que nem você — gritavam.

— Porra, a minha presença aqui levanta consideravelmente o nível, comparado com a baixaria desses cabras safados — costumava gritar papai em resposta. Todos riam a valer, jogando a cabeça para trás, e davam palmadas nos ombros e nas costas uns dos outros.

Nós sempre nos sentávamos em uma das bancadas vermelhas estofadas. "Tão bem educados", exclamava a garçonete toda vez, porque a mamãe e o papai nos mandavam tratar as pessoas por "senhor" e "senhora", e dizer "por favor" e "obrigado".

— Eles são danados de espertos também — falava papai. — As crianças mais porretas que já pisaram na face da Terra. — E nós sorríamos e pedíamos hambúrgueres ou cachorros-quentes apimentados e milk-shakes e enormes pratos de anéis de cebola frita que brilhavam com a gordura quente. A garçonete trazia a comida até a mesa e um copo de liquidificador de metal gotejando de frio, e despejava os milk-shakes nos nossos copos. Sempre havia uma sobra no fundo do copo de metal, então ela o deixava sobre a mesa para que nos servíssemos de novo.

— Parece que vocês tiraram a sorte grande e ganharam um tanto a mais — dizia ela, dando uma piscada com o olho. Sempre saíamos do clube Owl tão empanturrados que nem andávamos direito.

— Vamos mancando que nem patos pra casa, criançada — dizia papai.

A mina de barita onde o papai trabalhava tinha um mercadinho, e o dono da mina descontava a nossa conta e o aluguel da estação direto do pagamento, todo mês. No começo da semana, íamos até o armazém e trazíamos para casa sacolas e mais sacolas de comida. Mamãe dizia que só as pessoas que tinham sofrido lavagem cerebral com os anúncios compravam comida pré-cozida, enlatada e refeições prontas para descongelar no forno. Ela comprava o básico: sacos de farinha de trigo ou de milho, leite em pó, cebola, batata, pacotes de dez quilos de arroz ou de feijão mulatinho, sal, açúcar, fermento para fazer pão, latas do peixe carapau-do-Pacífico em conserva, um presunto enlatado ou um naco de mortadela, e, de sobremesa, latas de pêssego em calda.

A mamãe não gostava muito de cozinhar. "Por que perder uma tarde preparando um jantar que vai sumir em uma hora, quando, no mesmo período de tempo, eu posso fazer um quadro que pode durar pra sempre?", ela costumava nos perguntar. Por isso, mais ou menos uma vez por semana ela enchia um panelão de ferro e fazia peixe, ou arroz, ou, geralmente, feijão. Todo mundo catava o feijão junto, removendo as pedras, e, então, mamãe o deixava de molho durante a noite, cozinhava no dia seguinte com um osso de pernil dentro para dar sabor, e, durante a semana inteira, comíamos feijão no café-da-manhã, no almoço e no jantar. Se o feijão começasse a azedar, só colocávamos mais tempero nele, como os mexicanos no Condomínio LBJ sempre faziam.

Comprávamos tanta comida que nunca sobrava muito dinheiro no dia do pagamento. Uma dia, na hora de receber o salário, o papai viu que estava devendo 11 centavos à empresa. Ele achou engraçado, e pediu para eles pendurarem a dívida até o mês seguinte. Papai nunca mais saiu para beber de noite, como ele costumava fazer. Ele ficava em casa conosco. Depois do jantar, a família toda se deitava nos bancos ou no chão da estação para ler, com o dicionário no meio da sala, para que nós, as crianças, pudéssemos procurar as palavras desconhecidas. Às vezes, eu discutia com o papai sobre uma definição, mas, se nós não concordássemos com o que os escritores do dicionário diziam, sentávamos e escrevíamos uma carta para os editores. Eles respondiam, defendendo as suas posições, o que suscitava uma carta ainda mais comprida por parte do papai, e, se eles respondiam de novo, ele também respondia, até o pessoal do dicionário desistir.

A mamãe lia de tudo: Charles Dickens, William Faulkner, Henry Miller, Pearl Buck. Ela lia até James Michener — com condescendência —, dizendo que ela sabia que não era alta literatura, mas que ela não conseguia parar de lê-lo. O papai preferia livros científicos e sobre matemática, biografias e história. Meus irmãos e eu líamos tudo que a mamãe trazia para casa nas suas idas semanais à biblioteca.

O Brian lia livros de aventura bem grossos, escritos por uns caras como Zane Grey. A Lori adorava a série do porquinho Freddy e todos os livros da coleção Oz. Eu gostava das histórias da Laura Ingalls Wilder, dos Pioneiros, e da série *We Were There*, que falava sobre crianças que viviam em grandes momentos históricos, mas o meu favorito era *Beleza negra*. De vez em quando, naquelas noites em que estávamos todos lendo juntos, um trem costumava passar, fazendo um estardalhaço enorme, e sacudindo a casa toda, e fazendo as janelas tremelicarem. O barulho era ensurdecedor, mas, depois de algum tempo morando lá, nem dava mais para ouvir.

MAMÃE E PAPAI NOS MATRICULARAM na escola primária Mary S. Black, um prédio comprido, baixo, com um pátio de recreio asfaltado que ficava grudento com o sol escaldante. A minha turma da primeira série estava cheia de filhos de mineradores e de apostadores, que viviam empoeirados e com os joelhos ralados de brincar no deserto, e que tinham franjas malcortadas, porque eram cortadas em casa mesmo. A nossa professora, a srta. Page, era uma mulherzinha pequena, irritadiça, sujeita a acessos de raiva, que batia em nós com a régua.

A mamãe e o papai já tinham me ensinado quase tudo o que a professora estava dando em sala. Como eu queria que as outras crianças gostassem de mim, eu não levantava o braço toda hora, como fazia em Blythe. O papai me acusou de relaxamento. Às vezes, ele me obrigava a fazer o meu dever de aritmética usando números binários, dizendo que eu precisava de desafios. Antes da aula, eu tinha que passar tudo a limpo em números arábicos, mas um dia eu não tive tempo, então, entreguei o meu dever na versão binária.

— O que é isso? — perguntou a professora. Ela apertou os lábios enquanto analisava os círculos e linhas que cobriam a minha folha, e, depois, levantou os olhos para mim meio na dúvida. — Isso é uma brincadeira?

Eu tentei explicar os números binários para ela, e como eles eram o sistema usado pelos computadores, e como o papai tinha dito que eles eram muito superiores a outros sistemas numéricos. A srta. Page ficou me encarando.

— Esse não era o dever — disse com impaciência.

A professora me fez passar da hora para refazer o dever. Eu não contei para o papai, porque sabia que ele viria até a escola para expor à professora as virtudes dos vários sistemas numéricos.

Muitas outras crianças moravam no nosso bairro, que era conhecido como os Trilhos, e, depois da escola, brincávamos juntos de várias coisas: pique-pega, pique-tá, futebol americano, *Red Rover* e outras brincadeiras sem nome, que envolviam correr muito, não ficar para trás e não chorar se você caísse. Todas as famílias que moravam em torno dos Trilhos tinham pouca grana. Umas tinham menos do que outras, mas todas as crianças eram magricelas e queimadas de sol e usavam shorts surrados e camisas rasgadas e tênis esburacados, ou simplesmente andavam descalças.

O mais importante para nós era quem corria mais rápido e quem tinha um pai que não era frouxo. O meu pai não só não era frouxo, como ele também vinha brincar com a turma, correndo junto conosco, jogando-nos para o alto, e brigando contra a galera toda sem se machucar. A criançada dos Trilhos vinha bater à nossa porta e, quando eu respondia, elas perguntavam:

— O seu pai pode vir brincar na rua?

A Lori, o Brian e eu, e até a Maureen, podíamos ir aonde quiséssemos e fazer quase tudo o que desejássemos. A mamãe achava que as crianças não deviam viver sob o peso de regras e restrições. O papai batia em nós com o cinto, mas nunca com raiva, só quando respondíamos atravessado ou desobedecíamos uma ordem direta, o que era raro. A única regra era que tínhamos que voltar para casa quando as luzes dos postes acendessem.

— E tenham bom senso — dizia mamãe.

Ela achava que era bom que as crianças fizessem o que queriam, porque aprendiam muito com os próprios erros. Não era uma dessas mães nervosinhas que ficavam zangadas quando você chegava em casa todo sujo ou brincava na lama ou caía e se cortava. Ela dizia que essas coisas tinham que te acontecer quando você ainda era jovem. Uma vez, um prego velho fez um rasgo na minha coxa quando subi na cerca da casa da minha amiga Carla. A mãe da Carla achou que eu devia ir para o hospital para dar uns pontos e levar uma vacina anti-tetânica.

— Foi só uma ferida superficial — declarou mamãe depois de analisar o corte profundo. — As pessoas hoje correm pro hospital toda vez que ralam o joelho — acrescentou. — Estamos virando uma nação de mariquinhas. — Dito isso, ela me mandou voltar para a rua brincar.

Algumas das pedras que eu encontrava no deserto eram tão lindas que eu não conseguia abandoná-las em seu lugar de origem. Por isso, comecei uma coleção. O Brian me ajudava, e, juntos, nós achávamos granada, e granito, e obsidiana, e ágata, e turquesa e mais turquesa. O papai fazia colares para a mamãe com toda aquela turquesa. Nós descobrimos extensas camadas de mica, que você podia moer e transformar em pó, e, aí, esfregar pelo corpo todo para que ele ficasse brilhando ao sol do deserto de Nevada, como se você estivesse vestida de diamantes. Muitas vezes, o Brian e eu pensamos ter encontrado ouro, e voltávamos para casa arrastando um balde cheio de pepitas brilhantes, mas eram, sempre, piritas de ferro — ouro de tolo. Papai dizia que nós devíamos guardar uma parte, porque, para um ouro de tolo, era de excelente qualidade.

As pedras que eu mais gostava de encontrar eram os geodes, que a mamãe disse que vinham dos vulcões que entraram em erupção e que formaram as montanhas Tuscarora, há milhões de anos, durante o Mioceno. Do lado de fora, os geodes pareciam ser pedras redondas e sem graça, mas quando você abria uma ao meio com um martelo e um cinzel, o interior era oco, como uma caverna, e as paredes eram cobertas de cristais de quartzo branco brilhante ou de ametistas roxas cintilantes.

Eu guardava a minha coleção de pedras atrás da casa, do lado do piano da mamãe, que estava ficando meio castigado pela intempérie. A Lori, o Brian e eu costumávamos usar as pedras para decorar as sepulturas dos nossos bichos de estimação que haviam morrido, ou de animais que encontrávamos e aos quais resolvíamos dar um enterro decente. Eu também vendia pedras. Não tinha muitos clientes, porque cobrava centenas de dólares por um pedaço de sílica. Na verdade, a única pessoa que chegou a comprar uma das minhas pedras foi o papai. Um dia, ele veio até os fundos da casa com o bolso cheio de moedas, e ficou estatelado quando viu as etiquetas de preço que eu tinha colado em cada uma das pedras.

— Filhinha, o seu negócio daria retorno mais rápido se você baixasse um pouco os teus preços — disse.

Eu expliquei que todas as minhas pedras eram incrivelmente valiosas, e que eu preferia guardá-las a ter que vendê-las por menos do que valiam.

Papai me lançou o seu sorriso maroto.

— Pelo jeito, você já andou pensando nesse assunto com bastante cuidado — falou.

Ele me disse que tinha muita vontade de comprar uma pedra em particular, um quartzo rosa, mas que não tinha os US$600 que eu estava cobrando, então reduzi para US$500 e deixei que ele pagasse fiado.

O Brian e eu adorávamos ir até o depósito de lixo da cidade. Procurávamos tesouros por entre os fogões e as geladeiras entulhados, a mobília quebrada e os montes de pneus carecas. Nós corríamos atrás dos ratos do deserto que moravam dentro das carcaças dos carros, ou pegávamos girinos e sapos no lago de água parada e lodosa. Falcões sobrevoavam, em círculo, as nossas cabeças, e o ar estava repleto de libélulas do tamanho de passarinhos. Não havia árvores memoráveis em Battle Mountain, mas um dos cantos do depósito de lixo tinha amontoados enormes de dormentes de ferrovias e tábuas podres, que eram ótimas de se subir para gravar as iniciais. Nós o chamávamos de Bosque.

Lixos tóxicos e perigosos eram estocados em outro canto do depósito, onde você podia encontrar pilhas velhas, tonéis de petróleo, latas de tinta e garrafas com desenhos de caveiras e ossos cruzados. O Brian e eu achamos que parte desse material poderia ser usado em uma experiência científica bacana, então nós enchemos umas caixas com garrafas e potes de vidro diferentes e as levamos até um galpão abandonado que chamávamos de laboratório. Primeiro, nós misturamos tudo, na esperança de que haveria uma explosão, mas nada aconteceu, aí eu resolvi que devíamos realizar uma experiência para ver se tinha alguma coisa ali que fosse inflamável.

No dia seguinte, depois da escola, nós voltamos ao laboratório com uma caixa de fósforos do papai. Destampamos alguns dos potes, e eu joguei os fósforos dentro, mas nada aconteceu. Então misturamos um bocado do que o Brian chamava de combustível nuclear, derramando líquidos diferentes dentro de uma lata. Quando eu joguei um fósforo dentro da lata, um cone de fogo subiu flamejando como se fosse um pós-combustor de avião.

O Brian e eu fomos jogados ao chão. Quando nos levantamos, uma das paredes estava pegando fogo. Eu gritei para o Brian que tínhamos que sair de lá, mas ele ficou jogando areia sobre as chamas, dizendo que nós tínhamos que apagar aquilo, ou nos daríamos mal. As labaredas estavam se espalhando em direção à porta, abocanhando aquela madeira seca com uma fome voraz. Chutei uma das tábuas da parede dos fundos e saí me espremendo pelo vão. Vendo que o Brian não me seguia, eu corri para a rua acima pedindo socorro. Vi que o papai estava voltando do trabalho. Corremos para o barracão, papai chutou mais tábuas da parede e arrastou o Brian para fora, tossindo.

Pensei que o papai fosse ficar furioso, mas não. Ele ficou meio quieto. Nós ficamos parados na rua, olhando o fogo devorar o galpão. Papai abraçava-nos, um com cada braço. Ele disse que era uma coincidência incrível ele estar passando por lá, por acaso. Então, ele apontou para o alto do fogo, onde as chamas amarelas e rasgantes se dissolviam em um calor tremeluzente invisível, que fazia com que o deserto mais adiante parecesse ondeado, como uma miragem. Papai nos disse que aquela área era conhecida, na física, como o limite entre a turbulência e a ordem.

— Um lugar onde as regras não existem, ou, pelo menos, ainda não foram descobertas — continuou. — Vocês se aproximaram um pouco demais dele, hoje.

Nenhum de nós recebia mesada. Quando queríamos dinheiro, andávamos ao longo dos trilhos do trem catando latas de cerveja e garrafas que trocávamos por dois centavos cada. O Brian e eu também catávamos pedaços de metal que vendíamos ao ferro-velho por um centavo o quilo — três centavos quando era cobre. Depois de vendermos as garrafas ou os pedaços de metal, andávamos em direção à cidade, até o mercadinho ao lado do clube Owl. Tinha tantas estantes e mais estantes de doces deliciosos para escolher, que passávamos uma hora inteira tentando decidir como gastar os dez centavos que cada um de nós havia conseguido. Pegávamos um pedaço de guloseima e, então, quando íamos pagar, mudávamos de idéia e pegávamos outro, até o dono da loja ficar zangado e nos dizer para pararmos de passar a mão em todos os doces, comprarmos o que queríamos e darmos o fora.

O Brian gostava mais das balas SweeTart gigantescas, que ele lambia até a língua ficar em carne viva e sangrar. Eu adorava chocolate, mas acabava rápido demais; então, geralmente, eu escolhia um caramelo Sugar Daddy, que durava praticamente o dia todo e que sempre tinha um poeminha engraçado impresso em letras cor-de-rosa no palito, do tipo: "Para que seus pés/ Não durmam antes da ceia/ Use barulhentas meias/ São o melhor revés."

No caminho de volta para casa, o Brian e eu gostávamos de espionar a Lanterna Verde — uma casa verde-escura e enorme com uma varanda caindo aos pedaços bem perto da auto-estrada. Mamãe dizia que era um lupanar, mas eu nunca vi nenhuma lupa por lá, só mulheres usando maiô ou minissaia, que se sentavam ou ficavam paradas na varanda, acenando para os carros que passavam. Havia luzinhas de Natal na moldura da porta o ano todo, e mamãe dizia que era assim que se podia saber que era um lupanar. Os carros paravam na frente, e os homens saíam correndo para o interior da casa. Eu não conseguia imaginar o que acontecia dentro da Lanterna Verde, e a mamãe se recusava a conversar sobre o assunto. Ela só dizia que coisas ruins aconteciam lá, o que tornava a Lanterna Verde um lugar de mistério irresistível para nós.

O Brian e eu costumávamos nos esconder atrás dos arbustos do outro lado da auto-estrada, tentando enxergar o interior da casa, pela porta da frente, quando alguém entrava ou saía, mas nunca dava para ver o que acontecia lá dentro. Umas poucas vezes, nós nos esgueiramos até perto e tentamos olhar pela janela, mas o vidro era pintado de preto. Uma vez, uma mulher na varanda nos viu nos arbustos e deu tchau, e nós saímos correndo, aos berros.

Um dia, quando o Brian e eu estávamos escondidos nos arbustos, espionando, eu o desafiei a ir até lá e conversar com a mulher que estava parada na varanda. Ele tinha quase seis anos naquela época, um ano mais novo do que eu, e não tinha medo de nada. Ele suspendeu as calças pela cintura, me deu sua bala SweeTart comida pela metade para que eu segurasse enquanto ele fosse até lá, atravessou a rua e andou direto até a mulher. Ela tinha longos cabelos pretos, os olhos estavam maquiados com um rímel espesso como uma camada de asfalto, e usava um vestido curto azul com flores pretas. Ela estava deitada no chão da varanda, recostada de lado e apoiando a cabeça no braço dobrado, mas quando o Brian andou até lá, a mulher rolou o corpo e ficou de barriga para baixo, com o queixo apoiado sobre a mão.

Do meu esconderijo, percebi que o Brian estava conversando com ela, mas eu não conseguia ouvir o que estavam dizendo. Então ela estendeu uma das mãos para ele. Eu prendi a respiração para ver o que aquela mulher, que fazia coisas ruins dentro da Lanterna Verde, ia fazer com ele. Ela colocou a mão sobre a cabeça dele e despenteou os seus cabelos. Mulheres adultas sempre faziam isso com

ele, porque ele era ruivo e tinha sardas. Isso o incomodava, e, geralmente, o Brian repelia as mãos e se afastava. Mas dessa vez não foi
assim. Em vez disso, ele ficou quieto e continuou a conversar com a
mulher durante um certo tempo. Quando ele voltou, atravessando
a auto-estrada, ele não parecia nem um pouco assustado.

— O que foi que aconteceu? — perguntei.

— Nada de mais — respondeu ele.

— Vocês falaram do quê?

— Eu perguntei o que elas faziam dentro da Lanterna Verde.

— Jura? — Eu estava impressionada. — E o que foi que ela disse?

— Nada de mais. Me falou que os homens entram e que as mulheres eram gentis com eles.

— Ah. Mais alguma coisa?

— Não — disse ele, e começou a chutar a terra seca, não querendo mais falar no assunto. — Ela até que foi bem legal.

Depois disso, o Brian deu um adeusinho para as mulheres na
varanda da Lanterna Verde, e elas sorriram bastante para ele e ace-
naram de volta, mas eu ainda tinha um pouco de medo delas.

A NOSSA CASA EM BATTLE MOUNTAIN era cheia de bichos. Eles iam e vinham, cachorros e gatos perdidos junto de seus filhotes, cobras não venenosas, e lagartos e tartarugas que nós recolhíamos no deserto. Um coiote que parecia muito manso morou conosco por uns tempos, e, uma vez, papai trouxe para casa uma águia ferida que chamamos de Buster. Ele foi o bicho de estimação mais feio que já tivemos. Sempre que dávamos pedaços de carne para o Buster, ele virava a cabeça para o lado e nos encarava com aqueles olhinhos amarelos zangados dele. Aí, ele grasnava e agitava freneticamente a sua asa boa. No fundo, eu fiquei contente quando a sua asa machucada sarou e ele voou para longe. Sempre que víamos urubus circulando sobre as nossas cabeças, papai dizia ter identificado o Buster entre eles, e que ele ia voltar até em casa para nos agradecer. Mas eu sabia que o Buster nunca nem pensaria em fazer uma coisa dessas. Aquela águia não tinha nem um pingo de gratidão.

Não tínhamos dinheiro para comprar ração de animais, então os bichos tinham que comer o resto de nossas comidas, e geralmente isso não era muito.

— Se não gostarem, podem ir embora — dizia a mamãe. — Só porque eles moram aqui, não quer dizer que eu tenho que dar comida na boca deles.

A mamãe disse que, na verdade, nós estávamos fazendo um favor àqueles bichos, não deixando que eles ficassem dependentes de nós. Dessa forma, se nós tivéssemos que deixá-los um dia, eles teriam condições de se virarem sozinhos. A mamãe gostava de estimular a auto-suficiência em todas as criaturas vivas.

A mamãe também acreditava em deixar a natureza seguir o seu curso. Ela se recusava a matar as moscas que infestavam a casa, falando que elas eram a comida que a natureza reservara para os pássaros e os lagartos. E que os pássaros e esses répteis eram a comida dos gatos. "Matem as moscas e os gatos passarão fome", dizia. Deixar as moscas viver era, na sua opinião, o mesmo que comprar ração de gato, só que mais barato.

Um dia, eu estava visitando a minha amiga Carla quando percebi que, na casa dela, não havia moscas. Eu perguntei por que à mãe dela.

Ela apontou para um aparelhinho dourado brilhante pendurado no teto, que ela chamou, orgulhosamente, de Fita Anti-Insetos da Shell. Ela informou que se podia comprar no posto de gasolina e que tinha uma em cada cômodo de sua casa. As Fitas Anti-Insetos, explicou, soltavam um veneno que matava as moscas.

— O que é que os lagartos comem? — perguntei.

— Nós também não temos lagartos — respondeu.

Voltei para casa e disse à mamãe que nós precisávamos comprar uma Fita Anti-Insetos como a da família da Carla, mas ela não quis.

— Se mata mosca, não pode fazer bem à gente — disse.

Papai comprou um Ford Failane recauchutado naquele inverno, e, em um fim de semana em que o tempo esfriou, ele disse que nós íamos nadar no Pote Quente. O Pote Quente era uma fonte sulfurosa natural no deserto, ao norte da cidade, cercada de rochas íngremes e de areia movediça. A água era morna ao contato com a pele, e cheirava a ovo podre. Era tão cheia de minerais que incrustações duras e calcárias haviam se acumulado ao longo das bordas, como em um recife de corais. Papai sempre dizia que nós devíamos comprar o Pote Quente e transformá-lo em um spa.

Quanto mais fundo você entrasse na água, mais quente ela ficava. Era muito funda no meio. Certas pessoas das redondezas de Battle Mountain diziam que o Pote Quente não tinha fundo, que ele ia direto para o centro da Terra. Uns bêbados e uns adolescentes malucos tinham se afogado lá, e o pessoal do clube Owl, ao ver os corpos retornarem à superfície, constatava que eles tinham sido, literalmente, cozidos.

Tanto o Brian quanto a Lori sabiam nadar, mas eu nunca tinha aprendido. Grandes volumes d'água me davam medo. Pareciam artificiais — aberrações nas cidades de deserto onde havíamos morado. Nós nos hospedamos, uma vez, em um hotel que tinha uma piscina, e eu tinha conseguido arrumar coragem suficiente para circular ela toda, agarrada à borda. Mas o Pote Quente não tinha nenhuma beirada fácil de segurar, como aquela piscina. Não havia onde segurar.

Eu me arrastei até a altura dos ombros. A água que circundava o meu peito estava morna, e as pedras onde eu estava pisando estavam tão quentes que eu queria continuar indo adiante. Olhei para trás, para o papai, que olhava para mim, sem sorrir. Eu queria adentrar na água mais profunda, mas alguma coisa me retinha. Papai deu um mergulho e me alcançou a nado.

— Você vai aprender a nadar hoje — disse ele.

Ele colocou um braço em volta de mim e começamos a nadar um com o outro. Papai me puxava. Eu estava aterrorizada e me agarrei ao seu pescoço tão forte que a sua pele ficou branca.

— Pronto, não foi tão ruim assim, foi? — me perguntou ele quando chegamos ao outro lado.

Nós fizemos o caminho de volta, e, dessa vez, quando estávamos no meio, papai desprendeu os meus dedos agarrados ao seu pescoço e me empurrou para longe dele. Comecei a espernear e me debater desesperadamente, e afundei na água quente e fedorenta. De maneira instintiva, respirei dentro d'água. A água se infiltrou pelo nariz, boca adentro e garganta abaixo. Os meus pulmões queimavam. Os meus olhos estavam abertos, e ardiam com o enxofre, mas a água era escura, e o meu cabelo estava colado contra o meu rosto, e eu não conseguia enxergar nada. Um par de mãos me segurou pela cintura. Papai me puxou até o raso. Eu cuspia e tossia e respirava de maneira irregular, através de soluços bruscos.

— Está tudo bem — disse ele. — Respira fundo.

Quando eu me recompus, o papai me levantou e me arrastou, de novo, até o meio do Pote Quente.

— Afunda ou nada! — gritou.

Pela segunda vez, eu afundei. A água mais uma vez invadiu o meu nariz e pulmões. Esperneei e me debati até conseguir subir à superfície, buscando ar, e tentei alcançar o papai. Mas ele se afastou, e eu só senti as suas mãos me sustentando depois da segunda vez que afundei.

Ele repetiu os mesmos gestos de novo, e mais uma vez, até eu compreender que ele só me salvava para me jogar dentro d'água novamente, por isso, em vez de tentar alcançar as mãos do papai, eu comecei a tentar me afastar delas. Eu o chutava e me afastava dentro d'água usando os braços e, finalmente, consegui me impulsionar para além do seu alcance.

— Você conseguiu, filhota! Você tá nadando! — gritou ele.

Arrastei-me para fora d'água e sentei sobre umas pedras calcificadas, com o peito arfando. Papai também saiu da água e tentou me dar um abraço, mas eu não quis nada com ele, nem com a mamãe, que tinha ficado boiando o tempo todo, como se nada estivesse acontecendo, nem com o Brian ou com a Lori, que vieram até mim para me dar os parabéns. Papai ficava dizendo que me amava, que nunca me teria deixado na mão, mas que eu não podia passar a vida inteira agarrada à borda, que uma lição que todo pai tem que dar ao filho é que "se você não quer afundar, é melhor tentar descobrir uma maneira de nadar". Que outra razão, perguntou ele, poderia haver para me fazer passar por aquilo?

Quando recuperei o fôlego, eu comecei a achar que ele estava certo. Não podia haver outra explicação.

— Más notícias — disse Lori um dia, quando voltei para casa depois de passar o dia explorando. — O papai perdeu o emprego.

Papai tinha ficado nesse emprego por quase seis meses — mais tempo do que em qualquer outro. Imaginei que nosso tempo em Battle Mountain chegara ao fim e que, em poucos dias, iríamos botar o pé na estrada de novo.

— Onde será que a gente vai morar agora? — perguntei eu.

Lori sacudiu a cabeça.

— Vamos ficar aqui mesmo — respondeu.

Papai havia insistido no fato de que ele não tinha chegado a perder o emprego. Ele tentara ser despedido porque queria passar mais tempo procurando ouro, e conseguira seu intento inicial. Ele tinha vários projetos para ganhar dinheiro, acrescentou ela, invenções nas quais estava trabalhando, bolações que ele queria pôr em prática. Mas, por enquanto, as coisas iam ficar meio apertadas lá em casa.

— Todo mundo vai ter que ajudar — disse ela.

Pensei no que eu poderia fazer para contribuir, além de catar garrafas e pedaços de metal.

— Vou baixar os preços das minhas pedras — falei.

Lori parou e olhou para baixo.

— Acho que não vai ser suficiente.

— Acho que podemos comer menos — arrisquei.

— Já estamos comendo menos — desanimou-me Lori.

De fato, nós comíamos pouco. Quando perdemos o fiado no armazém, ficamos logo sem comida. Algumas vezes, papai fazia um bico
para alguém ou ganhava dinheiro no jogo, e nós comíamos uns dias.
Aí, o dinheiro acabava e a geladeira ficava fazia de novo.

   Antes, quando ficávamos sem ter o que comer, o papai estava
sempre por perto, cheio de idéias e de esperteza. Ele encontrava uma
lata de tomates no fundo de um armário que ninguém tinha encontrado, ou saía durante uma hora e voltava com as mãos cheias de
verduras — nunca revelava onde as tinha encontrado — e fazia, rapi-
dinho, um refogado. Mas agora, ele começou a desaparecer muito.

   — Cadê papai? — perguntava Maureen o tempo todo. Ela estava
com um ano e meio, e essas foram, praticamente, as suas primeiras
palavras.

   — Ele tá na rua procurando comida pra gente e tentando conseguir trabalho — dizia eu. Mas desconfiava de que ele não queria
estar por perto a não ser que ele pudesse cuidar de nós e da casa. Eu
tentava não reclamar nunca.

   Se nós perguntássemos à mamãe sobre comida — de maneira
casual, porque não queríamos criar problemas —, ela simplesmente
encolhia os ombros e dizia que não podia cozinhar alguma coisa
sem coisa alguma. Nós costumávamos tentar agüentar a fome, mas
não parávamos de pensar em comida e em como conseguir pôr as
mãos em algo comestível. Durante o recreio da escola, eu voltava
escondida para a sala, procurando alguma coisa na lancheira de
outra criança, algo que não seria notado — um pacote de biscoito,
uma maçã —, e engolia tão rápido que quase não dava para sentir o gosto. Se eu estivesse brincando no quintal de um amigo, eu
pedia para usar o banheiro, e, se não tivesse ninguém na cozinha,
eu pegava alguma coisa na geladeira ou no armário, e levava para
o banheiro, e comia lá, sempre fazendo questão de dar a descarga
antes de sair.

   O Brian também se virava como podia. Um dia, dei com ele
vomitando atrás da nossa casa. Eu quis saber como ele conseguia
vomitar daquela maneira, se nós não comíamos há dias. Ele me disse
que tinha entrado escondido na casa de um vizinho e roubado um
pote enorme de picles. O vizinho o pegou em flagrante, mas, em vez

de o denunciar à polícia, ele o fez comer o pote todo, como castigo. Eu tive que jurar que não ia contar para o papai.

Dois meses depois do papai perder o emprego, ele chegou em casa com um saco de compras: uma lata de milho, uns quatro litros de leite, uma bisnaga de pão, duas latas de presuntada, um saco de açúcar e um pacote de margarina. A lata de milho desapareceu em poucos minutos. Alguém da família roubou, e ninguém, além do próprio ladrão, sabia quem foi. Mas o papai estava ocupado demais fazendo sanduíches de presuntada para dar início a uma investigação. Comemos bem naquela noite, e grandes copos de leite ajudavam os sanduíches a descer goela abaixo. No dia seguinte, quando cheguei da escola, dei com a Lori na cozinha comendo alguma coisa com uma colher. Olhei dentro da geladeira. Não havia nada dentro, a não ser um pacote de margarina pela metade.

— Lori, o que é que você tá comendo?

— Margarina — respondeu.

Torci o nariz.

— Jura?

— Claro. Mistura com açúcar. Tem gosto de cobertura de bolo.

Fiz um pouco. Não tinha gosto de cobertura de bolo. Era meio crocante, porque o açúcar não dissolvia, e era gorduroso, e deixava uma camada de ranço na boca. Mas comi tudo, assim mesmo.

Quando a mamãe chegou em casa naquela noite, abriu a geladeira.

— O que aconteceu com a barra de margarina? — perguntou.

— A gente comeu — respondi.

A mamãe ficou zangada. Ela disse que estava guardando a margarina pra passar no pão. A gente já tinha comido o pão todo, falei. A mamãe disse que estava pensando em fazer um pouco de pão se algum vizinho nos emprestasse um pouco de farinha. Eu lembrei a ela que a companhia de gás tinha desligado esse nosso combustível.

— Bom. A gente devia ter guardado a margarina para o caso de o gás ser ligado de novo. Milagres acontecem, sabiam? — Era por causa do egoísmo meu e da Lori, continuou a reclamar mamãe, que, se nós tivéssemos pão, teríamos que comê-lo sem nada.

Eu achei que a mamãe não estava dizendo coisa com coisa. Fiquei me perguntando se ela estava pensando em comer a margarina toda sozinha. Essa dúvida me fez suspeitar se fora ela quem tinha roubado a lata de milho na noite anterior, o que me deixou meio brava.

— Era a única coisa que se tinha pra comer aqui em casa — falei, e, levantando a voz, acrescentei: — Eu estava com *fome*.

Mamãe olhou para mim com uma expressão de surpresa. Eu havia desrespeitado uma das nossas regras tácitas: devíamos fingir sempre que as nossas vidas eram uma aventura longa e incrivelmente divertida. Ela levantou a mão e eu achei que ela fosse me bater, mas então ela se sentou diante da mesa-carretel e apoiou a cabeça sobre os braços. Seus ombros começaram a tremer. Fui até ela e toquei no seu braço.

— Mãe? — falei.

Ela afastou a minha mão, e, quando levantou o rosto, ele estava inchado e vermelho.

— Não é minha culpa se vocês tão com fome! — gritou ela. — Não ponha a culpa em mim. Você acha que eu gosto de viver assim, acha?

Naquela noite, quando o papai chegou em casa, ele e mamãe brigaram feio. A mamãe berrou que estava cansada de levar a culpa por tudo o que acontecia de errado.

— Quando foi que isso se tornou o *meu* problema? — rugiu. — Por que você não ajuda? Você passa o dia inteiro no clube Owl. Você age como se não fosse responsabilidade sua.

O papai explicou que ele saía para tentar ganhar dinheiro. Ele tinha uma série de projetos que estavam prestes a se concretizarem. O problema era que ele precisava de grana para que as coisas se concretizassem. Tinha muito ouro em Battle Mountain, mas ele estava preso dentro dos minérios. Não era simples, como se as pepitas de ouro estivessem a céu aberto esperando a Prospectora catar tudo. Ele estava aperfeiçoando uma técnica na qual o ouro seria lavado e separado da rocha depois de passar por uma solução de cianureto. Mas isso era caro. Papai falou para a mamãe que ela tinha que pedir dinheiro à mãe dela pra financiar o processo de filtragem com cianureto que ele tava desenvolvendo.

— Você quer que eu vá esmolar com ela de novo? — perguntou mamãe.

— Puta merda, Rose Mary! A gente não vai estar pedindo esmola pra ela — berrava ele. — Ela vai estar fazendo um *investimento*.

A vovó sempre nos emprestava dinheiro, disse mamãe, e ela não agüentava mais essa situação. A mamãe contou para o papai que a vovó tinha dito que, se a gente não conseguisse se sustentar, poderíamos morar em Phoenix, na casa dela.

— Talvez seja uma boa idéia — falou mamãe.

Isso deixou o papai muito irritado mesmo.

— Você tá querendo insinuar que eu não consigo cuidar da minha família direito?

— Pergunta pros seus filhos — respondeu mamãe, no laço.

Eu e meus irmãos estávamos sentados nos velhos bancos dos passageiros. Papai virou-se para mim. Eu comecei a analisar as manchas de passos do assoalho.

Aquela briga continuou na manhã seguinte. Nós estávamos no andar de baixo, deitados em nossas caixas, ouvindo-os discutir lá em cima. A mamãe ficou repetindo que as coisas tinham ficado tão ruins em casa que a gente não tinha mais nada pra comer além de margarina, e que agora até isso tinha acabado. Ela estava cansada, declarou, dos sonhos ridículos do papai, e dos seus projetos mirabolantes e das suas promessas vãs.

Virei para a Lori, que estava lendo um livro.

— Fala pra eles que a gente gosta de comer margarina. Talvez parem de brigar.

A Lori balançou a cabeça.

— Aí a mamãe vai pensar que a gente tá do lado do papai. Isso só iria piorar as coisas. Deixa eles resolverem sozinhos — disse ela.

Eu sabia que a Lori estava certa. A única coisa a fazer quando a mamãe e o papai brigavam era fingir que nada estava acontecendo, ou que não tinha importância. Logo, logo, eles iam fazer as pazes de novo, se beijariam e dançariam abraçados. Mas aquela briga lá não parecia ter fim. Depois de voltar ao assunto da margarina, eles começaram a discutir se uma pintura que a mamãe tinha feito era ou não feia. Aí, eles começaram a colocar a culpa um no outro pela nossa situação. A mamãe falou para o papai que ele devia arranjar outro emprego. O papai disse que se ela queria que alguém na família fosse bater o ponto num emprego certinho, que era mais do que bem-vinda. Ele lembrou que ela tinha um diploma de professora: podia trabalhar fora, em vez de passar o dia inteiro com a bunda sentada num banquinho, pintando quadros que ninguém queria comprar.

— O Van Gogh também não vendeu nenhum quadro — disse ela. — Eu sou uma artista.

— Pois muito bem. Então, pára de reclamar da barriga vazia. Ou, então, vai dar umas voltas pela Lanterna Verde.

O berreiro dos dois era tanto que era ouvido em toda a vizinhança. A Lori, o Brian e eu nos entreolhávamos. O Brian apontou, com um gesto de cabeça, para a porta da frente e fomos para fora. Começamos a fazer castelos de areia para os escorpiões e imaginamos que, se agíssemos como se a briga não fosse nada séria, talvez convencêssemos os vizinhos a pensar a mesma coisa.

Mas, como a gritaria continuou, os vizinhos começaram a se amontoar na calçada. Alguns estavam somente curiosos. As mães e os pais brigavam o tempo todo em Battle Mountain, por isso, não parecia ser assim tão grave, mas aquela briga era escandalosa demais, até para padrões locais, e tinha gente que achava que devia entrar para dar um fim naquilo.

— Ah, deixa eles acertarem os ponteiros — disse um dos homens. — Ninguém tem o direito de se meter.

Então, eles se recostaram na lataria dos carros e nas tábuas das cercas, ou sentaram nas traseiras das picapes estacionadas, como se estivessem assistindo a um rodeio.

De repente, um dos quadros a óleo da mamãe saiu voando pela janela. Em seguida, veio o cavalete. A multidão que estava embaixo saiu do caminho para evitar levar a sobra. Aí, os pés da mamãe apareceram na janela, seguidos do resto do corpo. Ela estava pendurada para fora da janela do segundo andar, com as pernas balançando desenfreadamente. O papai a estava segurando pelos braços enquanto ela tentava socar seu rosto.

— Socorro! Ele tá tentando me matar! — gritou ela.

— Puta merda, Rose Mary, volta aqui pra dentro! — dizia ele.

— Não machuca ela — bradou Lori.

A mamãe balançava de um lado para o outro. O seu vestido de algodão amarelo se enrolara à altura da cintura, e a multidão podia ver a sua calcinha branca. Ela era meio velha e larga, e eu estava com medo de que ela acabasse escorregando e caindo. Alguns dos adultos gritaram, preocupados porque a mamãe podia cair, mas um grupo de crianças achou que a mamãe parecia um chimpanzé agarrado a uma árvore, e começou a imitar voz de macaco, e a coçar os sovacos e a gargalhar. A cara do Brian ficou brava, e ele preparou os punhos. Eu também estava com vontade de dar uns socos neles, mas segurei o Brian para trás.

A mamãe estava tão agitada que os seus sapatos caíram. Parecia que ela ia escorregar e se soltar do papai, ou puxá-lo para baixo e janela afora. A Lori se virou para mim e para o Brian e disse:

— Vamos.

Corremos para dentro, escada acima, e seguramos as pernas do papai para que o peso da mamãe não o puxasse janela abaixo. Finalmente, ele arrastou a mamãe para dentro. Ela desmoronou no chão.

— Ele tentou me matar — soluçou. — O pai de vocês quer que eu morra.

— Eu não empurrei ela — protestou ele. — Juro por Deus que não. Foi ela que pulou. — Ele estava de pé, ao lado dela, com as mãos abertas para o céu, clamando inocência.

A Lori fez um carinho no cabelo da mamãe e secou as suas lágrimas. O Brian se apoiou contra a parede e sacudiu a cabeça.

— Tá tudo bem agora — fiquei repetindo sem parar.

Na manhã seguinte, em vez de dormir até tarde, como ela costumava fazer, a mamãe levantou conosco e foi até a escola secundária de Battle Mountain, que ficava do outro lado da rua, na frente da escola primária Mary S. Black. Ela pediu um emprego e foi contratada imediatamente, porque tinha um diploma, e nunca havia professores em número suficiente em Battle Mountain. Os poucos professores da cidade não eram exatamente o "último copo d'água no deserto", como o papai gostava de dizer, e, apesar da escassez de docentes, eles eram despedidos de vez em quando. Duas semanas antes, a srta. Page tinha levado o cartão vermelho quando a diretora a pegou andando pelos corredores da escola com uma espingarda carregada. A srta. Page disse que só queria motivar os alunos a fazer o dever de casa.

A professora da Lori parou de aparecer na escola mais ou menos na mesma época em que a srta. Page foi despedida, então a mamãe foi designada para a turma da Lori. Os alunos gostavam dela de verdade. Seguia, com a educação das crianças do colégio, a mesma filosofia que adotava para sua prole em casa. Ela achava que as regras e a disciplina freavam as pessoas e que a melhor maneira de permitir que as crianças otimizassem o seu potencial era dando-lhes liberdade. Ela não ligava se os alunos chegavam atrasados ou se não faziam o dever de casa. Se quisessem se exprimir, tudo bem, contanto que não machucassem os outros.

A mamãe estava sempre abraçando os seus alunos e reforçando como eles eram maravilhosos e especiais. Ela dizia para as crianças mexicanas nunca deixarem que os outros dissessem que não eram tão boas quanto as crianças brancas. Declarava às crianças navajos e apaches que elas deviam ter orgulho da sua nobre herança indígena. Os alunos considerados problemáticos ou mentalmente lentos começaram a melhorar o rendimento. Alguns seguiam a mamãe para cima e para baixo, que nem cachorrinho.

Apesar de os alunos a adorarem, a mamãe odiava lecionar. Ela tinha que deixar a Maureen, que ainda não tinha nem dois anos, com uma mulher cujo marido era traficante de drogas e estava cumprindo pena na cadeia. Mas o que a deixava realmente chateada era que a mãe dela tinha sido professora e a obrigara a terminar a licenciatura para que ela tivesse um emprego seguro, caso seus sonhos de se tornar uma artista não vingassem. A mamãe sentia que a vovó não botava fé no seu talento artístico, e que, ao se tornar professora agora, ela estaria admitindo que a mãe estava certa desde o início. Durante a noite, ela resmungava e reclamava baixinho. De manhã, ela dormia até tarde e fingia estar doente. Cabia à Lori, ao Brian e a mim tirá-la da cama e cuidar para que ela se vestisse e chegasse à escola na hora.

— Eu sou uma mulher adulta agora. Por que eu não posso fazer o que quero? — repetia ela quase todas as manhãs.

— Ensinar é gratificante e divertido — dizia Lori. — Você vai aprender a gostar.

Parte da dificuldade estava em que as outras professoras e a diretora — a srta. Beatty — pensavam que a mamãe era uma professora péssima. Elas metiam a cabeça dentro da sala e viam os alunos brincando de pique e jogando borrachas uns nos outros enquanto a mamãe ficava de pé, na frente da sala, girando que nem um pião e deixando pedaços de giz voar para longe, de forma a demonstrar a força centrífuga.

A diretora, que usava os óculos pendurados em uma correntinha ao redor do pescoço, e que fazia, toda semana, o cabelo no salão de beleza de Winnemucca, recomendou que a mamãe disciplinasse os seus alunos. Ela também disse à mamãe para apresentar planos de aula semanais, manter a sala em ordem e atribuir notas aos deveres de casa regularmente. Mas a mamãe sempre se atrapalhava e preenchia os planos de aula com as datas erradas, ou perdia os deveres de casa.

A srta. Beatty ameaçou despedir a mamãe, então a Lori, o Brian e eu começamos a ajudar a mamãe com o seu trabalho para a escola. Eu ia até a sua sala, depois da aula, e apagava o quadro negro, limpava os apagadores e catava o papel caído pelo chão. De noite, nós três líamos os deveres de casa e as provas. A mamãe nos deixava corrigir provas de múltipla escolha, verdadeiro ou falso e preenchimento de lacunas — quase tudo, a não ser as questões dissertativas, que ela achava que tinha que avaliar pessoalmente, porque eram subjetivas: podiam ser respondidas corretamente, de várias maneiras diferentes. Eu gostava de dar notas. Eu gostava de saber que podia fazer coisas que os adultos faziam para se sustentar. A Lori também ajudava a mamãe nos planos de aula. Ela verificava se a mamãe tinha preenchido tudo direitinho e corrigia a ortografia e as contas da mamãe.

— Mãe, tem dois "eles" em *Halloween* — dizia Lori, apagando a escrita da mamãe e corrigindo a lápis. — Dois "es" também, e sem "e" mudo no final.

A mamãe ficava besta com a inteligência da Lori.

— A Lori só tira dez — me disse ela, certa vez.

— Eu também — retruquei.

— Tira, mas tem que dar duro pra tirar.

A mamãe tinha razão, a Lori era brilhante. Acho que ajudar a mamãe assim era uma das coisas de que a Lori mais gostava na vida. Ela não era muito esportiva, e não gostava de explorar o deserto tanto quanto o Brian e eu, mas ela adorava tudo o que envolvia lápis e papel. Depois que a mamãe e a Lori terminavam os planos de aula, elas ficavam sentadas na mesa-carretel, fazendo desenhos e esboços de retrato uma da outra, e cortando fotos de animais e de paisagens das revistas, e de pessoas com rostos enrugados. Depois as colocavam no fichário que a mamãe montava sobre temas de pintura potenciais.

A Lori entendia a mamãe melhor do que qualquer outra pessoa. Ela não se incomodava quando a srta. Beatty aparecia para observar a aula da mamãe, e a mamãe gritava com ela para mostrar à diretora que era capaz de disciplinar os seus alunos. Certa vez, a mamãe exagerou e mandou a Lori ir até a frente da sala, onde ela bateu nela com a palmatória.

— Vocês encenaram tudo? — perguntei à Lori quando ouvi falar na palmatória.

— Não — respondeu Lori.

— Então, por que a mamãe bateu em você?

— Ela tinha que castigar alguém e não quis deixar as outras crianças chateadas.

QUANDO A MAMÃE COMEÇOU A LECIONAR, eu pensei que talvez pudéssemos comprar roupas novas, almoçar na lanchonete, ou mesmo esbanjar luxo, comprando as fotos de turma que a escola tirava todo ano. A mamãe e o papai nunca tiveram condições de comprar as fotos de turma para nós, embora umas duas vezes a mamãe tivesse tirado, escondido, uma foto do pacote antes de devolvê-lo. Apesar do salário da mamãe, não compramos a fotografia da turma naquele ano — nem roubamos —, e provavelmente foi melhor assim. A mamãe tinha lido em algum lugar que maionese era bom para o cabelo, e, na manhã em que o fotógrafo veio à escola, ela lambuzou o meu cabelo com algumas boas colheradas. Ela não entendeu que você tinha que enxaguar depois para tirar a maionese, e na fotografia daquele ano, eu encarei a câmera debaixo de uma carapaça de cabelo duro.

Mesmo assim, a situação melhorou. Apesar de o papai ter sido despedido da mina de barita, nós pudemos continuar a morar na estação, pagando aluguel à companhia mineradora, já que não havia muitas famílias disputando o local. Agora tínhamos comida na geladeira, pelo menos até o finalzinho do mês, quando geralmente ficávamos sem dinheiro, porque nem a mamãe nem o papai jamais conseguiram dominar a arte do planejamento orçamentário.

Mas o salário da mamãe gerou toda uma série de problemas novos. Por um lado, o papai gostava que a mamãe trouxesse um salário para casa, por outro, ele se via como o chefe da família, e insistia

em que o dinheiro devesse ser entregue a ele. Era responsabilidade
dele, dizia papai, gerenciar as finanças da família. E ele precisa de
dinheiro para financiar a sua pesquisa sobre a filtragem do ouro.

— A única pesquisa que você está fazendo é sobre a capacidade
do fígado em absorver álcool — dizia mamãe.

Ainda assim, ela achava difícil desafiar o papai diretamente. Por
alguma razão, ela não conseguia dizer não a ele. Se ela tentasse,
ele brigaria, chantagearia, ficaria de cara amarrada, ameaçaria, até
ela ficar simplesmente exausta. Por isso, ela usava táticas evasivas.
Ela dizia para o papai que ainda não tinha descontado o cheque
do pagamento, ou fingia que tinha esquecido na escola, e escondia o
pagamento até ir, de fininho, ao banco. Então, ela fingia que havia
perdido o dinheiro todo.

Papai não levou muito tempo para começar a aparecer na escola
no dia do pagamento, esperando do lado de fora, dentro do carro, e
levando-nos direto até Winnemucca, onde ficava o banco, para que
a mamãe o descontasse imediatamente. Papai insistia em escoltar a
mamãe até dentro do banco. Mamãe sempre pedia que nós, as crianças, fôssemos junto para que ela pudesse nos passar um pouco da
grana antes. Dentro do carro novamente, o papai fuxicava a bolsa
da mamãe e pegava o dinheiro.

Em uma das idas ao banco, a mamãe entrou sozinha porque o
papai não conseguiu encontrar lugar para estacionar. Quando ela
saiu, não estava usando uma das meias.

— Jeannette, eu vou te dar uma *meia* que eu quero que você
esconda em um lugar seguro — disse mamãe quando nos sentamos
dentro do carro. Ela me deu uma piscada forte, enquanto enfiou a
mão dentro do sutiã e tirou a outra meia, que tinha um nó no meio
e a ponta rechonchuda. — Esconde onde ninguém consiga encontrar, porque você sabe como é raro que *meias* assim apareçam lá em
casa.

— Porra, Rose Mary! — respondeu-lhe papai. — Você acha
mesmo que eu sou completamente idiota?

— Por quê? — perguntou ela, levantando os braços para o céu. —
Eu não tenho o direito de dar uma meia à minha própria filha? — Ela
me deu outra piscada, para o caso de eu não ter entendido.

De volta a Battle Mountain, papai insistiu para que fôssemos ao clube Owl para comemorar o dia do pagamento, e pediu bifes para nós todos. Eles eram tão gostosos que esquecemos que custavam o equivalente a uma semana de compras no armazém.

— Cabritinha Montesa — exclamou papai depois do jantar enquanto mamãe empurrava as sobras que ficaram na mesa para dentro da bolsa. — Por que você não me empresta aquela sua meia um minutinho?

Eu olhei ao redor da mesa. Ninguém me encarou, a não ser o papai, que sorria que nem um jacaré. Eu entreguei a meia a ele. Mamãe soltou um profundo suspiro de derrota e deixou a cabeça bater no tampo na mesa. Para mostrar quem dava as ordens, o papai deixou uma gorjeta de dez dólares para a garçonete, mas na saída a mamãe pegou a nota e a colocou, discretamente, na bolsa.

Em pouco tempo, ficamos sem dinheiro de novo. Quando o papai levou o Brian e eu até a escola de carro, reparou que não estávamos levando lancheiras.

— Cadê as suas merendas? — perguntou papai.

Nós nos olhamos e encolhemos os ombros.

— Não tem comida lá em casa — disse Brian.

Quando o papai ouviu aquilo, agiu como se estivesse ofendido, como se estivesse acabando de descobrir que os seus filhos andavam com fome.

— Caramba, aquela Rose Mary continua gastando dinheiro com material de pintura! — resmungou, fingindo estar falando consigo mesmo. Então, ele declarou, em voz alta: — Nenhum filho meu passa fome. — Depois de nos deixar na escola, ele gritou: — Não se preocupem com nada.

Na hora do almoço, o Brian e eu ficamos sentados na cantina. Eu fingia que o estava ajudando com o dever de casa, para que ninguém nos perguntasse por que não estávamos comendo, quando o papai apareceu na porta de entrada, trazendo um saco de compras enorme. Eu o vi examinando o salão à nossa procura.

— Os meus garotos esqueceram a merenda em casa hoje — anunciou à professora responsável pela cantina enquanto caminhava em nossa direção.

Ele colocou o saco sobre a mesa, na nossa frente, e tirou um pão de forma, um pacote inteiro de mortadela, um pote de maionese, quase dois litros de suco de laranja, duas maçãs, um vidro de picles e duas barras de chocolate.

— Eu já deixei vocês na mão? — perguntou-nos, e, então, deu meia-volta e foi embora.

Com uma voz tão baixa que papai não pôde ouvir, Brian disse "sim".

— O papai devia começar a se sustentar — falou Lori, olhando para o interior vazio da geladeira.

— Mas ele faz isso — disse eu. — Ele traz o dinheiro dos bicos.

— Ele gasta mais dinheiro em bebida do que ganha — falou Brian.

Ele estava entalhando um pedaço de madeira, e as lascas caíam pelo chão. Estávamos parados do lado de fora da cozinha. O Brian agora pegara a mania de carregar sempre um canivete, e costumava entalhar pedaços de madeira quando tinha algo em mente.

— Não é tudo pra bebida — respondi. — A maior parte é pra pesquisa sobre a filtragem com cianureto.

— O papai não precisa pesquisar a tal filtragem — disse ele. — Ele é um especialista.

Brian e Lori caíram na gargalhada. Eu os fulminei com os olhos. Eu conhecia a situação do papai mais do que eles, porque ele conversava comigo mais do que com qualquer outra pessoa da família. Ainda fazíamos a nossa Caça ao Demônio no deserto juntos, em nome dos velhos tempos, já que, àquela altura, eu tinha sete anos e estava grande demais para acreditar em demônios. Papai me contava tudo sobre os seus projetos e me mostrava as suas páginas de gráficos e cálculos e mapas geológicos, que indicavam as camadas de sedimento onde o ouro estava enterrado.

Ele me revelou que eu era a favorita entre seus filhos, mas me fez prometer não contar à Lori e ao Brian e à Maureen. Era o nosso segredo.

— Filhota, eu juro que tem horas que penso que você é a única pessoa por aqui que ainda acredita em mim — dizia. — Não sei o que eu faria se eu perdesse essa confiança.

Eu lhe jurei que nunca perderia a fé nele. E prometi a mim mesma que nunca o faria.

Poucos meses depois da mamãe começar a trabalhar como professora, o Brian e eu passamos pela Lanterna Verde. As nuvens sobre o sol poente estavam vermelhas e púrpuras. A temperatura caía rapidamente, do quente escaldante para o frio em uma questão de minutos, como sempre acontecia no deserto na hora do pôr-do-sol. Uma mulher com um xale de franjas caindo sobre os ombros estava fumando um cigarro na varanda da frente da Lanterna Verde. Ela deu um adeusinho para o Brian, mas ele não acenou de volta.

— Oi, Brian, fofo. Sou eu, Ginger! — gritou ela.

O Brian não deu bola.

— Quem é? — perguntei.

— Uma amiga do papai. Ela é burra.

— Por que "burra"?

— Ela nem entende todas as palavras de uma revistinha do *Recruta Zero* — disse ele.

Ele me contou que o papai o havia levado para passear no seu aniversário, uns tempos atrás. Em uma loja de conveniência, o papai deixou que ele escolhesse o presente que quisesse, então o Brian escolheu uma revistinha do *Recruta Zero*. Eles foram até o hotel Nevada, que ficava perto do clube Owl e que tinha uma placa do lado de fora, na qual estava escrito "CHURRASCO MODERNO E LIMPO". Eles jantaram com a Ginger, que não parava de rir e de falar super alto, e de encostar no papai e nele. Então, todos os três subiram as escadas até um dos quartos do hotel. Era uma suíte, com uma antecâmara e um quarto. O papai e a Ginger foram para dentro do quarto enquanto o Brian ficou na antecâmara lendo a revistinha nova. Mais tarde, quando o papai e a Ginger saíram, ela se sentou ao lado do Brian. Ele não olhou para ela. Continuou olhando para a revistinha, embora já a tivesse lido inteira duas vezes. A Ginger disse que adorava o *Recruta Zero*. Aí o papai fez o Brian dar a revistinha para ela, falando que era uma coisa digna de um cavalheiro.

— É minha! — disse Brian. — E ela ficou me pedindo pra ler as palavras mais compridas. Ela é grande e nem consegue ler uma revista em quadrinhos.

O Brian tinha desenvolvido uma antipatia tão forte contra a Ginger que eu percebi que ela deve ter feito mais do que, simplesmente, surrupiar a revistinha dele. Fiquei me perguntando se ele tinha descoberto alguma coisa sobre a Ginger e as outras mulheres da Lanterna Verde. Talvez ele soubesse por que a mamãe dizia que elas eram más. Talvez fosse por isso que ele estava tão zangado.

— Você descobriu o que elas fazem dentro da Lanterna Verde? — perguntei.

O Brian fixou o olhar num ponto. Tentei ver o que ele estava olhando, mas não havia nada, a não ser as montanhas Tuscarora que se erguiam e tocavam o céu sombrio. Então, ele sacudiu a cabeça.

— Ela ganha muito dinheiro e devia comprar uma porra de uma revistinha ela mesma.

ALGUMAS PESSOAS GOSTAVAM DE CAÇOAR de Battle Mountain. Um grande jornal do leste, uma vez, fez um concurso para descobrir qual era a cidade mais feia, triste e esquecida por Deus em todo o país, e declarou que Battle Mountain era a vencedora. As pessoas que moravam lá também não a tinham em alta estima. Elas apontavam para a placa amarela e vermelha, bem grande, em cima do letreiro do posto da Shell — a que tinha o "S" apagado — e diziam, com uma espécie de orgulho perverso: "Pois é, é aqui que a gente mora: no *hell*. Isto é um verdadeiro inferno."

Mas eu era feliz em Battle Mountain. Nós estávamos lá há quase um ano, e eu me sentia em casa — a primeira casa de verdade de que eu conseguia me lembrar. O papai estava a ponto de completar o aperfeiçoamento do seu processo de obter ouro com cianureto, o Brian e eu tínhamos o deserto, a Lori e a mamãe pintavam e liam juntas, e a Maureen, que tinha cabelos sedosos e brancos de tão louros e toda uma turma de amigos imaginários, vivia contente, correndo de um lado para o outro sem fralda. Eu pensei que os nossos dias de ter que fazer as malas correndo e sair fugindo pela estrada no meio da noite tivessem acabado.

Logo depois do meu aniversário de oito anos, o Billy Deel e o pai dele se mudaram para os Trilhos. O Billy era três anos mais velho do que eu, alto e magro, com o cabelo cortado curto e reto e olhos azuis.

Mas ele não era bonito. O problema dele era ter a cabeça meio de banda. A Bertha Whitefoot, uma mulher meio índia que morava em uma cabana perto da estação e que criava uns cinqüenta cachorros presos dentro do seu quintal cercado, disse que era porque a mãe dele não o virava direito na cama quando ele era bebê. O rapaz ficava o tempo todo deitado na mesma posição, noite e dia, e o lado da cabeça que ficava contra o colchão ficou meio achatado. Não dava para perceber direito, a não ser que você olhasse muito tempo para ele, e poucas pessoas o faziam, porque o Billy estava sempre se mexendo de um lado para o outro, como se estivesse sentado em um formigueiro. Ele guardava os seus Marlboros enrolados dentro de uma das mangas da camiseta, e acendia os cigarros com um isqueiro modelo Zippo, com estampa de uma mulher nua, debruçada para a frente.

O Billy morava com o pai em uma casa feita de tapume e lâminas de metal, perto da nossa casa, junto aos trilhos. Ele nunca falava da mãe e deixava claro que não queria que perguntássemos o que quer que fosse sobre ela, então eu nunca soube se ela o havia abandonado ou morrido. O pai dele trabalhava na mina de barita e passava as noites no clube Owl, por isso o Billy ficava muito tempo sem qualquer responsável.

A Bertha Whitefoot começou a chamar o Billy de "capeta de cabelo curto" "o terror dos Trilhos". Ela alegava que ele havia posto fogo em dois dos seus cães e arrancado a pele de alguns dos gatos da vizinhança, pendurando os seus corpos escalpelados e cor-de-rosa no varal para fazer carne-seca. O Billy disse que a Bertha era uma gorducha mentirosa de marca maior. Eu não sabia em quem acreditar. Afinal de contas, ele era um DJ — delinqüente juvenil — de carteirinha. Ele nos havia contado que ficara preso em um reformatório em Reno por roubo de loja e por ter vadiado com carros de outras pessoas. Logo depois de se mudar para os Trilhos, o Billy começou a me seguir para todo canto. Ele sempre olhava para mim e dizia às outras crianças que era meu namorado.

— Ele não é, não! — objetava eu, embora, no fundo, gostasse da idéia de que ele fosse um pretendente.

Poucos meses depois de ele se mudar para a cidade, o Billy me disse que queria me mostrar uma coisa muito engraçada mesmo.

— Se for um gato sem pele, não quero ver, não — falei.

— Não, não é por aí, é engraçado de verdade.Você vai rolar de rir, juro. Ou você tá com medo? — perguntou.

— Claro que não — respondi.

O negócio engraçado que o Billy queria me mostrar estava dentro da sua casa, que era toda escura e cheirava a mijo, ainda mais bagunçada do que a nossa, só que de forma diferente. A nossa casa era cheia de tralhas: papéis, livros, ferramentas, sucatas, quadros, material de pintura e estátuas da Vênus de Milo pintadas de cores variadas. Não havia quase nada na casa do Billy. Nenhum móvel. Nem sequer mesas-carretéis. Só tinha um cômodo com dois colchões no chão, ao lado da TV. Não havia nada pendurado nas paredes, nem um quadrinho ou um desenho. Uma lâmpada pendia do teto por um fio, sem lustre, bem do lado de três ou quatro fitas espirais de pega-moscas, tão cheias de moscas que não dava mais para ver a superfície amarela adesiva embaixo. Latas de cerveja e garrafas de uísque vazias, e algumas latas de salsicha de viena comidas pela metade estavam espalhadas pelo chão. Sobre um dos colchões, o pai do Billy roncava de maneira irregular. Sua boca estava escancarada, e moscas se amontoavam sobre os fios arrepiados de sua barba. Uma mancha molhada havia escurecido as suas calças até quase a altura dos joelhos. A braguilha estava aberta, e o seu pênis grosso estava pendurado para o lado. Eu fiquei olhando, quieta, e aí perguntei:

— O que é que é tão engraçado?

— Você não tá vendo? — perguntou ele, apontando para o pai. — Ele se *mijou* todo! — E começou a rir.

Senti o meu rosto ficando quente.

— Você não devia rir do seu próprio pai. Nunca.

— Ah, vê se não banca a besta comigo. Pára de fingir que é melhor do eu, porque o teu pai também não passa de um bêbado, que nem o meu.

Eu senti ódio do Billy naquela hora, muito mesmo. Pensei em falar para ele sobre o sistema numérico binário e o Castelo de Vidro e Vênus e todas as coisas que faziam com que o papai fosse especial, e completamente diferente do pai dele, mas eu sabia que o Billy não ia entender. Eu já estava saindo da casa, mas então parei e me virei para ele.

— O meu pai não é nada como o teu! — gritei. — Quando o meu pai cai duro, ele *nunca* se mija!

Durante o jantar naquela noite, eu comecei a contar para todo mundo sobre o pai nojento do Billy Deel, e do lixão horroroso em que eles moravam.

A mamãe descansou o garfo sobre a mesa.

— Jeannette, estou decepcionada com você. Você devia demonstrar mais compaixão.

— Por quê? — questionei. — Ele é ruim. Ele é um DJ.

— Nenhuma criança nasce delinqüente — falou ela. — Elas só ficam desse jeito se ninguém as ama quando são pequenas. Crianças mal-amadas crescem e se tornam assassinos em série ou alcoólatras. — A mamãe olhou direto para o papai e, depois, para mim. Disse que eu devia tentar ser mais gentil com o Billy. — Ele não tem todos os privilégios que vocês têm.

Quando vi o Billy novamente, disse que seria sua amiga — mas não namorada — se ele prometesse não debochar do pai de ninguém. O Billy prometeu. Mas ele continuou tentando ser meu namorado. Ele me prometeu que, se eu fosse a namorada dele, me protegeria sempre e faria com que nada de errado me acontecesse e compraria presentes caros para mim. Se eu não aceitasse, continuou, eu ia me arrepender. Eu disse que se ele não quisesse ser só amigo, por mim tudo bem, eu não tava com medo dele.

Mais ou menos uma semana depois, eu estava com umas crianças dos Trilhos, olhando o lixo queimar dentro de uma lixeira enorme e enferrujada. Todos estavam jogando galhos secos para manter o fogo aceso, e mais uns pedaços de borracha de pneu, e nós gritávamos de alegria diante da fumaça preta que ardia no nariz quando se apresentava a nós, serpenteando pelo ar.

O Billy chegou perto e puxou o meu braço, me afastando das outras crianças. Ele enfiou a mão no bolso e tirou um anel de turquesa e prata.

— Pra você — disse ele.

Eu o peguei e avaliei nas mãos. A mamãe tinha uma coleção de jóias indianas de turquesa e prata guardada na casa da vovó, para que o papai não as penhorasse. A maioria era antiga e valiosa — um sujeito do museu de Phoenix vivia tentando comprar umas peças dela —, e quando nós visitávamos a vovó, a mamãe deixava que a Lori e eu colocássemos os colares, pulseiras e cintos de couro e metal. O anel do Billy parecia com um dos anéis da mamãe. Coloquei-o entre os dentes e a língua, como a mamãe tinha me ensinado. Dava para sentir, pelo gosto levemente amargo, que era prata genuína.

— Onde foi que você arrumou isso? — perguntei.

— Era da minha mãe — respondeu.

Era um anel danado de bonito. Tinha uma haste simples e uma pedra oval de turquesa escura, segura por fios de prata entrelaçados como cobras. Eu não tinha nenhuma jóia, e já fazia muito tempo que alguém tinha me dado um presente, a não ser pelo planeta Vênus.

Eu experimentei o anel. Era grande demais para o meu dedo, mas eu podia enrolar um pouco de linha ao redor da haste, do jeito que as garotas do segundo grau faziam quando usavam os anéis que seus namorados davam. Mas eu fiquei com medo de que, se eu aceitasse o anel, o Billy pudesse se convencer de que eu topava ser sua namorada. Ele contaria a todas as outras crianças, e, se eu dissesse que não era verdade, ele poderia apontar para o anel. Por outro lado, eu achei que a mamãe aprovaria, já que aceitar o anel seria fazer com que o Billy ficasse contente. Resolvi chegar a um meio-termo.

— Eu aceito o anel, mas não vou usar... — falei.

O sorriso do Billy se esparramou pelo rosto inteiro.

— Mas não vai ficar pensando que a gente tá namorando. E nem ache que você vai poder me beijar por causa disso.

Não falei a ninguém sobre o anel, nem mesmo para o Brian. Eu o deixava no bolso da calça durante o dia e de noite o escondia no fundo da caixa de papelão onde eu guardava as minhas roupas.

Mas o Billy Deel tinha que sair contando vantagem, espalhando para todo mundo sobre o anel. Ele começou a dizer para as outras crianças coisas como, assim que eu tivesse idade suficiente, eu e ele íamos nos casar. Quando descobri o que ele andava dizendo, percebi que aceitar o anel havia sido um grande erro. Percebi também que deveria devolver o anel. Mas não o fiz. Eu queria, toda manhã eu o colocava no bolso com a intenção de entregá-lo a Billy, mas não conseguia tomar coragem. Aquele anel era lindo demais!

Algumas semanas depois, eu estava brincado de pique-esconde ao longo dos trilhos de trem com algumas crianças da vizinhança. Achei um esconderijo perfeito, um barracão de madeira onde se guardavam ferramentas, atrás de um arbusto, onde ninguém tinha se escondido antes. Mas, bem na hora em que a criança que estava no pique acabou de contar, a porta se abriu e outra criança tentou entrar também. Era o Billy Deel. Ele não estava nem brincando conosco.

— Você não pode se esconder comigo — cochichei. — Você tem que achar o seu próprio esconderijo.

— Tarde demais — disse ele. — Ele tá quase acabando de contar.

O Billy rastejou para dentro. O barracão era pequenininho, e mal cabia uma pessoa agachada. Eu não ia dizer isso, mas ficar tão perto do Billy me deixava assustada.

— Tá apertado demais! — cochichei. — Você tem que sair.

— Não — respondeu ele. — Cabemos os dois. — Ele mudou a posição das pernas para que elas ficassem pressionadas contra as minhas. Estávamos tão perto um do outro que eu podia sentir a sua respiração no meu rosto.

— Tá apertado demais — repeti. — E você tá bufando em mim. Ele fingiu não escutar.

— Você sabe o que fazem na Lanterna Verde, não sabe? — perguntou.

Eu conseguia ouvir os gritos abafados das outras crianças que estavam sendo perseguidas pelo menino que estava no pique. Lamentei ter encontrado um esconderijo tão bom.

— Claro — disse eu.

— O quê?

— As mulheres são gentis com os homens.

— Mas o que é que elas fazem? — Ele fez uma pausa. — Viu, você não sabe.

— Sei, sim.

— Quer que eu te conte?

— Eu quero é que você encontre seu próprio esconderijo.

— Elas começam beijando — disse ele. — Já beijou alguém?

À luz dos raios finos que atravessavam as frestas das paredes do barraco, eu via os anéis de sujeira em volta do pescoço magricelo dele.

— Claro que sim, um monte de vezes.

— Quem?

— O meu pai.

— O teu pai não vale. Alguém que não seja da tua família. E de olho fechado. Não vale se não tiver sido de olho fechado.

Eu disse para o Billy que aquela era uma das coisas mais burras que eu já tinha ouvido na vida. Se o olho estiver fechado, você não vê quem você está beijando.

O Billy falou que tinha um monte de coisas que eu não sabia sobre os homens e as mulheres. Ele disse que existiam homens que enfiavam facas nas mulheres enquanto as beijavam, sobretudo se as mulheres fossem más e não quisessem ser beijadas. Mas ele me disse que nunca faria isso comigo. Ele aproximou o rosto do meu.

— Fecha o olho — disse ele.

— Nem pensar — disse eu.

O Billy amassou o seu rosto contra o meu, e então agarrou os meus cabelos, entortou a minha cabeça e enfiou a língua na minha boca. Era cheia de baba e nojenta, mas, quando tentei me afastar, ele chegou mais perto. Quanto mais eu recuava, mais ele avançava, até ficar em cima de mim e eu sentir os seus dedos puxando o meu short para baixo. A outra mão estava desabotoando a própria calça. Para impedi-lo, coloquei a minha mão lá embaixo, e, quando eu toquei naquilo, eu sabia o que era, mesmo que nunca tivesse tocado em um antes.

Eu não tinha como lhe dar uma joelhada na virilha, como papai havia me ensinado a fazer, porque os meus joelhos estavam separados, em volta das pernas dele, então mordi a orelha dele com força.

Deve ter doído, porque ele gritou e me bateu na cara. Então meu nariz começou a jorrar sangue.

As outras crianças ouviram o tumulto e vieram correndo. Uma delas abriu a porta do barracão, e o Billy e eu saímos às pressas, ajeitando a roupa.

— Eu beijei a Jeannette! — gritou.

— Beijou nada! Mentiroso! A gente só tava brigando! — falei.

Ele *era* um mentiroso, repeti para mim mesma o resto do dia. Eu não tinha beijado ele de verdade, ou pelo menos aquilo não valia como um beijo. O meu olho tinha ficado aberto o tempo inteiro.

No dia seguinte, levei o anel até a casa do Billy. Eu o encontrei nos fundos, sentado dentro de um carro abandonado. A tinta vermelha tinha desbotado com o sol do deserto e havia se tornado laranja ao longo do acabamento enferrujado. Os pneus tinham estragado há muito tempo e a capota preta do teto conversível estava rasgada e dependurada. O Billy estava sentado no banco do motorista, fazendo barulhos de motor com a garganta, e fingia mudar a marcha com uma embreagem invisível.

Fiquei parada perto dele, esperando que ele, me vendo, dissesse alguma coisa. Ele ficou quieto, então eu falei primeiro.

— Não quero mais ser tua amiga. E nem quero mais o teu anel — falei.

— Não tô nem aí. Eu também não quero.

Ele continuou olhando fixo para a frente através do pára-brisa rachado. Estiquei o braço pela janela aberta, joguei o anel no seu colo, me virei e saí andando. Ouvi o barulho da porta abrindo e batendo atrás de mim. Continuei andando. Aí, senti uma ferroada na nuca, como se uma pedrinha tivesse me atingido. O Billy tinha arremessado o anel contra mim. Continuei andando.

— Quer saber? Eu te estuprei! — gritou ele.

Eu me virei e o vi de pé, ao lado do carro, com uma expressão magoada e zangada, mas não era tão alto quanto aparentava ser. Eu tentei pensar em uma resposta ferina, mas, como eu não sabia o que significava "estuprar", só consegui soltar um "grande coisa!".

Em casa, procurei a palavra no dicionário. Aí, pesquisei as palavras da explicação, e, mesmo sem conseguir entender completamente o que queria dizer, percebi que não era boa coisa. Geralmente, quando eu não entendia uma palavra, eu perguntava para o papai, nós líamos e relíamos a definição juntos e conversávamos sobre ela. Eu não senti vontade de fazer isso dessa vez. Algo me dizia que podia criar confusão.

No dia seguinte, a Lori, o Brian e eu estávamos sentados a uma das mesas-carretéis da estação, jogando pôquer aberto e vigiando a Maureen enquanto a mamãe e o papai matavam o tempo no clube Owl. Nós ouvimos o Billy Deel me chamando do lado de fora. A Lori me olhou, e eu fiz que não com a cabeça. Voltamos a jogar baralho, mas o Billy continuou a me chamar, então a Lori saiu e foi até a varanda, que era a antiga plataforma onde as pessoas costumavam embarcar no trem, e mandou o Billy ir embora. Ela voltou para dentro e disse:

— Ele está armado.

A Lori pegou a Maureen no colo. Uma das janelas foi estilhaçada, e então o Billy apareceu, emoldurado pela esquadria. Ele usou o cabo do rifle para quebrar os cacos de vidro que ainda estavam agarrados à armação de madeira e apontou a arma para dentro da casa.

— É só de ar comprimido — falou Brian.

— Eu te disse que você ia se arrepender — disse Billy para mim, puxando o gatilho. Senti como se uma vespa me tivesse picado entre as costelas. O Billy começou a atirar em todos nós, recarregando rapidamente, movendo a arma para frente e para trás antes de cada tiro. O Brian virou a mesa-carretel e todos nós nos agachamos atrás.

Os projéteis ricocheteavam no tampo da mesa. A Maureen estava se esgoelando. Eu me virei para a Lori, que era a mais velha e, por isso, dava as ordens. Ela estava mordendo o lábio inferior, pensativa. Ela me entregou a Maureen e saiu correndo pela sala. O Billy a atingiu uma ou duas vezes — o Brian levantou para desviar a atenção —, mas ela conseguiu subir as escadas até o segundo andar.

Então, ela desceu de novo. Veio carregando a pistola do papai e apontou direto para o Billy.

— É de brinquedo — disse Billy, mas sua voz estava meio trêmula.

— Pode apostar que é de verdade — gritei. — É a arma do meu pai!

— Se for, ela não tem colhões para usar.

— Pois experimenta... — arriscou Lori.

— Vai, atira, atira em mim e vamos ver o que acontece — disse ele.

A Lori não era tão boa de tiro quanto eu, mas ela apontou na direção do Billy e puxou o gatilho. Fechei os olhos bem apertados com o barulho da explosão e, quando os abri, o Billy tinha desaparecido.

Nós todos corremos para fora, imaginando se o corpo ensangüentado do Billy estaria caído no chão, mas ele tinha se abaixado atrás da parede. Quando nos viu, saiu correndo pela rua, que nem um raio, no caminho dos trilhos. Ele alcançou uma distância de uns cinqüenta metros e começou a atirar em nós novamente com a espingarda de ar comprimido. Arranquei a pistola das mãos da Lori, mirei abaixo do corpo dele e puxei o gatilho. Eu estava furiosa demais para segurar a arma como o papai havia ensinado, e o recuo quase deslocou o meu ombro. A poeira levantou a poucos centímetros à frente de onde o Billy estava. Ele deu um pulo de algo como um metro de altura e desembestou que nem uma bala ferrovia abaixo.

Começamos a rir, mas o efeito engraçado só durou alguns segundos, e aí nós ficamos nos entreolhando em silêncio. Percebi que minhas mãos tremiam tanto que eu mal conseguia segurar a arma.

Pouco tempo depois, uma viatura da polícia estacionou na frente da estação, e mamãe e papai saíram de dentro. Seus rostos estavam carregados. Um policial também saiu e caminhou ao lado deles até a porta. Meus irmãos e eu estávamos sentados dentro de casa, nos bancos, com caras bem-educadas e respeitosas. O policial olhou para cada um de nós, individualmente, como se estivesse nos contando. Cruzei as mãos sobre o colo, para mostrar como sabia me comportar bem.

Papai se plantou diante de nós, com um joelho apoiado no chão e os braços cruzados sobre o outro, que nem os caubóis.

— Então, o que foi que aconteceu aqui? — perguntou ele.

— Foi legítima defesa — me precipitei. Papai sempre disse que a legítima defesa era uma boa justificativa para se atirar em alguém.

— Entendo — falou papai.

O policial disse que alguns dos vizinhos haviam testemunhado crianças atirando com armas a fogo umas nas outras, e ele queria saber como isso tinha acontecido. Nós tentamos explicar que o Billy tinha começado tudo, que nós tínhamos sido provocados e estávamos nos defendendo e não tínhamos intenção de matar o rapaz, mas o tira não estava interessado nas nuances da situação. Ele disse ao papai que a família toda teria que comparecer ao tribunal no dia seguinte para ver o juiz. O Billy Deel estaria lá com o pai dele também. O magistrado analisaria a história com profundidade e decidiria que medidas precisariam ser tomadas.

— Nós vamos ser presos? — perguntou Brian ao policial.

— O juiz é quem decide — respondeu ele.

Naquela noite, a mamãe e o papai passaram um bom tempo conversando baixinho enquanto estávamos deitados nas nossas caixas. Finalmente, na calada da noite, eles desceram, com os rostos ainda carregados.

— Vamos para Phoenix — falou papai.

— Quando? — perguntei.

— Hoje à noite.

Papai nos deixou levar uma coisa só, cada um. Saí correndo para fora da casa com um saco de papel, para juntar as minhas pedras favoritas. Quando voltei, segurando o saco pesado pelo fundo para que ele não rasgasse, o papai e o Brian estavam discutindo por causa de uma abóbora de *Halloween* de plástico, cheia de soldadinhos verdes de plástico que o Brian queria levar.

— Você vai levar brinquedos? — perguntou papai.

— Você disse que eu podia levar uma coisa só, e essa é a minha coisa.

— Essa é a minha única coisa — disse eu, suspendendo o saco.

A Lori, que estava levando *O mágico de Oz*, reclamou, dizendo que uma coleção de pedras não era uma só coisa, mas várias coisas. Era como se ela levasse a sua coleção inteira de livros. Eu aleguei que os soldadinhos do Brian também eram uma coleção.

— E, de qualquer forma, não é a coleção de pedras inteira. Só as melhores — defendi-me.

Papai geralmente gostava de debates sobre se uma bolsa é uma coisa ou várias, mas não estava com humor para aquilo, e me disse que as pedras eram pesadas demais.

— Você pode trazer uma só — disse ele.

— Tem montes de pedras em Phoenix — acrescentou mamãe.

Escolhi um geode, com o interior coberto de minúsculos cristais brancos, e o segurei com ambas as mãos. Ao nos afastarmos de carro, dei uma última olhada pelo vidro traseiro para a estação. Papai tinha deixado as luzes do segundo andar acesas, e a pequena janela luzia ao longe. Pensei em todas aquelas outras famílias de mineradores e exploradores de ouro que tinham vindo a Battle Mountain na esperança de encontrar ouro e que deixavam a cidade, como nós, quando a sorte lhes dava as costas. O papai dizia que não acreditava na sorte, mas eu acreditava. Nós havíamos tido um pouquinho em Battle Mountain, e eu gostaria que ela tivesse vingado.

Passamos pela Lanterna Verde, com as luzinhas de Natal piscando sobre a porta, e pelo clube Owl, com a coruja de néon que piscava o olho e tinha um chapéu de mestre-cuca, e aí estávamos em pleno deserto, e as luzes de Battle Mountain começaram a desaparecer atrás de nós. Na noite escura, não havia nada para se ver, a não ser a estrada adiante, iluminada pelos faróis do carro.

O CASARÃO BRANCO DA VOVÓ SMITH tinha persianas verdes e era rodeado de eucaliptos. Do lado de dentro, havia portas envidraçadas altas, e tapetes persas, e um piano imenso que quase dançava quando a vovó tocava a sua música *country*. Quando ficávamos com a vovó, ela me levava ao seu quarto e me sentava à sua penteadeira, que vivia coberta de frascos coloridos em tons pastéis de perfume e de potes de talco. Enquanto eu abria os frascos para cheirar, ela tentava passar o seu pente comprido de metal pelos meus cabelos, xingando baixinho porque ele estava, sempre, embaraçado.

— Aquela preguiçosa da tua mãe nunca penteia o teu cabelo? — perguntou ela certa vez.

Expliquei que a mamãe acreditava que as crianças deviam ser responsáveis pela sua própria aparência. A vovó disse que, indiscutivelmente, meu cabelo estava grande demais. Ela colocou uma tigela na minha cabeça, cortou o cabelo que ultrapassava a beira e me disse que eu estava parecendo uma melindrosa.

Era o que a vovó tinha sido um dia. Mas, depois que ela teve seus dois filhos, a mamãe e o tio Jim, virou professora porque não confiava em ninguém para educar os filhos. Ela ensinava em uma escola que só tinha uma sala de aula, em uma cidade chamada Yampi. A mamãe odiava ser filha da professora. E também odiava a forma como a vovó a corrigia a todo momento, tanto em casa quanto na escola. A vovó tinha opiniões formadas sobre como as coisas deviam ser feitas — como se vestir, como falar, como organizar o tempo, como cozinhar e como cuidar da casa, como administrar as finanças —, e mãe e filha brigavam desde o início dos tempos. A mamãe achava que a vovó reclamava e a incomodava, inventando regras e castigos para quando se quebravam as regras. Isso deixava a mamãe louca, e é a razão pela qual ela nunca criou regras para nós.

Mas eu adorava a vovó. Ela era uma mulher alta, durona, de ombros largos, olhos verdes e uma mandíbula expressiva. Ela me dizia que eu era a neta predileta, e que eu ia crescer e me tornar alguém especial. Eu até gostava de todas as suas regras. Agradava-me como ela nos acordava no raiar do dia, todas as manhãs, gritando "Despertem, meus lindinhos!", e insistia para que lavássemos as mãos e penteássemos o cabelo antes de tomar café. Ela preparava um mingau quentinho com manteiga de verdade, e então fiscalizava nosso trabalho enquanto arrumávamos a mesa e lavávamos a louça. Depois, ela nos levava para comprar roupas novas, e íamos ao cinema ver um filme do tipo *Mary Poppins*.

Agora, a caminho de Phoenix, levantei do banco traseiro do carro e me debrucei sobre o assento da frente, entre a mamãe e o papai.

— A gente vai ficar com a vovó? — perguntei.

— Não — respondeu mamãe. Ela olhava para fora da janela, sem fazer nada em especial. Então, falou: — A vovó morreu.

— O quê? — perguntei. Eu tinha ouvido direito, mas fiquei tão abalada que senti como se não tivesse.

Mamãe repetiu a frase, sempre olhando para fora da janela. Olhei para trás, para a Lori e o Brian, mas eles estavam dormindo. Papai estava fumando, com os olhos fixos na estrada. Eu não conseguia acreditar que tinha ficado lá, pensando na vovó, esperando comer mingau quentinho, e que ela penteasse o meu cabelo e reclamasse, e esse tempo todo ela estava morta. Comecei a bater no ombro da mamãe com força, perguntando por que ela não tinha contado para a gente. Finalmente, o papai segurou o meu punho com a sua mão desocupada, a outra segurando tanto o cigarro quanto o volante, e disse:

— Já chega, Cabrita Montesa.

A mamãe parecia espantada de eu estar tão triste.

— Por que você não contou pra gente? — perguntei.

— Não achei que precisasse — respondeu.

— Como foi que ela morreu? — Vovó estava na casa dos sessenta, e a maioria das pessoas da família vivia até os cem.

Os médicos disseram que ela havia morrido de leucemia, mas mamãe achava que a causa tinha sido envenenamento radioativo. O governo vivia testando bombas nucleares no deserto, perto do rancho, disse mamãe. Ela e o Jim costumavam ir lá com um contador Geiger e encontravam pedras que acionavam o bipe. Eles as guardavam no porão da casa e usavam algumas para fazer jóias para a vovó.

— Não tem motivo para ficar triste. Todos nós temos que partir um dia, e a vovó teve uma vida mais longa e mais intensa do que a maior parte das pessoas — disse, e fez uma pausa. — E agora, nós temos onde morar.

A mamãe explicou que a vovó tinha duas casas, aquela onde ela morava, com as persianas verdes e portas envidraçadas, e uma outra, mais velha, feita de tijolo cru, no centro de Phoenix. Como a mamãe era a filha mais velha, a vovó tinha perguntado para ela qual casa ela gostaria de herdar. A casa de persianas verdes era mais valiosa, mas a mamãe tinha escolhido a casa de tijolo. Ficava perto do centro financeiro de Phoenix, o que a tornava um lugar perfeito para a mamãe começar um ateliê de arte. Ela também herdara algum dinheiro, então dava para parar de lecionar e comprar todo o material de pintura que quisesse.

Ela vinha pensando em nos mudarmos para Phoenix desde que a vovó morrera, há alguns meses, mas o papai tinha se recusado a deixar Battle Mountain, porque ele estava muito perto de dar um passo revolucionário com seu processo de filtragem com cianureto.

— E estava mesmo — disse papai.

Mamãe deu um riso pigarreado.

— Então, o problema que vocês arrumaram com o Billy Deel foi, na verdade, uma bênção disfarçada — disse ela. — A minha carreira artística vai desabrochar em Phoenix. Já estou até sentindo. — Ela virou o rosto para me olhar. — Vamos começar uma outra aventura, Jeannette e companhia. Não é maravilhoso? — Os olhos da mamãe brilhavam. — Sou viciada em adrenalina.

QUANDO ESTACIONAMOS na frente da casa na North Third Street, eu não pude acreditar que nós íamos mesmo morar ali. Era praticamente uma mansão, tão grande que a vovó tinha colocado duas famílias para morar lá, ambas pagando aluguel. Nós tínhamos a casa toda, só para nós. A mamãe disse que ela tinha sido construída há quase cem anos para ser um forte. As paredes exteriores, cobertas de estuque branco, tinham um metro de espessura.

— Elas deviam deixar as flechas dos índios passar mesmo, podes crer — disse eu para o Brian.

Nós corremos pela casa e contamos 14 cômodos, incluindo a cozinha e os banheiros. Eles estavam cheios de coisas que a mamãe tinha herdado da vovó Smith: uma mesa de jantar espanhola escura com um conjunto de oito cadeiras, um piano vertical entalhado à mão, bufês com talheres de prata antigos, cristaleiras abarrotadas com a porcelana de osso da vovó, que a mamãe provava ser da melhor qualidade, segurando um prato contra a luz e mostrando para nós a silhueta da sua mão, que aparecia, claramente, através do prato.

O jardim da frente tinha uma palmeira, e o jardim dos fundos tinha laranjeiras que davam laranja de verdade. Nós nunca tínhamos morado em uma casa com árvores. Eu gostava especialmente da palmeira, que me fazia pensar que eu tinha chegado a uma espécie de oásis. Havia, também, malvas e loendros, com flores rosas e brancas. Atrás do jardim, tinha um paiol maior do que muitas das casas em que moramos e, do lado dele, uma garagem grande o suficiente para dois carros. Nós estávamos, sem a menor dúvida, subindo na vida.

As pessoas que moravam na North Third Street eram, na maioria, mexicanas e descendentes de índios que se mudaram para o bairro depois que os brancos foram para os subúrbios chiques e subdividiram os velhos casarões em apartamentos. Parecia que havia umas vinte pessoas em cada casa, com homens bebendo cerveja em garrafas dentro de sacos de papel, mães jovens ninando bebês, velhas tomando sol nas varandas decrépitas e dependuradas, e hordas de crianças.

Todas as crianças perto da nossa rua iam à escola católica, na Igreja de Nossa Senhora, a uns cinco quarteirões lá de casa. A mamãe, porém, dizia que freiras eram desmancha-prazeres que tiravam toda a alegria da religião. Ela queria que fôssemos para um colégio público chamado Emerson. Embora morássemos em outro bairro, a mamãe implorou e puxou o saco do diretor, até ele deixar nós nos matricularmos.

Não morávamos no itinerário do ônibus, e era uma boa caminhada até a escola, mas nenhum de nós se incomodava em andar. A Emerson ficava em um bairro elegante, com ruas orladas de eucaliptos, e o prédio da escola parecia com o de um sítio espanhol, com um telhado vermelho de terracota. Era cercado de palmeiras e bananeiras, e, quando as bananas ficavam maduras, os alunos as comiam de graça no almoço. O pátio da Emerson era coberto de um gramado verde espesso, regado por um sistema automático, e tinha mais equipamentos do que qualquer lugar que eu já tinha visto: gangorras, balanços, um carrossel, trepa-trepa, bolinhas e raquetes e uma pista de corrida.

A srta. Shaw, professora da minha turma da segunda série, tinha cabelo grisalho armado e óculos de armação em rabo de peixe e uma boca fina. Quando eu contei para ela que tinha lido todos os livros da Laura Ingalls Wilder, ela levantou as sobrancelhas com incredulidade, mas, depois que eu recitei para ela em voz alta um trecho de um deles, ela me colocou em um grupo de leitura para crianças superdotadas.

As professoras da Lori e do Brian também os puseram em grupos de leitura especiais. O Brian odiava, porque as outras crianças eram mais velhas, e ele era o menorzinho da turma, mas a Lori e eu estávamos, no fundo, extasiadas de sermos chamadas de especiais. Porém, em vez de demonstrar nossa alegria, nós fingimos fazer pouco caso. Quando contamos à mamãe e ao papai sobre os nossos grupos de leitura, pausamos antes da palavra "superdotadas", batendo as mãos sob nossos queixos e piscando os olhos de maneira afetada, imitando anjinhos.

— Não debochem — disse papai. — Claro que vocês são especiais. Não foi o que eu sempre disse a vocês?

O Brian olhou de esguelha para o papai.

— Se somos tão especiais — começou a dizer, devagar —, por que você não... — E as palavras foram minguando.

— O quê? — perguntou papai. — O quê?

Brian balançou a cabeça.

— Nada — disse.

A Emerson tinha a sua própria enfermeira, que examinou os nossos olhos e ouvidos pela primeira vez em nossas vidas. Eu fui a campeã dos testes — "olhos de lince e ouvidos de elefante", disse a enfermeira —, mas a Lori se esforçou muito para ler o letreiro de oculista. A enfermeira a diagnosticou como fortemente míope e mandou um recado para a mamãe dizendo que ela precisava de óculos.

— Nem pensar — falou mamãe.

Ela não aprovava o uso de óculos. Se você tem olhos fracos, segundo a mamãe, eles precisavam de exercício para ficarem fortes. Na sua opinião, óculos eram como muletas. Eles evitavam que pessoas com olhos deficientes aprendessem a ver o mundo à sua própria maneira. Ela disse que as pessoas vinham insistindo com ela para que usasse óculos há anos, e ela sempre se recusou. Mas a enfermeira mandou um outro recado dizendo que a Lori não poderia assistir às aulas na Emerson se não usasse óculos, e que a escola pagaria por eles, então a mamãe cedeu.

Quando os óculos ficaram prontos, fomos todos até o optome-
trista. As lentes eram tão grossas que faziam os olhos da Lori parecerem grandes e esbugalhados, que nem olho de peixe. Ela ficava
mexendo a cabeça para os lados, e para cima e para baixo.

— O que é que foi? — perguntei. Em vez de responder, ela correu para o lado de fora. Eu fui atrás. Ela estava parada no estacionamento, olhando, pasma, para as árvores, as casas e os prédios
comerciais atrás das casas.

— Você tá vendo aquela árvore lá atrás? — perguntou, apontando para um plátano a uns trinta metros de distância. Eu fiz que sim.

— Eu consigo ver não só aquela árvore, mas as folhas, cada uma
delas. — Ela olhou para mim com ar de triunfo. — Você consegue?

Assenti.

Ela não parecia acreditar.

— Cada uma das folhas? Quer dizer, não só os galhos, mas cada
folhinha?

Fiz que sim. A Lori me olhou e, então, caiu no choro.

No caminho de casa, ela observou, pela primeira vez, todas
aquelas coisas que a maior parte das pessoas pára de perceber porque as vêem todos os dias. Ela lia sinais de trânsito e *outdoors* em
voz alta. Ela apontava para os passarinhos pousados nos fios de
telefone. Entramos num banco e ela ficou olhando fixamente para o
teto abobadado, e descreveu os desenhos octogonais.

Em casa, a Lori insistiu para que eu colocasse os seus óculos.
Eles embaçariam a minha visão tanto quanto corrigiam a dela, disse,
e assim eu poderia ver as coisas como ela sempre as tinha visto. Eu
coloquei os óculos, e o mundo se dissolveu em formas esfumaçadas
e borradas. Dei uns passos para frente e bati com a canela na mesinha da sala e aí entendi por que ela não gostava de explorar os
lugares tanto quanto o Brian e eu. Ela não conseguia enxergar.

A Lori quis que a mamãe também experimentasse os seus óculos.
A mamãe os colocou e, piscando, olhou em volta da sala. Ela observou um dos seus próprios quadros calmamente e então devolveu os
óculos para a Lori.

— Você enxergou melhor? — perguntei.

— Eu não diria melhor — respondeu. — Eu diria diferente.

— Talvez você devesse usar também, mamãe — falei.

— Eu gosto do mundo exatamente como eu o vejo — disse ela.

Mas a Lori adorou ver o mundo com clareza. Ela começou a desenhar e pintar compulsivamente todas as coisas maravilhosas que estava descobrindo, como a maneira pela qual cada telha arredondada do telhado da Emerson projetava a sua própria sombra arredondada sobre a telha abaixo, e a forma como o sol poente pintava a parte inferior das nuvens de cor-de-rosa, mas deixando os cumes, e suas camadas sucessivas, roxos.

Não muito tempo depois de começar a usar óculos, a Lori resolveu que seria uma artista, que nem a mamãe.

Assim que nos instalamos na casa, mamãe se lançou na sua carreira artística. Ela colocou uma placa branca enorme no jardim da frente, onde ela pintou, com capricho, em letras pretas delineadas de dourado, "Ateliê de arte R.M. Walls". Ela transformou os dois cômodos da frente em ateliê e galeria e usou os dois quartos dos fundos para armazenar suas obras. Tinha uma loja de material de pintura a três quarteirões, na North First Street, e, graças à herança da mamãe, podíamos fazer incursões periódicas à loja, trazendo para casa rolos de tela que o papai esticava e pregava a molduras de madeira. Trazíamos também bisnagas de tinta a óleo, guache, acrílica, e gesso, bastidores de serigrafia, tinta nanquim, pincéis e pontas de pena, lápis carvão, pastéis, papel *canson* para desenho, e até um manequim de madeira com membros removíveis que apelidamos de Edward e que, segundo a mamãe, posaria para ela quando nós estivéssemos na escola.

A mamãe resolveu que, antes de começar a pintar a sério, ela precisava montar uma biblioteca de referência completa sobre arte. Por isso, comprou dúzias de fichários de folhas grandes e soltas, e montes de pacotes de papel pautado. Cada assunto tinha o seu próprio fichário: cachorros, gatos, cavalos, animais de fazenda, animais de bosque, flores, frutas e legumes, paisagens rurais, paisagens urbanas, rostos masculinos, rostos femininos, corpos masculinos, corpos femininos e pés-mãos-bundas-e-outras-partes-aleatórias-docorpo. Passávamos horas e horas folheando revistas velhas, procurando imagens interessantes e, quando encontrávamos algo que pudesse ser um tema que valesse a pena ser pintado, encaminhávamos à mamãe para que ela aprovasse. Ela avaliava durante um segundo e aceitava ou recusava. Se a foto fosse selecionada, nós a recortávamos, colávamos em uma folha do papel que mamãe comprou e reforçávamos os furos do papel com etiquetas apropriadas para que eles não acabassem rasgando. Aí, nós pegávamos o fichário correspondente, adicionávamos a nova fotografia e fechávamos os três aros do fichário. Em troca da nossa ajuda com a biblioteca de referência, mamãe nos dava aulas de arte.

A mamãe também trabalhava duro na sua literatura. Ela comprou várias máquinas de escrever — manuais e elétricas — para que tivesse uma reserva, caso a sua predileta quebrasse. Ela as guardava no seu ateliê. Ela nunca vendia o que escrevia, mas, de vez em quando, ela recebia uma carta de recusa encorajadora, que ela pregava na parede com uma tachinha. Quando nós voltávamos da escola, ela geralmente estava trabalhando no ateliê. Se não houvesse barulho, era porque ela estava pintando ou contemplando temas potenciais. Se as teclas da máquina estivessem sendo metralhadas, ela estava trabalhando em um dos seus romances, poemas, peças, contos, ou na sua coleção ilustrada de frases de efeito — uma delas era "A vida é um pote de cerejas, com alguns caroços misturados" — à qual ela deu o título de *A filosofia de vida de R.M. Walls*.

O papai entrou para o sindicato dos eletricistas. Phoenix estava crescendo rapidamente, e ele conseguiu trabalho logo, logo. Saía de casa pela manhã, usando um capacete amarelo e grandes botas com ponta de aço, e eu achava que ele ficava ainda mais bonito vestido assim. Por causa do sindicato, ele estava mais seguro em suas finanças do que nunca. No seu primeiro pagamento, ele chegou em casa e nos chamou até a sala de estar.

— Vocês deixaram os brinquedos no jardim — disse ele.

— Não, pai. Não deixamos, não — respondi.

— Acho que deixaram — insistiu. — Vão lá pra fora e dêem uma olhada.

Corremos até a porta da frente. Do lado de fora, estacionadas em fila indiana, estavam três bicicletas novinhas em folha — uma vermelha, grande, e duas menores: uma azul, de menino, e uma lilás, de menina.

Primeiro, eu pensei que outras crianças deviam tê-las esquecido lá. Quando a Lori falou que era óbvio que o papai tinha comprado pra gente, eu não acreditei nela. Nós nunca havíamos tido aquele tipo de brinquedo — aprendêramos a andar na bicicleta dos outros —, e jamais me ocorrera que um dia eu teria uma só para mim. Sobretudo uma nova.

Dei meia-volta. Papai estava diante da porta da frente, com os braços cruzados e sorrindo com um ar maroto.

— Aquelas bicicletas não são pra gente, são? — perguntei.

— Bom, elas são pequenas demais pra tua mãe e pra mim — disse ele.

A Lori e o Brian já tinham montado nas suas bicicletas e estavam andando para cima e para baixo na calçada. Eu fiquei olhando, parada, para a minha. Era lilás cintilante e tinha um selim acolchoado e longo, cestinhos de arame dos dois lados, guidão cromado em forma de chifre de touro, aberto e bem curvado para fora, com manoplas de plástico branco e enfeite de franja roxa e prateada. Papai se ajoelhou ao meu lado.

— Gostou? — perguntou.

Fiz que sim com a cabeça.

— Sabe, Cabritinha Montesa, eu ainda me sinto mal de ter feito você abandonar a tua coleção de pedras lá em Battle Mountain — disse —, mas a gente tinha que viajar com pouca bagagem.

— Eu sei. De qualquer maneira era só mais uma coisa.

— Não sei, não — respondeu. — Cada coisa que existe no Universo pode ser quebrada em coisas menores, até átomos, até prótons. Então, teoricamente, acho que você estava certa. Uma coleção de coisas pode ser considerada uma só coisa. Infelizmente, a teoria nem sempre vence.

Íamos de bicicleta para todo o lado. Às vezes, prendíamos cartas de baralho às varetas, com pregadores de roupa, e elas batiam nas hastes da roda, a cada giro dela. Agora que a Lori conseguia enxergar, ela era o comandante. Ela arranjou um mapa da cidade no posto de gasolina e bolava os nossos itinerários com antecedência. Pedalávamos do hotel Westward Ho, descendo a avenida Central, onde mulheres indígenas de rosto quadrado vendiam colares de semente e mocassins sobre ponchos com todas as cores do arco-íris, que elas estendiam sobre a calçada. Pedalávamos até a loja de departamentos Woolworth's, que era maior do que todas as lojas de Battle Mountain juntas, e brincávamos de pique em meio às alas, até o gerente nos botar para fora. Pegávamos as velhas raquetes de tênis feitas de madeira da vovó e pedalávamos até a Universidade de Phoenix, onde tentávamos praticar o esporte com as bolas de treino que os outros tinham largado para trás. Pedalávamos até o Centro Cívico, que tinha uma biblioteca onde os bibliotecários nos conheciam, de tanto que íamos lá. Eles nos ajudavam a encontrar livros que acreditavam que fôssemos gostar, e enchíamos as cestinhas de arame das bicicletas, e pedalávamos até em casa bem pelo meio da calçada, como se fôssemos os donos do pedaço.

Já que o papai e a mamãe tinham todo esse dinheiro, nós arranjamos o nosso próprio telefone. Nunca havíamos tido telefone antes na vida, e, sempre que ele tocava, todos corríamos para atender. Quem chegava primeiro, imitava um sotaque superbesta e afetado britânico:

— Residência Walls, aqui é o mordomo. Pois não? — enquanto os outros rolavam de rir.

Nós, também, tínhamos um toca-discos bem grande, embutido em um armário de madeira, que tinha sido da vovó. Dava para botar uma pilha de discos, e, quando um terminava de tocar, o braço da agulha automaticamente voltava para o lugar, e outro caía, com um estalo divertido. A mamãe e o papai adoravam música, sobretudo animada, que dava vontade de levantar para dançar, ou, pelo menos, de balançar a cabeça e bater com o pé. Mamãe estava sempre indo a bazares filantrópicos, e voltava com álbuns velhos de polca, hinos espirituais dos negros dos Estados Unidos, bandas marciais alemãs, óperas italianas e música *country*. Ela comprava, também, sapatos de salto alto, que ela chamava de sapatos de dançar. Ela calçava um par de sapatos de dançar, botava uma pilha de discos na vitrola e aumentava bem o volume. Papai dançava com ela se estivesse em casa; caso contrário, ela dançava sozinha, valsando, ou saltando o *jitterbug*, ou bolerando de um cômodo para outro, a casa cheia das cantorias do Mario Lanza, do som grave de uma tuba, ou dos lamentos de algum caubói solitário cantando "The Streets of Laredo".

Mamãe e papai compraram também uma máquina de lavar roupa elétrica, que nós colocamos no terraço. Era um tambor esmaltado branco sobre pés, e nós a enchíamos d'água com a mangueira do jardim. Um grande agitador mexia para um lado e para o outro, fazendo com que a máquina toda dançasse pelo pavimento. Não tinha ciclos, então, você tinha que esperar a água ficar suja, e, aí, colocar a roupa no torcedor — dois tubos de borracha sobre o tambor, que giravam com um motor. Para enxaguar a roupa, você tinha que repetir o processo, sem sabão, e aí deixava a água escoar pelo jardim para ajudar a grama a crescer.

Apesar dos nossos eletrodomésticos espetaculares, a vida em Phoenix não era só flores. Nós tínhamos um zilhão de baratas, grandes e fortes, com asas brilhantes. Só havia algumas no início, mas como a mamãe não era exatamente maníaca por limpeza, elas se multiplicaram. Depois de um certo tempo, exércitos inteiros andavam pelas as paredes e chão e cantos e armários da cozinha. Em Battle Mountain, nós tínhamos lagartos para comer as moscas, e gatos para comer as lagartixas. Não conseguimos descobrir nenhum bicho que gostasse de comer barata, então eu sugeri que nós comprássemos um spray antibaratas, que nem todos os outros vizinhos, mas a mamãe se opunha a armas químicas. Era como no caso daquelas fitas inseticidas da Shell, disse ela; nós íamos acabar nos envenenando junto.

Mamãe decidiu que o combate mano a mano era a melhor tática. Nós realizávamos massacres de baratas na cozinha, durante a noite, porque era nessa hora que elas saíam em massa. Nós nos armávamos com revistas enroladas ou sapatos — mesmo só tendo nove anos, eu já usava sapato de tamanho 42, que o Brian chamava de "matador de baratas" —, e nos esgueirávamos pela cozinha. Mamãe acendia o interruptor, e nós iniciávamos o ataque. Nem precisava mirar. Tinha tanta barata que, onde quer que você batesse, você acertava, e certamente matava algumas, pelo menos.

A casa também tinha cupim. Descobrimos isso alguns meses depois de mudarmos para lá, quando o pé da Lori afundou no assoalho de madeira esponjosa da sala de estar. Depois de inspecionar tudo, o papai disse que a infestação de cupim era tão séria que nada poderia ser feito. Nós teríamos de coabitar com as pragas. Por isso, nós dávamos a volta no buraco da sala de estar.

Mas a madeira estava podre em tudo o que era canto. Nós estávamos sempre pisando em lugares fofos das tábuas, quebrando o assoalho, criando novos buracos.

— Não é que essa merda desse chão tá começando a parecer com um queijo suíço? — comentou papai, um dia.

Ele me pediu para ir pegar o seu alicate, o martelo e uns pregos grandes. Acabou de beber a cerveja que estava tomando, abriu a lata ao meio com o alicate, achatou com o martelo e pregou a lâmina no chão. Ele precisava de mais lâminas, clamou, então teve que sair para comprar mais um engradado de cerveja. Depois de beber até a última gota, ele usava a lata para remendar um buraco. E, sempre que um buraco novo aparecia, ele ia buscar o martelo, bebia uma cerveja, e fazia outro remendo.

MUITOS DOS NOSSOS VIZINHOS na North Third Street eram meio esquisitos. Um bando de ciganos vivia no mesmo quarteirão, em uma
casa grande e caindo aos pedaços, com tábuas de compensado pre-
gadas ao redor, para fechar a varanda e ganhar mais espaço interno. Eles estavam sempre roubando as nossas coisas, e uma vez o
pula-pula do Brian desapareceu, e ele viu uma das ciganas pulando
pela calçada com ele. Ela não queria devolver, então a mamãe teve
uma briga feia com o líder do bando, e no dia seguinte encontramos uma galinha com o pescoço cortado nos degraus da escada da
frente. Era uma espécie de bruxaria cigana. Mamãe resolveu, como
ela mesma disse, empregar mágica contra mágica. Ela pegou um
osso de presunto que estava no feijão e foi até a casa da ciganada,
acenando com ele pelo ar. Parada na calçada, ela ficou segurando
o osso, como quem segura um crucifixo durante um exorcismo, e
rogou uma praga sobre o bando inteiro dos ciganos e a casa deles,
desejando que ela desmoronasse com todos eles dentro, e que as
profundezas da terra se abrissem e os engolissem para sempre se
eles voltassem a nos incomodar. Na manhã seguinte, o pula-pula do
Brian estava no jardim da frente.

O bairro também tinha a sua cota de pervertidos. Em sua maioria, eram homens maltrapilhos e estropiados de vozes sedutoras, que
ficavam pelas esquinas e nos seguiam no caminho da escola, tentando nos dar impulso quando trepávamos em uma cerca, oferecendo
bala e moedas para que fôssemos brincar com eles. Nós os chamáva-

mos de nojentos e gritávamos com eles para que nos deixassem em paz, mas eu ficava com medo de ferir os seus sentimentos, porque não conseguia parar de pensar que talvez eles estivessem falando a verdade, que eles só queriam ser nossos amigos.

De noite, mamãe e papai sempre deixavam a porta da frente, a porta dos fundos e todas as janelas abertas. Como não tínhamos ar-condicionado, eles explicavam que nós precisávamos de alguma circulação de ar. De tempos em tempos, um vagabundo ou um maluco perambulava pela casa, entrando pela porta da frente, presumindo que a casa estivesse abandonada. Quando acordávamos de manhã, vira e mexe encontrávamos um deles dormindo em um dos cômodos da frente. Nós o acordávamos e ele ia embora, tropeçando e pedindo desculpas. Mamãe nos garantia, toda vez, que eram apenas bêbados inofensivos.

Maureen, que tinha quatro anos e um medo terrível do bicho-papão, sonhava sempre que invasores usando máscaras de *Halloween* entravam pela porta aberta para vir nos pegar. Certa noite, quando eu tinha quase dez anos, fui acordada por alguém passando a mão nas minhas partes íntimas. A princípio, fiquei confusa. A Lori e eu dormíamos na mesma cama, e eu pensei que ela talvez estivesse se mexendo durante o sono.

— Eu só quero brincar um pouquinho com você — disse uma voz masculina.

Reconheci a voz. Ela pertencia a um maluco de rosto chupado, que vinha rondando a North Third Street nos últimos tempos. Ele tinha tentado nos acompanhar até em casa depois da escola e dado ao Brian uma revista chamada *Crianças na fazenda*, com retratos de meninos e meninas usando só roupa de baixo.

— Tarado! — berrei, chutando a mão do sujeito.

Brian entrou no quarto correndo, carregando uma machadinha que ele deixava ao lado da cama, e o cara saiu voando pela porta. Papai não estava em casa naquela noite, e quando a mamãe dormia, era que nem pedra, ela ficava morta para o mundo, então nós dois corremos atrás do homem, eu e meu irmão. Ao chegarmos à calçada, iluminada pela luz arroxeada dos postes da rua, ele desapareceu, dobrando a esquina. Nós o perseguimos por alguns quarteirões, o

Brian dando machadadas nos arbustos pelo caminho, mas não conseguimos encontrá-lo. De volta para casa, batíamos nas mãos um do outro e dávamos socos no ar, como se tivéssemos ganhado uma luta de boxe. Resolvemos que havíamos estado em uma Caça ao Tarado, que era exatamente como uma Caça ao Demônio, só que o inimigo era real e perigoso, em vez de ser o produto da imaginação hiperativa de uma criança.

No dia seguinte, quando papai voltou para casa e nós contamos a ele o que tinha acontecido, ele disse que ia matar aquele desalmado filho-da-puta. Ele, o Brian e eu saímos em uma Caça ao Tarado séria. De sangue quente, nós procuramos pelas ruas durante horas, mas nunca conseguimos encontrar o tal sujeito. Perguntei à mamãe e ao papai se nós devíamos fechar as portas e janelas quando fôssemos para a cama. Eles nem cogitavam a idéia. Nós precisávamos de ar fresco, e era essencial que nos recusássemos a nos render ao medo.

Por isso, as janelas continuaram abertas. Maureen continuou tendo pesadelos com homens usando máscaras de *Halloween*. De vez em quando, se o Brian e eu estávamos sem sono, ele pegava a machadinha e eu pegava um bastão de beisebol, e nós íamos à Caça ao Tarado, tirando das ruas os malucos que se aproveitavam de criancinhas.

Mamãe e papai sempre faziam muita questão de nunca sucumbirem ao medo, ao preconceito ou ao conformismo limitado dos medrosos, que tentavam dizer aos outros o que era certo. Nós devíamos ignorar esses carneirinhos ignorantes, como papai os chamava. Um dia, mamãe veio conosco ao Centro Cívico. Como o dia estava escaldante, ela sugeriu que nós nos refrescássemos, pulando dentro do chafariz em frente ao prédio. A água era rasa demais para nadar, mas nós rastejávamos como se fôssemos crocodilos, até atrairmos uma pequena multidão de pessoas que insistia com a mamãe que era proibido nadar no chafariz.

— Cuidem da bunda de vocês! — retrucou mamãe. Aquilo me deixou meio constrangida e comecei a sair. — Ignora esses abelhudos! — disse-me ela e, para deixar bem claro que ela não dava a menor bola para aquele tipo de gente, nem para as suas opiniões, ela entrou no tanque do chafariz e se enfiou na água conosco, espirrando e jogando líquido para todos os lados.

Nunca incomodou à mamãe que as pessoas se virassem e olhassem para ela, nem mesmo na igreja. Apesar de pensar que as freiras eram desmancha-prazeres e de não seguir todas as regras da Igreja ao pé da letra — ela tratava os Dez Mandamentos mais como as Dez Sugestões —, ela se considerava uma católica devota, e nos levava à missa quase todos os domingos. A Igreja St. Mary era a maior e mais bonita que eu já tinha visto na vida. Era feita de tijolo cor de areia e tinha dois campanários altíssimos e um vitral circular gigantesco, e, subindo na direção das duas portas principais, um par de escadarias em espiral, cobertas de pombos. As outras mães se arrumavam todas para a missa, com mantilhas pretas sobre a cabeça, e agarradas firmes a uma bolsa verde, vermelha ou amarela, combinando com o sapato. Mamãe achava que preocupar-se com a própria aparência era uma atitude superficial. Ela dizia que Deus pensava a mesma coisa, por isso ela ia à igreja usando roupas surradas ou manchadas de tinta. O que importava era o seu eu interior, e não o seu aspecto exterior, dizia, e, na hora de cantar o hino, ela mostrava à congregação inteira o seu eu interior, cantando em alto e bom som cada palavra, com uma voz tão poderosa que as pessoas nos bancos à frente se viravam para olhar.

Ir à igreja era particularmente torturante quando o papai vinha junto. Ele havia sido criado como batista, mas não gostava de religião e não acreditava em Deus. Ele confiava na ciência e na razão, dizia, não em superstição e vodu. Mas a mamãe se recusou a ter filhos se o papai não concordasse em educá-los como católicos e fosse à igreja nas datas religiosas.

Papai, fumegante, sentava no banco, mexendo-se sem parar e tentando morder a língua, enquanto o padre falava sobre Jesus ressuscitando Lázaro dos mortos, ou quando as pessoas faziam fila para comungar e comer o corpo e beber o sangue de Cristo. Finalmente, quando o papai não agüentava mais, ele gritava alguma coisa para desafiar o padre. Ele não o fazia para ser hostil. Berrava de maneira amigável: "Ei, seu Padre!" O sacerdote geralmente ignorava o papai e tentava continuar o seu sermão, mas o papai insistia. Ele lançava desafios sobre a impossibilidade científica dos milagres, e, quando o padre continuava a ignorá-lo, ficava bravo e gritava alguma coisa sobre os filhos bastardos do papa Alexandre VI, ou sobre o hedonismo do papa Leão X, ou sobre a simonia do papa Nicolau III, ou sobre os assassinatos cometidos em nome da Igreja durante a Inquisição Espanhola. Mas, o que se podia esperar, dizia, de uma instituição dirigida por homens celibatários que usam vestidos? Nessa hora, os assistentes nos diziam que tínhamos que ir embora.

— Não se preocupem, Deus entende — dizia mamãe. — Ele sabe que o pai de vocês é uma cruz que temos que carregar.

A VIDA NA CIDADE GRANDE estava começando a dar nos nervos do papai. "Estou começando a me sentir que nem rato em labirinto", disse-me ele. Ele odiava a forma como tudo, em Phoenix, era organizado, com cartão de ponto, conta em banco, conta de telefone, bilhete de estacionamento, formulário de imposto, despertador, reunião sindical e pesquisadores de opinião batendo à porta e xeretando nossa vida pessoal. Ele odiava todo mundo que morava em casa com ar-condicionado e com a janela permanentemente fechada, e que dirigia carros com ar-condicionado até seus empregos certinhos em prédios de escritórios com ar-condicionado que ele dizia serem meras prisões embelezadas. A simples visão daquelas pessoas indo para o trabalho deixavam-no pigarrento e com urticária. Ele começou a reclamar que estávamos todos ficando moles demais, dependentes demais do conforto, e que estávamos perdendo contato com a ordem natural do mundo.

Papai sentia falta da vida selvagem. Ele precisava andar a esmo ao ar livre, vivendo entre bichos não domesticados. Ele achava que fazia bem à alma ter águias, coiotes e cobras por todo o redor. Essa era a maneira como o homem deveria viver, dizia sempre: em harmonia com a natureza, como os índios, não essa baboseira de senhores-da-terra, tentando mandar na porra do planeta todo, derrubando todas as florestas e matando todas as criaturas que não se conseguiam domar.

Um dia, ouvimos no rádio que uma mulher do subúrbio chique havia visto um lince atrás da sua casa. Assustada, chamara a polícia, que atirou no animal. Papai ficou tão furioso que fez um buraco na parede com um soco.

— Aquele lince tinha tanto direito à vida quanto a tal velha azeda e tagarela — falou. — Você não pode matar algo só porque é selvagem.

Papai ficou meditando um tempo, bebericando uma cerveja, e aí nos disse para entrarmos no carro.

— Pra onde a gente vai? — perguntei. Nós ainda não tínhamos feito nenhuma expedição desde que mudamos para Phoenix. Estava com saudade.

— Vou mostrar pra vocês — disse — que nenhum bicho, independentemente do tamanho ou de ser selvagem, é perigoso, contanto que você saiba o que está fazendo.

Nós nos apertamos dentro do carro. Papai dirigia, acalentando outra cerveja e resmungando baixinho a respeito do pobre lince inocente e da suburbaninha medrosa do caralho. Nós fomos até o jardim zoológico. Nenhum de nós tinha ido ao zoológico antes, e eu não sabia o que esperar. A Lori disse que os zoológicos deviam ser proibidos. Mamãe, que estava carregando a Maureen em um dos braços e o seu bloco de desenhos no outro, ressaltou que os animais tinham trocado a liberdade pela segurança. Ela disse que, quando olhava para eles, fingia que as grades não existiam.

No portão de entrada, papai comprou os bilhetes, murmurando sobre a idiotice de se pagar dinheiro para ver animais, e nos guiou pelo caminho. A maior parte das jaulas eram pedacinhos de terra cercados de barras de ferro, com gorilas desamparados ou ursos inquietos ou macacos irritadiços ou gazelas ansiosas, amontoados pelos cantos. Muitas crianças estavam se divertindo, embasbacadas e rindo e jogando amendoim para os bichos, mas a visão daquelas pobres criaturas me deu um nó na garganta.

— Estou muito tentado a vir aqui escondido uma noite dessas para libertar essa bicharada — falou papai.

— Posso ajudar? — perguntei.

Ele afagou o meu cabelo.

— Eu e você, Cabritinha Montesa — disse —, vamos realizar a nossa própria fuga de prisão animal.

Paramos sobre uma ponte. Embaixo, dentro de um poço profundo, jacarés tomavam sol sobre as pedras ao redor do lago.

— A tagarela que fez aquele lince ser morto não entende nada de psicologia animal — disse papai. — Se você transparecer não ter medo, eles te deixam em paz.

Papai apontou para o jacaré maior e mais escamoso de todos.

— Eu e aquele safado com cara de mau vamos apostar quem olha fixo por mais tempo.

Papai ficou parado na ponte olhando direto para o jacaré. A princípio, ele parecia estar dormindo, mas aí deu uma piscada e olhou para cima, para o papai, que continuou a olhar bem para ele, com um olhar feroz. Um minuto depois, o jacaré deu uma abanada com o rabo, olhou para outro lado e escorreu para dentro d'água.

— Viu, você só precisa comunicar a tua posição.

— Talvez ele só tenha ido nadar — sussurrou Brian.

— O que quer dizer com isso? — perguntei. — Você não viu como aquele jacaré ficou nervoso? Foi o papai quem deixou ele daquele jeito.

Seguimos o papai até a cova dos leões, mas os animais estavam dormindo, então o papai disse que devíamos deixá-los em paz. O porco-da-terra, oricteropo, estava ocupado, passando o seu aspirador de formigas, e papai disse que não se deve perturbar os bichos enquanto comem, por isso passamos direto e fomos até a jaula do guepardo, que era quase do mesmo tamanho da nossa sala de estar, e cercada por uma corrente. O felino solitário andava de um lado para o outro, e os músculos das costas subiam e desciam a cada passo. Papai cruzou os braços à altura do peito e analisou o animal.

— Ele é um bom animal... O quadrúpede mais veloz do planeta — declarou. — Não tá nada contente de estar dentro dessa porra dessa jaula, mas está conformado, não tá mais bravo. Vamos ver se tá com fome.

Papai me levou até a carrocinha. Ele disse à vendedora que tinha um problema de saúde muito raro e que não podia comer carne cozida, por isso queria comprar um hambúrguer cru. "Ahã", respondeu a vendedora. Ela falou para o papai que o zoológico não autorizava a venda de carne crua, porque gente insensata tentava dá-la como alimento para os bichos.

— Eu gostaria de dar a bunda dela para os bichos comerem — resmungou ele.

Ganhei um saco de pipoca do papai, voltamos à jaula do guepardo e meu velho se postou do lado de fora da corrente, bem na frente do animal. O guepardo chegou mais perto das barras da jaula e estudou-o com curiosidade. Papai continuou olhando para ele, mas sem o olhar zangado com que tinha encarado o jacaré. O guepardo fitou o papai. Finalmente, sentou-se no chão. Papai passou por cima da corrente e ajoelhou bem do lado das barras da grade, onde o mamífero estava sentado, e este continuou parado, cravando os olhos no papai.

Papai levantou a mão direita, lentamente, e colocou-a contra a jaula. O felino olhou para a mão do papai, mas não se mexeu. Papai colocou a mão entre as barras, calmamente, e deixou-a apoiada sobre o pescoço do guepardo. O animal moveu a cabeça contra a mão do papai, como quem pede um afago. Papai deu uns tapinhas meio que fortes e vigorosos, como quem acaricia um cachorro grande.

— Situação sob controle — falou papai, pedindo para que fôssemos até lá.

Passamos por debaixo da corrente e ajoelhamos ao redor do papai, enquanto ele fazia festa no guepardo. A essa altura, algumas pessoas haviam começado a ajuntar. Um homem nos chamava e dizia para voltarmos para trás da corrente. Nós o ignoramos. Eu me ajoelhei perto do animal. Meu coração batia forte, mas eu não estava com medo, só entusiasmada. Podia sentir a respiração quente do guepardo no meu rosto. Ele me olhou bem nos olhos. Os seus olhos cor de âmbar eram firmes mas tristes, como se soubessem que jamais veriam a estepe da África novamente.

— Posso fazer carinho nele? — perguntei para o papai.

Papai pegou a minha mão e, devagarinho, levou-a até o lado do pescoço do gatinho. Era macio e, ao mesmo tempo, duro. O guepardo virou a cabeça e passou o focinho pela minha mão. Então, a sua língua grande e cor-de-rosa se desenrolou de dentro da sua boca, e ele lambeu a minha mão. Fiquei ofegante. Papai abriu minha mão e segurou os meus dedos para trás. O bicho lambeu a palma da minha mão, com uma língua morna e áspera, que nem uma lixa embebida de água quente. Senti cócegas.

— Acho que ele gosta de mim — disse eu.

— Ele gosta, sim — disse o papai. — E gosta também do sal de pipoca e da manteiga na tua mão.

Havia uma pequena multidão aglomerada ao redor da jaula agora, e uma mulher particularmente desesperada agarrou a minha blusa e tentou me puxar por cima da corrente.

— Tá tudo bem — falei para ela. — Papai faz coisas desse tipo o tempo todo.

— Ele devia ser preso! — gritou.

— Tudo bem, crianças, o povão está se amotinando. É melhor a gente dar uma escapulida.

Passamos por cima da corrente. Quando olhamos para trás, o guepardo estava nos seguindo ao longo da jaula. Antes que pudéssemos abrir caminho pela multidão, um gordalhão usando um uniforme azul-marinho veio correndo na nossa direção. Ele estava segurando o revólver e o cassetete pendurados ao cinto, o que fazia com que parecesse estar correndo com as mãos na cintura. Ele gritava alguma coisa sobre regulamentos e como idiotas haviam morrido tentando entrar nas jaulas, e que nós tínhamos que ir embora imediatamente. Ele agarrou o papai pelo ombro, mas papai deu um empurrão nele e adotou uma posição de luta. Alguns dos homens da multidão seguraram os braços do papai, e mamãe pediu a ele que, por favor, fizesse o que o guarda estava mandando.

Papai concordou e recolheu as mãos em um gesto de paz. Ele nos guiou pela multidão em direção à saída, rindo e sacudindo a cabeça para nos mostrar que aqueles otários não mereciam sequer um chute na bunda, nem o tempo que se perde dando um chute. Eu ouvi as pessoas em volta de nós cochichando coisas sobre o bêbado maluco e os pestinhas dos seus filhos sujos, mas quem ligava para o que eles pensavam? Nenhum deles jamais teve a mão lambida por um guepardo.

Foi por volta dessa época que o papai perdeu o emprego. Ele disse que não havia por que se preocupar, já que Phoenix era tão grande e crescia tão rápido que ele conseguiria encontrar outro emprego em um lugar onde não tivessem espalhado mentiras a seu respeito. Aí, ele foi despedido do seu segundo emprego, e do terceiro, e foi expulso do sindicato dos eletricistas, e começou a fazer uns bicos e quebra-galhos. O que quer que a mamãe tivesse herdado da vovó Smith já tinha acabado, e mais uma vez começamos a catar o que comer.

Eu não passei fome. Um almoço quentinho na escola custava 25 centavos, e geralmente podíamos pagar essa quantia. Quando não podíamos, e eu dizia para a minha professora da quarta série, a dona Ellis, que eu tinha esquecido o dinheiro, ela falava que os registros indicavam que alguém já tinha pagado para mim. Mesmo parecendo uma coincidência incrível, eu não quis abusar da sorte e fazer perguntas demais sobre quem era essa pessoa. Eu comia o almoço quentinho. Às vezes, aquele almoço era tudo o que eu comia durante o dia todo, mas eu conseguia me virar muito bem com apenas uma refeição.

Uma tarde, quando o Brian e eu voltamos para casa e encontramos a geladeira vazia, fomos até a viela nos fundos da casa, procurando garrafas para revender. Mais embaixo, no beco, havia um pátio reservado à entrega de material de um depósito de distribuição de produtos. Havia uma enorme lixeira verde no estacionamento.

Quando percebemos que não tinha ninguém olhando, o Brian e eu abrimos a tampa, subimos e mergulhamos nos detritos à procura de garrafas. Eu tive medo de que estivesse cheia de lixo gosmento. Em vez disso, encontramos um tesouro estonteante: caixas de papelão cheias de barras de chocolate avulsas. Algumas estavam esbranquiçadas e pareciam ressecadas, e outras estavam cobertas de uma misteriosa camada verde, mas a maioria parecia estar em bom estado. Nós nos entupimos de chocolate e, a partir de então, sempre que a mamãe estava ocupada demais para fazer a janta, ou que não havia nada para comer, nós voltávamos até a lixeira para ver se existia um novo estoque de chocolate esperando por nós. Vez ou outra, éramos sorteados.

Por alguma razão, não tinha nenhuma criança da idade da Maureen na North Third Street. Ela era pequena demais para perambular pelos cantos comigo e com o Brian, e por isso passava a maior parte do tempo andando para cima e para baixo na rua, no velocípede vermelho que o papai tinha comprado para ela, e brincando com seus amiguinhos imaginários. Todos eles tinham nomes, e ela conversava com eles horas a fio. Eles riam juntos, tinham conversas detalhadas, até brigavam. Um dia, ela chegou em casa aos prantos e, quando perguntei a ela por que ela estava chorando, ela disse que tinha brigado com a Suzie Q., uma das suas amigas invisíveis.

Maureen era cinco anos mais nova do que o Brian, e mamãe disse que, como ela não tinha parentes de sua faixa etária na família, precisava de tratamento especial. Mamãe resolveu que a Maureen precisava ser matriculada na pré-escola, mas ela não queria que a sua caçula se vestisse com roupas de segunda mão como seus outros filhos. Mamãe nos disse que teríamos que roubar umas roupas de lojas.

— Isso não é pecado? — perguntei à mamãe.

— Não exatamente — disse ela. — Deus não fica chateado se você quebra um pouquinho as regras se tiver uma boa razão. É meio que nem homicídio preterintencional ou privilegiado. Isso é roubo de loja privilegiado.

O plano da mamãe era que ela e a Maureen entrassem no provador de uma loja, com os braços abarrotados de roupas novas, para que a Maureen experimentasse. Quando elas saíssem, a mamãe diria à vendedora que não tinha gostado de nenhuma das peças. Nessa hora, a Lori, o Brian e eu criaríamos uma confusão qualquer para distrair a vendedora enquanto a mamãe escondia um vestido debaixo da capa de chuva que estaria carregando, pendurada no braço.

Nós conseguimos três ou quatro vestidos bonitinhos para a Maureen dessa forma, mas em uma expedição, quando o Brian e eu estávamos fingindo nos esmurrar e a mamãe estava em pleno processo de enfiar um vestido debaixo da capa de chuva, a vendedora virou-se para ela e perguntou se tinha intenção de comprar aquele vestido que estava segurando. Mamãe não teve escolha e pagou pelo vestido.

— Quatorze dólares por um vestido de criança! — reclamou ela, ao sairmos da loja. — É assalto à mão armada!

Papai bolou uma maneira engenhosa de conseguir uma grana extra. Ele percebeu que, quando você faz um saque em um caixa drive-thru, do lado de fora do banco, levava alguns minutos para que a transação fosse registrada pelo computador. Então, ele abriria uma conta em um banco e, uma semana e pouco depois, sacaria o dinheiro todo em um caixa dentro do banco, enquanto a mamãe sacasse a mesma quantia em um caixa externo. A Lori disse que aquilo tinha jeito de crime sério e qualificado, mas o papai disse que ele estava apenas sendo mais esperto do que os banqueiros ricaços que praticavam usura contra o homem do povo, cobrando juros escorchantes.

— Façam umas carinhas inocentes — pediu-nos mamãe na primeira vez em que deixamos o papai na frente do banco.

— A gente vai ter que ir prum reformatório se formos pegos? — perguntei.

Mamãe me garantiu que era tudo perfeitamente legal.

— As pessoas sacam a descoberto o tempo todo — argumentou. — Se a gente for pego, só vai ter que pagar uma taxa por saldo negativo.

Ela explicou que era meio que como fazer um empréstimo, sem aquela papelada danada. Mas, ao nos aproximarmos de carro do caixa externo, a mamãe ficou com um ar crispado e deu um risinho nervoso enquanto entregava a papeleta do saque através da janela à prova de bala do guichê. Acho que ela estava gostando da emoção de roubar dos ricos.

Depois que a mulher do guichê nos passou o dinheiro, a mamãe deu a volta com o carro e parou na frente do banco. Um minuto depois, papai saiu do banco andando, tranqüilo. Deu a volta pela frente do carro, virou-se e, com um sorriso malvado, levantou um maço de notas e esfregou-o com o polegar.

A razão pela qual o papai estava tendo dificuldades para arranjar um trabalho estável — como ele repetia, sempre, para nós — era que o sindicato dos eletricistas de Phoenix era corrupto. Era dirigido pela máfia, dizia, que controlava todos os projetos de construção da cidade, por isso, antes de ele conseguir um emprego decente, tinha que expulsar o crime organizado da cidade. Isso exigia muita pesquisa usando disfarce, e o melhor lugar de se obter informações era nos bares que a máfia possuía. Então, o papai começou a passar a maior parte do tempo nesses lugares.

Mamãe levantava os olhos para o céu toda vez que papai mencionava a sua pesquisa. Eu comecei a ter as minhas dúvidas com relação ao que ele andava fazendo. Ele chegava em casa tão furiosamente bêbado que ela costumava se esconder, enquanto eu e meus manos tentávamos acalmá-lo. Ele despedaçava janelas e quebrava pratos e móveis, até esgotar toda a raiva; aí, ele olhava em volta, para a bagunça e para nós, parados diante dele. Quando ele se dava conta do que havia feito, baixava a cabeça de cansaço e vergonha. Então, caía de joelhos e mergulhava de cara no chão.

Depois que o papai apagava, eu tentava dar uma arrumada na casa, mas a mamãe sempre me impedia. Ela vinha lendo livros sobre como lidar com um alcoólatra, e eles falavam que os bêbados não se lembravam dos seus acessos, por isso, se você arrumar tudo depois de uma crise, eles podem pensar que nada havia acontecido. "O pai de vocês precisa ver a bagunça que ele tá fazendo com as nossas vidas", dizia mamãe. Mas, quando o papai se levantava, nós agíamos como se aquele entulho todo não existisse, e ninguém conversava com ele sobre o assunto. Nós nos acostumamos a passar por cima da mobília quebrada e do vidro estilhaçado.

Mamãe nos ensinara a pegar o dinheiro do bolso do papai quando ele apagava. Ficamos bons nisso. Certa vez, depois de ter virado o papai para o lado e coletado um punhado de trocados, abri os seus dedos, que estavam fechados, agarrados à garrafa. Ela estava três quartos vazia. Fiquei olhando para o líquido cor de âmbar. A mamãe nunca tocava naquilo, e fiquei imaginando o que o papai achava tão irresistível. Abri a garrafa e cheirei. O odor asqueroso ardeu no meu nariz, mas, depois de juntar coragem, tomei um bom gole. Tinha um gosto horrivelmente denso, esfumaçado, e tão quente que queimou a minha língua. Corri até o banheiro, cuspi e lavei a boca.

— Acabei de tomar um gole de goró — contei para o Brian. — É a pior coisa que já experimentei na vida.

O Brian arrancou a garrafa da minha mão. Ele a esvaziou na pia da cozinha, então me levou para fora, até o barracão, e abriu um baú de madeira nos fundos, escrito "CAIXA DE BRINQUEDOS". Estava cheia de garrafas de bebida vazias. Toda vez que o papai caía duro, disse Brian, ele levava a garrafa que o papai bebera, esvaziava e escondia dentro do baú. Ele ia esperar acumular umas dez ou doze, e aí carregaria tudo até a lixeira, a alguns quarteirões de casa, porque, se o papai visse as garrafas vazias, ele podia ficar furioso.

— Acho que esse Natal vai ser ótimo — anunciou mamãe no início de dezembro. Lori lembrou que os últimos meses não tinham sido, assim, tão bons.

— Exatamente — falou mamãe. — Essa é a maneira de Deus nos dizer para nos encarregarmos dos nossos próprios destinos. Deus ajuda a quem se ajuda.

Ela achava que o Natal ia ser tão bom que decidiu que naquele ano festejaríamos o Natal no dia de Natal, não uma semana depois.

A mamãe era craque em mercados de pulgas. Ela lia as etiquetas nas roupas, e virava os pratos e os potes de cabeça para baixo para conferir os preços marcados no verso. Não tinha o menor receio de dizer à vendedora que um vestido com o preço de 25 centavos valia somente dez e geralmente conseguia ficar com ele a este preço. Mamãe nos levou às compras semanas antes do Natal, dando-nos um dólar a cada um para gastar em presentes. Eu comprei um vaso de flores de vidro vermelho para a mamãe, um cinzeiro de ônix cinza para o papai, um conjunto de montar carro miniatura para o Brian, um livro sobre elfos para a Lori, um tigre de pelúcia com a orelha descosturada, que a mamãe me ajudou a consertar, para a Maureen.

Na manhã de Natal, mamãe nos levou a um posto de gasolina que vendia árvores de Natal. Ela escolheu um pinheiro grande, escuro e ligeiramente ressecado.

— Essa pobre e velha árvore não vai ser vendida até o fim do dia e precisa de alguém que a ame — disse ela ao vendedor, oferecendo-lhe três dólares.

O homem olhou para a árvore, e olhou para a mamãe, e olhou para nós. Faltavam uns botões no meu vestido. A camiseta da Maureen estava ficando cheia de furinhos ao longo da costura.

— Dona, essa aqui foi remarcada a um dólar — informou ele.

Nós levamos a árvore para casa e a decoramos com os enfeites antigos da vovó: bolinhas coloridas, passarinhos de vidro frágeis, lâmpadas em tubos compridos cheios de água que borbulhava. Eu mal conseguia esperar para abrir os meus presentes, mas mamãe insistiu para que nós festejássemos o Natal à maneira católica, só abrindo os presentes depois de ir à missa da meia-noite. O papai, sabendo que todos os bares e lojas de bebida alcoólica estariam fechados no Natal, havia feito um estoque antecipado. Ele destampou a sua primeira Budweiser antes do café-da-manhã e, quando a missa da meia-noite estava se aproximando, ele já estava tendo dificuldades de ficar em pé.

Eu sugeri que, talvez, dessa única vez, a mamãe devesse poupar o papai de ir à missa, mas ela disse que dar uma passada pela casa de Deus para dar um oizinho era particularmente importante em momentos como aquele, por isso, o papai cambaleou e ziguezagueou até a igreja conosco. Durante o sermão, o padre discutiu o milagre da Imaculada Conceição e o Nascimento Virgem.

— Virgem uma ova — gritou papai. — Maria era uma judia fofinha que embarrigou!

O ofício parou de repente. Todos ficaram olhando. O coro girou, em sincronia, sobre os calcanhares, fitou-nos, e prendeu a respiração, boquiaberto. Até o padre ficou sem fala.

Papai estava com um sorriso satisfeito de orelha a orelha.

— E Jesus H. Cristo é o bastardo mais amado do mundo!

Os assistentes do serviço religioso nos escoltaram secamente até a rua. No caminho de casa, papai passou o braço sobre o meu ombro, para se apoiar.

— Filhota, se o teu namorado, um dia, se enfiar entre as tuas pernas e você embuchar, jura, pra todo mundo, que foi a Imaculada Conceição, e começa a espalhar que foi um milagre — disse ele. — Aí, passa o pratinho do dízimo durante uma missa de domingo.

Eu não gostava do papai quando ele falava daquele jeito e tentei me afastar dele, mas ele me segurou ainda mais forte.

De volta em casa, tentamos acalmar o papai. Mamãe deu a ele um dos seus presentes, um isqueiro de latão da década de 1920 com a forma de um *terrier* escocês. Papai acendeu umas vezes, balançando o objeto para frente e para trás. Então, levantou contra a luz e analisou-o.

— Vamos iluminar esse Natal mesmo — disse, lançando o isqueiro no pinheiro. As agulhas ressequidas pegaram fogo imediatamente. As chamas lamberam os galhos com um barulho crepitante. A decoração de Natal explodiu com o calor.

Durante alguns momentos, ficamos pasmos demais para fazer o que quer que fosse. Mamãe gritou, pedindo cobertores e água. Nós conseguimos apagar o fogo, mas só depois de derrubar a árvore, esmagar a maioria dos ornamentos e destruir todos os nossos presentes. Papai ficou sentado no sofá o tempo todo, rindo e dizendo à mamãe que estava lhe fazendo um favor, porque as árvores eram símbolos de adoração pagãos.

Quando o fogo foi apagado, com a árvore ensopada e estorricada fumegando e caída no chão, nós apenas ficamos estáticos. Ninguém tentou torcer o pescoço do papai, nem berrou com ele, nem disse que ele acabou com o Natal que a sua família havia passado semanas preparando — o Natal que deveria ser o melhor de todos os tempos. Quando o papai ficava louco e furioso, cada qual tinha a sua maneira de se fechar e desligar, e foi o que fizemos naquela noite.

FIZ DEZ ANOS NAQUELE ANO, mas os aniversários não eram um grande acontecimento na nossa casa. Às vezes, a mamãe enfiava umas velas em um sorvete e nós todos cantávamos "Parabéns pra você". Mamãe e papai podiam até comprar um presentinho — um gibi ou um par de sapatos ou um pacote de roupa de baixo —, mas pelo menos na mesma freqüência eles simplesmente esqueciam os nossos aniversários.

Por isso, eu fiquei muito surpresa quando, no dia do meu aniversário de dez anos, papai me levou até o quintal dos fundos e perguntou o que eu mais queria no mundo.

— Essa é uma ocasião especial, uma vez que te coloca na casa dos dois dígitos — disse ele. — Você está crescendo depressa, Cabrita Montesa. Logo, logo estará cuidando da própria vida, e se tem alguma coisa que eu possa fazer por você agora, antes de você ir embora, eu quero fazer.

Eu sabia que o papai não estava falando de comprar um presente extravagante, que nem um pônei ou uma casa de boneca. Ele estava me perguntando o que ele podia fazer, agora que eu era quase gente grande, para tornar os meus últimos anos de criança tudo o que eu esperava que eles fossem. Só havia uma coisa que eu queria de verdade, uma coisa que, sabia, mudaria as vidas de todos nós, mas eu estava com medo de pedir. Só pensar em dizer aquelas palavras em voz alta me deixava nervosa.

Papai viu a minha hesitação. Ele se ajoelhou para poder me olhar de baixo.

— O que é? — perguntou. — Fala na lata.

— É grande.

— Pede, filhinha.

— Tô com medo.

— Você sabe que, se for humanamente possível, eu dou pra você. E se não for humanamente possível, vou morrer tentando.

Olhei para cima, para as fumarolas de nuvens no céu azul do Arizona. Fitando essas nuvens distantes, suspirei fundo e disse:

— Você acha que poderia parar de beber?

Papai não disse nada. Ele ficou olhando o chão de cimento do terraço, e quando virou o rosto para mim, seus olhos tinham uma expressão dolorida, como um cachorro que acabou de ser chutado.

— Você deve ter muita vergonha do teu velho — falou.

— Não — respondi rapidamente. — É só que eu acho que a mamãe ia ficar muito mais contente. E, além do mais, ia sobrar um pouco mais de dinheiro.

— Você não precisa explicar — disse papai. Sua voz era pouco mais que um murmúrio. Ele se levantou, atravessou o quintal e sentou debaixo das laranjeiras. Eu o segui e sentei do seu lado. Eu ia pegar na sua mão, mas antes que eu pudesse tocar nela, ele disse:

— Se você não se importar, filhotinha, eu queria ficar sozinho aqui por um tempo.

Na manhã seguinte, papai me disse que, nos próximos dias, ele ia ficar sozinho no quarto. Ele queria que nós, as crianças, ficássemos fora da vista dele, do lado de fora, brincando o dia todo. Tudo decorreu muito bem no primeiro dia. No segundo dia, quando cheguei em casa da escola, eu ouvi um gemido horrível vindo do quarto.

— Papai? — chamei. Não houve resposta. Abri a porta.

Papai estava amarrado à cama com cordas e cintos. Eu não sei se foi ele mesmo que fez isso, ou se a mamãe tinha ajudado, mas ele estava se contorcendo, sacudindo e puxando as amarrações, gritando "não!", "pára!" e "ai, meu Deus!". Seu rosto estava cinza e pingando de suor. Eu o chamei várias vezes, mas ele não me via, nem ouvia. Fui até a cozinha e enchi uma jarra de suco de laranja vazia com água.

Fiquei sentada com o recipiente ao lado da porta do papai, no caso de ele sentir sede. Mamãe me viu e disse para ir para fora e brincar. Eu falei a ela que queria ajudar o papai. Ela disse que não havia nada que eu pudesse fazer, mas eu fiquei ao lado da porta assim mesmo.

O delírio do papai continuou por vários dias. Quando eu chegava em casa da escola, ia direto pegar a jarra d'água, assumia o meu lugar ao lado da porta e esperava lá até a hora de dormir. O Brian e a Maureen brincavam do lado de fora, e a Lori ficava do outro lado da casa. Mamãe pintava no ateliê. Ninguém falava muito sobre o que estava acontecendo. Uma noite, quando estávamos jantando, papai soltou um berro peculiarmente abominável. Olhei para a mamãe, que estava mexendo a sopa como se fosse uma noite qualquer, e foi aí que eu perdi a paciência.

— Faz alguma coisa! — gritei para ela. — Você tem que fazer alguma coisa pra ajudar o papai!

— O teu pai é a única pessoa que pode fazer alguma coisa por ele mesmo — respondeu mamãe. — Só ele sabe como lutar contra os seus próprios demônios.

Depois de uns dias menos difíceis, o delírio do papai acabou, e ele pediu que nós viéssemos até o quarto conversar com ele. Ele estava sentado, apoiado em um travesseiro, e eu nunca o tinha visto mais pálido e magro antes. Ele aceitou a jarra d'água que eu ofereci. Suas mãos tremiam tanto que ele teve dificuldades em segurar o líquido, e a água escorreu pelo queixo quando ele bebeu.

Alguns dias mais tarde, papai podia andar pela casa, mas estava sem apetite, e as suas mão ainda tremiam. Eu disse à mamãe que talvez eu tivesse cometido um erro terrível, mas a mamãe disse que às vezes você tem que piorar, antes de melhorar. Em mais uns dias, papai parecia quase normal, a não ser pelo fato de que tinha ficado titubeante, até mesmo um pouco tímido. Ele sorria muito para nós e apertava os nossos ombros, às vezes se apoiando em nós para se equilibrar.

— Como será que a vida vai ser, de agora em diante? — perguntei à Lori.

— A mesma de sempre — respondeu. — Ele tentou parar antes, mas não durou.

— Dessa vez vai durar.

— Como é que você sabe?

— É o presente dele pra mim.

Papai passou o verão se recuperando. Por dias a fio, ele ficava senta-do sob as laranjeiras, lendo. No início do outono, ele havia recupe-rado a maior parte da sua força. A fim de festejar a sua nova vida, e de colocar uma distância entre ele e os seus fantasmas etílicos, ele resolveu que o clã Walls deveria fazer uma longa viagem, acampan-do no Grand Canyon. Nós despistaríamos os guardas do parque e encontraríamos uma caverna ao longo do rio. Iríamos nadar, pescar e cozinhar a nossa pesca em uma fogueira ao ar livre. A mamãe e a Lori poderiam pintar, e o papai, o Brian e eu poderíamos subir nos penhascos e estudar os estratos geológicos do relevo. Seria como nos velhos tempos. Nós não precisávamos ir à escola, disse ele. Ele e a mamãe poderiam nos educar melhor do que qualquer um daqueles professores com merda na cabeça.

— Você, Cabritinha Montesa, vai poder juntar uma coleção de pedras como nunca, jamais, se viu — falou para mim.

Todos adoramos a idéia. Brian e eu ficamos tão empolgados que dançamos no meio da sala de estar. Nós empacotamos cobertores, comida, cantinas d'água, linha e anzol, o lençol lilás que a Maureen carregava para todo canto, o papel e os lápis da Lori, o cavalete e as telas da mamãe, e os pincéis e as tintas. O que não cabia na mala do carro, nós amarramos no teto. Levamos também o equipamento de arco-e-flecha bacana da mamãe, feito de madeira de várias árvores frutíferas encaixadas, porque o papai disse que nunca se sabe o tipo de jogo selvagem que se pode encontrar nesses recantos do cânion. Ele prometeu ao Brian e a mim que nós estaríamos atirando flechas que nem duas crianças cem por cento índias quando voltássemos. Se nós voltássemos. Ora bolas, nós poderíamos resolver morar no Grand Canyon para sempre.

Partimos cedo na manhã seguinte. Quando estávamos ao norte de Phoenix, tendo passado por todos os subúrbios com longos lotes de terra, o tráfego diminuiu, e o papai começou a acelerar cada vez mais.

— Não tem sensação melhor do que a de botar o pé na estrada.

Estávamos no deserto agora, e os postes de telefone ficavam para trás.

— Ei, Cabritinha Montesa — berrou ele. — A que velocidade você acha que eu posso acelerar?

— Mais rápido do que a velocidade da luz — respondi. Inclinei-me sobre o assento da frente e fiquei olhando para o ponteiro do mostrador, que subia. Estávamos andando a 150 quilômetros por hora.

— Você vai ver esse ponteiro sair pra fora do velocímetro — disse papai.

Eu podia ver a sua perna mexendo, ao pisar fundo. Tínhamos baixado os vidros, e os mapas, papéis de desenho e cinzas de cigarro estavam rodopiando ao redor de nossas cabeças. O ponteiro do mostrador continuou subindo, acima de 160, que era o último número no velocímetro, e avançou pelo espaço vazio que tinha adiante. O carro começou a sacudir, mas o papai não deu trégua ao acelerador. Mamãe cobriu a cabeça com os braços e pediu ao papai para reduzir, mas isso só o fez pisar ainda mais fundo no pedal.

De repente, houve um estalo forte debaixo do carro. Olhei para trás para me assegurar de que nenhuma parte importante tivesse caído, e vi um cone de fumaça subindo em ondulações espessas atrás de nós. Foi aí que uma fumaça de vapor branca, com cheiro de ferro, começou a escapar pelas laterais do capô, e a soprar, entrando pelas janelas. O sacolejo aumentou, e, com um engasgar e uma bateção de pino terríveis, o carro começou a diminuir a velocidade. Em pouco tempo, ele parecia estar engatinhando, de tão lento. Então, o motor morreu de vez. Nós ainda avançamos por alguns metros, em silêncio, antes do carro parar definitivamente.

— Dessa vez, você se superou — disse mamãe.

Meus irmãos, o papai e eu saímos e empurramos o carro até o acostamento, enquanto a mamãe dirigia. Papai levantou o capô. Eu observei enquanto ele e o Brian estudavam o motor fumegante e incrustado de graxa, e discutiam sobre as peças, usando os nomes certos. Aí, fui sentar dentro do carro com a mamãe, a Lori e a Mau-reen.

Lori me lançou um olhar de desprezo, como se achasse que era culpa minha o carro ter quebrado.

— Por que você sempre dá força pra ele? — perguntou ela.

— Não se preocupa, o papai vai consertar.

Nós ficamos sentadas por um longo tempo. Dava para ver as águias voando alto no céu, em círculo, o que me fez lembrar do in-grato do Buster. Talvez eu devesse ter pegado mais pesado com ele. Uma asa quebrada e uma vida inteira comendo carcaça no deserto; isso deve ter dado a ele muita munição para se tornar um mal-agra-decido. Azar demais pode criar uma ruindade de espírito permanen-te em qualquer um.

Finalmente, papai fechou o capô.

— Você pode consertar, não pode? — perguntei.

— Claro que sim — respondeu. — Se eu tivesse as ferramentas adequadas.

Teríamos que adiar temporariamente a nossa expedição ao Grand Canyon, disse-nos. Nossa maior prioridade, agora, era voltar para Phoenix a fim de pôr as mãos nas ferramentas certas.

— Como? — perguntou Lori.

Pedir carona era uma opção, disse papai. Mas poderia ser difícil encontrar um carro com espaço suficiente para acomodar quatro crianças e dois adultos. Já que éramos tão atléticos, e como nenhum de nós era de choramingar, não seria um grande problema andar até em casa.

— São quase 130 quilômetros — previu Lori.

— Exatamente — respondeu papai.

Se cobríssemos cinco quilômetros por hora, em oito horas por dia, chegaríamos em três dias. Tivemos que deixar tudo para trás, exceto o cobertor lilás da Maureen e os cantis d'água. Isso incluía o equipamento de arco-e-flecha estiloso da mamãe. Como ela era apegada àquele equipamento, que o pai dela tinha dado a ela, papai mandou que o Brian e eu o escondêssemos em um poço de irrigação. Nós voltaríamos para desenterrá-lo mais tarde.

Papai carregou a Maureen. Para nos animar, ele contava "um, dois, três, quatro", mas a mamãe e a Lori se recusaram a marchar no ritmo. Papai acabou desistindo, o silêncio era total, a não ser pelo barulho dos nossos pés crepitando na areia e no cascalho, e do vento açoitando o deserto. Depois de andarmos o que pareceram umas duas horas, chegamos a um anúncio de hotel, pelo qual tínhamos passado apenas um minuto, ou próximo disso, antes de o carro pifar. Os raros automóveis que passavam o faziam voando, e o papai esticava o dedão, mas nenhum parou. Lá pelo meio-dia, um grande Buick azul, com pára-choques cromados e tinindo, reduziu a velocidade e parou no acostamento, à nossa frente. Uma mulher com um penteado de cabeleireiro baixou o vidro.

— Pobrezinhos! — exclamou ela. — Vocês estão bem?

Ela perguntou aonde estávamos indo e, quando dissemos que íamos a Phoenix, ela nos ofereceu uma carona. O ar-condicionado dentro do Buick estava tão frio que fiquei com os braços e as pernas todos arrepiados. A mulher pediu à Lori e a mim que distribuíssemos garrafas de Coca-Cola e sanduíches, que estavam dentro de um refrigerador debaixo do banco. Papai disse que estava sem fome.

A mulher não parava de dizer que a filha dela tinha passado de carro pela auto-estrada e nos visto, e que, chegando à sua casa, tinha lhe falado sobre a pobre família que estava andando ao longo da estrada.

— E eu falei pra ela, falei pra minha filha: "Ora, mas eu não posso deixar aqueles pobrezinhos lá fora... Aquelas pobres criancinhas devem estar morrendo de sede, pobrezinhas."

— Nós não somos pobres — disse eu. Ela havia usado aquela palavra um número além do suportável.

— Claro que não são — respondeu a mulher, rapidamente. — Eu não queria dizer isso dessa maneira.

Mas eu sabia que queria, sim. A mulher ficou quieta, e durante o resto da viagem ninguém mais falou grande coisa. Assim que ela nos deixou em casa, o papai desapareceu. Esperei por ele sentada no degrau da escada até a hora de dormir, mas ele não voltou para casa.

Três dias depois, quando a Lori e eu estávamos sentadas ao velho piano vertical da vovó tentando ensinar uma à outra a tocar, nós ouvimos passos pesados, irregulares, na porta da frente. Viramos-nos e vimos o papai. Ele tropeçou na mesinha da sala. Quando tentamos ajudá-lo, ele nos xingou e avançou sobre nós, levantando o punho fechado. Ele queria saber onde estava aquela vagabunda desgraçada da nossa mãe, e ficou tão bravo quando nós não falamos que ele derrubou a cristaleira da vovó, com toda a sua linda e melhor porcelana de osso se estilhaçando no chão. O Brian entrou correndo. Ele tentou agarrar a perna do papai, mas o papai o afastou com um chute.

Papai arrancou a gaveta com os talheres de prata, e atirou os garfos, as colheres e as facas pela sala, e então pegou uma das cadeiras e estraçalhou contra a mesa da vovó.

— Rose Mary, onde diabos você se meteu, sua filha-da-puta ordinária? — berrou. — Onde foi que aquela puta se escondeu?

Ele encontrou a mamãe no banheiro, agachada dentro da banheira. Ela passou que nem uma bala por ele, mas ele agarrou o seu vestido, e ela começou a se debater. Eles se engalfinharam até a sala de jantar, e ele a derrubou no chão. Ela esticou o braço em direção à pilha de talheres que papai tinha jogado, pegou uma faca de açougueiro e a lançou pelos ares, bem na frente dele.

Papai desviou para trás.

— Luta de faca, né? — Ele sorriu. — Tá bem, se é isso que você quer.

Ele pegou uma faca também e fez malabarismos com ela, de uma mão para a outra. Aí, deu um tapa na mão da mamãe, que largou a faca, e empurrou-a contra o chão. Meus irmãos e eu pulamos nas costas dele, e imploramos para que ele parasse, mas ele nos ignorava. Finalmente, ele prendeu as mãos da mamãe atrás da cabeça dela.

— Rose Mary, você é uma mulher e tanto — disse ele. Mamãe falou para ele que ele era um bêbado nojento e podre. — É, mas você adora o teu bêbado, não é? — indagou papai.

Primeiro, a mamãe disse que não, mas ele ficou repetindo a pergunta inúmeras vezes, e, quando ela finalmente disse que sim, o ar de briga desapareceu. Sumiu como se nunca tivesse existido. Papai começou a rir e a abraçar a mamãe, que estava rindo e abraçando-o também. Como se estivessem tão contentes não terem matado um ao outro que haviam se apaixonado novamente.

Eu não estava com a menor vontade de comemorar. Depois de ter se aprumado, eu não conseguia acreditar que o papai tivesse voltado a beber.

Com o papai bebendo mais uma vez, e sem ter dinheiro entrando, a mamãe começou a falar em nos mudarmos para o leste, para West Virginia, onde os pais do papai moravam. Talvez os pais dele pudessem ajudá-lo a entrar nos trilhos. Pelo menos eles podiam nos ajudar financeiramente, que nem a vovó Smith tinha feito de tempos em tempos.

Nós íamos adorar West Virginia, disse-nos ela. Nós viveríamos na floresta, nas montanhas, com várias espécies de esquilos. Nós teríamos a oportunidade de conhecer o vovô e a vovó Walls, que eram verdadeiros caipiras.

Mamãe fazia morar nas montanhas parecer mais uma grande aventura, e logo, logo, nós, as crianças, estávamos prontos para embarcar na viagem. O papai, porém, odiava a idéia e se recusava a ajudar a mamãe, então ela confabulou sozinha. Já que nunca tínhamos ido recuperar o carro — nem nenhuma das nossas coisas — da nossa expedição fracassada ao Grand Canyon, a primeira coisa de que a mamãe precisava era de um meio de transporte. Ela disse que

Deus faz milagres, e que, por uma incrível coincidência, ela havia herdado umas terras no Texas quando a vovó morreu. Ela esperou até receber um cheque de várias centenas de dólares da companhia que pagava pelos direitos de cavar e explorar poços de petróleo. Aí, ela saiu para comprar um carro usado.

Uma estação de rádio local fazia a propaganda, uma vez por semana, de um revendedor de carros, pelo qual nós passávamos a caminho da escola. Toda quarta-feira, os radialistas e os vendedores de carros usados alardeavam, no ar, sobre as pechinchas inacreditáveis e os menores preços do pedaço; para provar o que diziam, eles anunciavam a Promoção Especial do Cofrinho da Poupança: um carro remarcado a menos de US$1.000, que eles venderiam ao primeiro que ligasse para a rádio. A mamãe ficou de olho em uma das Promoções Especiais do Cofrinho da Poupança. Ela não ia correr nenhum risco tentando fazer a primeira ligação; ela foi até a revendedora de carros com dinheiro vivo enquanto nós esperamos sentados em um banco do outro lado da rua, ouvindo a emissão de rádio no nosso rádio portátil.

A Promoção Especial do Cofrinho da Poupança naquela quarta-feira era um Oldsmobile de 1956, que a mamãe comprou por US$200. Nós estávamos ouvindo, quando ela fez questão de dizer em ondas curtas, à audiência da rádio, que ela sabia aproveitar uma boa pechincha.

Mamãe não pôde testar o carro da Promoção Especial do Cofrinho da Poupança antes de comprar. O automóvel engasgou e morreu várias vezes a caminho de casa. Era impossível saber se era por causa da direção da mamãe ou se porque tínhamos comprado um ferro-velho.

Nós não estávamos assim tão entusiasmados com a idéia da mamãe nos levar de carro pelo país. A carteira de motorista dela tinha vencido, e, além do mais, ela sempre fora uma péssima motorista. Quando o papai ficava bêbado demais, ela acabava pegando o volante, mas os carros pareciam nunca se ajustar a ela. Certa vez, nós estávamos atravessando o centro da cidade, em Phoenix, e ela não conseguiu fazer os freios funcionarem. Então, mandou o Brian e eu colocarmos a cabeça para fora do carro e gritarmos "sem freio!", "sem freio!", enquanto avançávamos pelos cruzamentos à procura de algo relativamente macio contra o qual bater. Acabamos batendo contra uma lixeira atrás de um supermercado e voltamos para casa andando.

Mamãe disse que qualquer um que não estivesse satisfeito com a sua maneira de dirigir poderia dar uma mãozinha. Agora que nós tínhamos um carro, continuou, nós poderíamos partir na manhã seguinte. Era outubro, e as aulas haviam começado há apenas um mês, mas a mamãe disse que não tínhamos tempo de dizer às nossas professoras que íamos cancelar as matrículas, nem de pegar nossos históricos escolares. Quando nos matriculássemos em West Virginia, ela daria garantias pessoais quanto à nossa competência acadêmica, e quando os nossos novos professores nos ouvissem ler alto, eles perceberiam que nós éramos superdotados.

Papai ainda se recusava a vir conosco. Quando fôssemos embora, disse, ele iria para o deserto sozinho, para se tornar explorador de ouro. Perguntei à mamãe se nós íamos vender a casa na North Third Street, ou alugá-la.

— Nem uma coisa, nem outra — respondeu. — A casa é minha.

Ela explicou que era bom possuir alguma coisa, para variar, e que ela não via razão para vender, só porque estávamos nos mudando. Ela também não queria alugar, já que era contra outra pessoa morar lá. Nós a deixaríamos como estava. A fim de evitar que invasores e vândalos entrassem na casa, nós penduraríamos roupa no varal e poríamos louça suja na pia da cozinha. Dessa forma, ressaltou ela, potenciais intrusos pensariam que a casa era habitada, e seriam enganados, e levados a pensar que os moradores poderiam voltar a qualquer instante.

Na manhã seguinte, nós colocamos tudo no carro, enquanto papai ficou na sala de estar, todo macambúzio. Nós prendemos o material de pintura da mamãe no teto do carro e enchemos a mala de potes, panelas e cobertores. Mamãe tinha comprado um casaco quente para cada um de nós em um brechó, para que tivéssemos o que vestir em West Virginia, onde fazia tão frio no inverno que chegava a nevar. Mamãe disse que cada um de nós podia levar uma só coisa, como quando nós deixamos Battle Mountain. Eu queria levar a minha bicicleta, mas a mamãe disse que era grande demais, então eu peguei o meu geode.

Corri até o quintal e me despedi das laranjeiras, e aí me dirigi até a frente da casa, para dentro do Oldsmobile. Tive que engatinhar sobre o Brian e sentar no meio, porque ele e a Lori já tinham se apoderado das janelas. A Maureen estava no assento da frente com a mamãe, que já havia ligado o motor e estava praticando a mudança de marcha. Papai ainda estava dentro de casa, por isso me debrucei sobre o Brian e gritei o mais alto que pude. Papai chegou na porta, de braços cruzados.

— Pai, vem, por favor! A gente precisa de você! — berrei.

A Lori, o Brian, a mamãe e a Maureen; todos entraram no coro.

— A gente precisa de você! — gritamos. — Você é o chefe da família! Você é o pai! Vem!

Papai ficou parado lá, nos olhando. Então, deu um peteleco no cigarro que estava fumando, jogando-o no jardim, fechou a porta da frente, galopou até o carro e mandou a mamãe chegar para o lado: ele ia dirigir.

3
WELCH

Nós HAVÍAMOS PARADO DE DAR NOMES aos carros da família Walls ainda em Battle Mountain, porque eles eram tão ferrados que o papai dizia que eles nem mereciam nome. Mamãe falou que quando ela era criança no rancho, eles nunca davam nomes ao gado, porque eles sabiam que teriam que matar os animais. Se nós não déssemos um nome ao carro, nós não ficaríamos chateados de ter que abandoná-lo.

Por isso, a Promoção Especial do Cofrinho da Poupança era só o Oldsmobile, e nós nunca pronunciamos esse nome com qualquer afeto nem piedade. Aquele Oldsmobile era uma lata velha desde o instante em que o compramos. A primeira vez em que pifou nós ainda estávamos a menos de uma hora da fronteira do Novo México. Papai botou a cabeça debaixo do capô, deu uma remexida no motor e conseguiu fazê-lo funcionar, mas ele morreu umas duas horas depois. Papai voltou a fazer ele andar — "ou melhor, capengar", disse ele —, mas a máquina nunca passou dos vinte ou trinta quilômetros por hora. Além disso, o capô vivia levantando sozinho, e nós tivemos que amarrá-lo com uma corda.

Nós evitávamos os pedágios pegando estradas secundárias, estreitas, onde geralmente criávamos uma longa fila de carros atrás de nós, buzinando com raiva. Quando um dos vidros do Oldsmobile parou de levantar em Oklahoma, nós fechamos as janelas com sacos de lixo e fita adesiva. Dormíamos dentro do carro todas as noites e, depois de chegarmos tarde à cidade de Muskogee e estacionarmos em uma rua central e deserta, acordamos e nos vimos cercados de gente, criancinhas olhando para dentro do carro com o nariz amassado contra o vidro da frente, e adultos sacudindo a cabeça e sorrindo.

Mamãe deu um tchauzinho para a multidão.

— Você sabe que tá na pior quando um capiau ri da tua cara — disse ela.

Com as nossas janelas de saco de lixo, nosso capô amarrado com corda e o material de pintura entulhado no teto no carro, nós tínhamos nos tornado mais caipiras do que os caipiras. Essa idéia provocou um acesso de riso na mamãe.

Eu puxei um cobertor sobre a cabeça e me recusei a sair de debaixo até estarmos fora dos limites da cidade.

— A vida é uma peça de teatro cheia de tragédia e de comédia — me disse mamãe. — Você devia aprender a apreciar um pouco mais os episódios cômicos.

Levamos um mês para atravessar o país. Era como se tivéssemos viajado em uma charrete puxada a mula. A mamãe também vivia insistindo para que fizéssemos uns desvios turísticos para ampliar os nossos horizontes. Fomos até o Alamo — "o Davy Crockett e o James Bowie mereceram o fim que tiveram", disse ela, "por roubarem essa terra dos mexicanos" — e, depois, para Beaumont, onde as perfuradoras de petróleo sacudiam como pássaros gigantescos. Na Louisiana, mamãe nos fez subir no teto do carro e puxar tufos de "barba de velho" que pendiam dos galhos das árvores.

Depois de cruzarmos o Mississipi, viramos para o norte, em direção ao Kentucky, e, mais adiante, para o leste. Diferentemente do deserto plano, que era cercado por montanhas dentadas, lá o relevo subia e descia, como quando se sacode um lençol no ar. Por fim, entramos em terra montanhosa, subindo mais alto e mais profundamente dentro das montanhas Apalachianas, parando de tempos em tempos, a fim de deixar o Oldsmobile recuperar o fôlego ao longo das estradas íngremes e tortuosas. Estávamos em novembro. As folhas tinham ficado marrons e caíam das árvores, e uma bruma fria cobria os flancos das colinas. Havia riachos e corredeiras em todos os cantos, em vez dos anais de irrigação que se vêem no oeste, e o ar era diferente. Era muito parado, mais pesado e denso, e parecia até mesmo mais escuro. Por alguma razão, deixou-nos todos calados.

Ao anoitecer, nos aproximamos de uma curva onde painéis e placas pintados à mão, anunciando oficinas mecânicas e entrega em domicílio de carvão, haviam sido pregados nos troncos das árvores ao longo da estrada. Fizemos a curva e nos vimos dentro de um vale profundo. Casas de madeira e pequenos prédios de tijolo ladeavam o rio e erguiam-se em blocos desiguais, em ambos os lados do vale.

— Bem-vindos a Welch! — declarou mamãe.

Passamos de carro pelas ruas escuras e estreitas, e aí paramos na frente de uma casa grande e caindo aos pedaços. Ficava colina abaixo, e tivemos que descer uma escada para chegar até ela. Quando chegamos à varanda, fazendo barulho, uma mulher abriu a porta. Ela era imensa, tinha uma pele pastosa e uns três queixos. Os cabelos escorridos e grisalhos estavam enrolados a uns bobes, e um cigarro pendia no canto da boca.

— Bem-vindo ao lar, meu filho — disse, e deu um longo abraço no papai. Ela se virou para a mamãe. — Foi gentil da sua parte me deixar ver os meus netos antes de eu morrer — disse ela, sem sorrir.

Sem tirar o cigarro da boca, ela nos deu, a cada um, um abraço meio duro. Suas bochechas estavam colando de suor.

— É um prazer conhecer você, vovó — falei.

— Não me chama de vovó — respondeu, asperamente. — Meu nome é Erma.

— Ela num gosta porque faz ela parecer velha — disse um homem que surgiu ao seu lado. Ele tinha um ar frágil, com cabelos brancos e curtos espetados para cima. Falava tão atrapalhado que eu quase não conseguia entender o que ele dizia. Eu não sabia se era por causa do sotaque, ou, talvez, porque ele não estava usando dentadura. — Meu nome é Ted, mas podem me chamar de vovô — continuou. — Num acho tão ruim assim ser chamado de vovô.

Atrás do vovô, havia um homem de cara avermelhada, com um tufo de cabelo ruivo saindo pelo buraco do seu boné de beisebol, com a marca da fabricante de eletrodomésticos Maytag. Ele estava usando um casaco quadriculado vermelho e preto, mas sem camisa por baixo. Ele não parava de dizer que era o nosso tio Stanley e não conseguia parar de me abraçar e beijar, como se eu fosse alguém que ele amava, verdadeiramente, e que não via há séculos. Dava para sentir o bafo de uísque e, quando ele falava, eu podia ver a pele cor-de-rosa da sua gengiva desdentada.

Fiquei olhando para a Erma, o Stanley e o vovô, procurando por um traço que me lembrasse o papai, mas não consegui. Talvez essa fosse mais uma das brincadeiras do papai, pensei. O papai deve ter arranjado para que as pessoas mais bizarras da cidade fingissem ser a família dele. Em poucos minutos, ele começaria a rir, e nos diria onde os seus pais de verdade moravam, e nós iríamos até lá, e uma mulher sorridente, de cabelos perfumados, nos daria as boas-vindas, e estenderia pratos de mingau de aveia fumegantes de quentes. Olhei para o papai. Ele não estava sorrindo, e não parava de beliscar a pele do pescoço, como se estivesse enfrentando um quadro alérgico.

Seguimos a Erma e o Stanley e o vovô até dentro da casa. Fazia frio, e o ar cheirava a mofo e a cigarro e a roupa suja. Nós nos juntamos em torno de um fogão de ferro bojudo, a carvão, no meio da sala de estar, e esticamos as mãos para aquecê-las. Erma tirou uma garrafa de uísque do bolso do vestido e papai pareceu contente pela primeira vez desde que havíamos deixado Phoenix.

Erma nos mandou ir até a cozinha, onde estava preparando a janta. Uma lâmpada pendia do teto, iluminando parcamente as paredes amareladas, que estavam cobertas com uma fina camada de gordura. Erma enfiou um cabo de aço curvo dentro de uma placa de ferro no tampo de um velho fogão a carvão, levantou-a, e, com a outra mão, pegou um tição e agitou o carvão quente e alaranjado que havia dentro. Ela mexeu uma panela cheia de vagens, que estavam cozinhando com pedaços de carne de porco, e despejou um bom punhado de sal. Aí, ela arrumou uma bandeja de biscoitos Pillsbury sobre a mesa da cozinha e distribuiu, para cada um de nós, um prato de vagem.

A comida passou tanto do ponto que desmanchava quando eu tentava pegar com o garfo, e tão salgada que eu quase não conseguia engolir. Apertei o nariz com os dedos, pois era a maneira que a mamãe tinha ensinado de se engolir comida que tinha ficado meio estragada. Erma viu e me deu um tapa na mão.

— Quem mendiga não tem o direito de exigir nada — disse ela.

Havia três quartos no andar de cima, assegurou Erma, mas ninguém havia subido até o segundo andar nos últimos nove ou dez anos, porque as tábuas do assoalho estavam podres e carcomidas. O tio Stanley ofereceu o seu quarto no porão da casa, e se propôs a dormir em uma cama dobrável no vestíbulo enquanto estivéssemos hospedados por lá.

— Nós só vamos ficar uns dias — falou papai —, até encontrar um lugar pra ficar.

Depois do jantar, nós descemos com a mamãe até o porão. Era um quarto grande e úmido, com paredes de blocos de cimento e chão revestido de tapete de linóleo verde. O lugar tinha um outro fogão a lenha, uma cama, um sofá-cama, onde a mamãe e o papai poderiam dormir, e uma cômoda pintada de "vermelho-cheguei". Estava abarrotada de gibis velhos — *Luluzinha*, *Riquinho*, *Recruta Zero* e *A Turma do Archie* — que o tio Stanley havia colecionado durante anos. Debaixo da cômoda, garrafões de legítimo uísque destilado em fundo de quintal.

Nós subimos na cama do Stanley. Para ficar menos apertado, a Lori e eu nos deitamos com a cabeça para um lado, e o Brian e a Maureen, com a cabeça para o outro. Os pés do Brian estavam na minha cara, então agarrei os seus tornozelos e comecei a morder os seus dedos. Ele riu e me chutou e começou a morder os meus dedos em retaliação, o que me fez rir. Ouvimos um *bum*, *bum*, *bum* alto, vindo de cima.

— O que foi isso? — perguntou Lori.

— Talvez as baratas daqui sejam maiores do que as de Phoenix — arriscou Brian. Nós todos rimos e ouvimos *bum*, *bum*, *bum* novamente. Mamãe subiu para investigar, e depois desceu e explicou que a Erma estava batendo no chão com o cabo da vassoura para dizer que nós estávamos fazendo barulho demais.

— Crianças, ela pediu para vocês não rirem enquanto estiverem na casa dela — falou mamãe. — Dá nos nervos dela.

— Acho que a Erma não gosta muito da gente — falei.

— Ela é só uma mulher velha que teve uma vida dura — disse mamãe.

— Eles são todos meio esquisitos — intrometeu-se Lori.

— Vamos nos acostumar — respondeu mamãe.

"Ou mudar pra outro lugar", pensei.

O DIA SEGUINTE ERA UM DOMINGO. Quando nos levantamos, o tio Stanley estava recostado na geladeira olhando fixamente o rádio — que fazia ruídos estranhos. Não era estática, mas uma mistura de gritaria e pranto.

— É aquelas línguas — disse ele. — Só o Senhor consegue entender.

O pregador começou a falar em inglês de verdade — mais ou menos. Ele falava com um sotaque do interior tão forte que era tão difícil de entender quanto as línguas estranhas. Ele pedia a todo o pessoal que tinha recebido ajuda por meio daquele canal do Espírito Santo pra que mandasse uma doação. Papai entrou na cozinha e ficou ouvindo.

— Foi esse tipo de vodu assustador — falou ele — que me levou a ser um ateu.

Mais tarde, naquele mesmo dia, pegamos o Oldsmobile, e mamãe e papai nos levaram para um passeio pela cidade. Welch era cercada de todos os lados por montanhas tão íngremes que você se sentia como se estivesse olhando para cima, de dentro do fundo de uma caçamba. Papai disse que os montes em torno de Welch eram íngremes demais para que se pudesse plantar alguma coisa. Não dava pra criar um rebanho decente de carneiros ou uma boiada, nem pra cultivar quase nada, a não ser o bastante pra sustentar uma só família. Por isso, essa parte do mundo tinha sido deixada de lado até a virada do século, quando uns mafiosos do norte colocaram uma linha de trem na região e trouxeram mão-de-obra barata pra escavar grandes campos de extração de carvão.

Paramos sob uma ponte ferroviária e saímos do carro para admirar o rio que atravessava a cidade. Ele passava vagaroso, sem marolas. O nome do rio, disse papai, era Tug.

— Talvez a gente possa pescar e nadar no verão — falei.

Papai fez que não com a cabeça. Aquela região não tinha sistema de esgoto, explicou, então, quando as pessoas davam descarga nas privadas, a água suja ia direto pro rio. Às vezes, o rio enchia e a água subia até a altura das copas das árvores. Papai apontou para o papel higiênico pendurado nos galhos das plantas ao longo das margens do rio. Aquele rio, garantiu papai, tinha o mais alto nível de coliforme fecal dentre todos os rios nos Estados Unidos.

— O que é fecal? — perguntei.

Papai ficou olhando para o rio.

— Merda — respondeu.

Papai nos levou pela estrada principal, que atravessava a cidade. Ela era estreita, com prédios de tijolo antigos apertados uns contra os outros, em ambos os lados. As lojas, os letreiros, as calçadas, os carros, eram todos cobertos por uma fina camada de pó de carvão, o que dava à cidade um aspecto quase monocromático, como uma velha fotografia colorida à mão. Welch estava acabada e desgastada, mas dava para perceber que havia sido, um dia, um lugar próspero. Sobre uma colina, havia um grande tribunal revestido de mármore e ladeado por uma torre de relógio ao estilo Big Ben. Próximo de lá, fora construído um bonito banco com janelas arcadas e uma porta de entrada de ferro forjado.

Dava para notar, também, que os moradores de Welch ainda tentavam manter um certo orgulho da terra natal. Um *outdoor* perto do único sinal de trânsito dizia que Welch era a sede nacional do condado de McDowell, e que, durante anos, mais carvão tinha sido minado nesse lugar do que em qualquer outro lugar no mundo. Ao lado desse, outro anúncio se vangloriava de que Welch tinha o maior estacionamento municipal ao ar livre dos Estados Unidos.

Mas os anúncios alegres pintados nas laterais dos prédios, como os do restaurante Tic Toc e o do cinema Pocahontas, estavam apagados e quase ilegíveis. Papai disse que os anos difíceis começaram na década de 1950. A cidade decaiu e não conseguiu mais se levantar. O presidente John F. Kennedy visitara Welch pouco tempo depois de eleito e distribuíra, pessoalmente, os primeiros cheques de cesta básica do país aqui, na McDowell Street, para provar que estava certo quando dizia — embora americanos comuns achem difícil de acreditar — que existia miséria bem aqui, no seu próprio país.

A estrada que atravessava Welch, disse-nos papai, só levava até mais acima nas montanhas úmidas e inóspitas, e a outras cidades de carvoaria moribundas. Poucas pessoas de fora passavam por Welch ultimamente, e quase todas vinham infligir uma forma de miséria — para demitir trabalhadores, fechar minas, tomar a casa de alguém, competir por uma rara oferta de emprego. Os habitantes da cidade não gostavam muito de gente que não era de lá.

As ruas estavam, na maioria, silenciosas e desertas naquela manhã, mas, de vez em quando, passávamos por uma mulher com bobes no cabelo, ou por um grupo de homens usando camisetas com propaganda de óleo de motor, parados na portaria de um prédio. Eu tentei chamar a atenção deles, fazer um sinal com a cabeça ou dar um sorriso, para mostrar-lhes que só tínhamos boas intenções, mas eles não me responderam nem com um sinal de cabeça, muito menos trocaram palavras ou olhares conosco. Assim que passávamos, porém, eu pude senti-los nos fitando, nos seguindo rua acima.

O papai havia trazido a mamãe a Welch para uma visita rápida, 15 anos antes, logo depois de se casarem.

— Puxa, as coisas pioraram um pouco desde a última vez em que estivemos aqui — disse ela.

Papai deu uma risada curta e debochada. Ele olhou para ela como se fosse dizer "eu não te falei?". Em vez disso, ele só balançou a cabeça.

De repente, mamãe abriu um enorme sorriso.

— Aposto como não tem nenhum outro artista morando em Welch — disse ela. — Não vou ter competidores. A minha carreira pode decolar aqui.

No dia seguinte, mamãe levou o Brian e eu para a escola primária de Welch, quase na fronteira da cidade. Ela marchou confiante até a sala do diretor conosco em sua cola e informou ao homem que ele teria o prazer de matricular duas das crianças mais inteligentes e criativas dos Estados Unidos na sua escola.

O diretor olhou para a mamãe por cima da armação preta dos óculos, mas permaneceu sentado atrás da sua escrivaninha. Mamãe explicou que tínhamos saído de Phoenix com um pouquinho de pressa e complementou com um "o senhor sabe como é". Infelizmente, em meio à confusão, ela se esquecera de trazer na bagagem coisas como históricos escolares e certidões de nascimento, foi sua justificativa.

— Mas eu dou a minha palavra de honra de que a Jeannette e o Brian são excepcionalmente inteligentes. Superdotados, até — disse e armou um sorriso.

O diretor olhou para o Brian e para mim, com os cabelos sujos e roupas transparentes do deserto. O rosto dele adquiriu uma expressão azeda, cética; e me fitou, ajeitou os óculos, empurrando-os para cima, e disse algo que soava com "quantuéoitovezessete"?

— Hein? — perguntei.

— Oitovezsete! — repetiu, mais alto.

Eu estava completamente pasma. Olhei para a mamãe.

— Ela não está entendendo o seu sotaque — disse ela ao diretor. Ele franziu a testa. Mamãe virou-se para mim. — Ele está perguntando quanto é oito vezes sete.

— Ah — gritei. — Cinqüenta e seis! Oito vezes sete é cinqüenta e seis. — Comecei a recitar uma série de equações matemáticas.

O diretor olhou para mim mais indiferente ainda.

— Ele não está entendendo o que você está dizendo — explicou mamãe. — Tenta falar devagar.

O diretor me fez mais umas perguntas que eu não consegui entender. Mamãe traduzia, e eu dava respostas que ele não conseguia entender. Aí, ele começou a interrogar o Brian, e eles também não conseguiram se entender.

O diretor resolveu que éramos, ambos, meio lerdos, e que tínhamos problemas de fala que impediam que os outros nos compreendessem. Ele nos alojou em turmas especiais para alunos com dificuldade de aprendizagem.

— Vocês vão ter que impressioná-los com a inteligência de vocês — aconselhou-nos mamãe, quando o Brian e eu partimos para a escola na manhã seguinte. — Não tenham medo de ser mais espertos do que eles.

Havia chovido na noite anterior ao nosso primeiro dia de aula. Quando nós saltamos do ônibus em frente à escola, nossos sapatos ficaram ensopados com a água que enchia os traços lamacentos de pneu deixados pelos ônibus escolares. Olhei em volta, procurando os brinquedos do pátio de recreação, achando que eu poderia fazer novos amigos com as minhas excelentes técnicas de arremessar a bolinha presa à corda fincada num poste do *tetherball*, aprendidas na Emerson, mas eu não vi nenhuma gangorra, nem trepa-trepa, e muito menos traves de *tetherball*.

Fazia frio desde que havíamos chegado a Welch. Na véspera, a mamãe tinha tirado da mala os casacos de segunda mão que ela comprara para nós em Phoenix. Quando eu falei que todos os botões tinham sido arrancados do meu, ela disse que um pequeno defeito perdia qualquer importância diante do fato de que o casaco era importado da França e que o tecido era cem por cento lã de carneiro. Enquanto esperávamos o sinal de entrada bater, fiquei em pé com o Brian, na borda do pátio de recreação, com os braços cruzados para manter o casaco fechado. As outras crianças olhavam para nós, cochichando entre elas, mas também mantendo uma certa distância, como se ainda não tivessem resolvido se elas seriam simpáticas ou hostis comigo e com meu mano. Eu pensava que em West Virginia só havia caipiras brancos, mas fiquei pasma com a quantidade de crianças negras que havia lá. Vi uma menina negra alta, queixuda e com olhos amendoados, sorrindo enquanto olhava para mim. Balancei a cabeça e sorri de volta, e aí percebi que havia alguma coisa maliciosa naquele sorriso. Apertei os braços, ainda mais, contra o peito.

Eu estava na quarta série, então o meu dia era dividido em diferentes aulas e matérias, com professores e salas para cada qual. Na primeira aula, eu estudava história — uma das minhas matérias favoritas — de West Virginia. Eu estava animada e pronta para levantar o dedo assim que o professor fizesse uma pergunta cuja resposta eu soubesse, mas ele ficou parado na frente da sala, apontando para um mapa de West Virginia, com todos os 55 condados destacados e contornados, e passou a aula inteira apontando para os lugares, pedindo aos alunos que os identificassem. Na segunda aula, passamos o tempo vendo um vídeo do jogo de futebol americano que a escola secundária de Welch tinha feito uns dias antes. Nenhum desses professores me apresentou à classe; eles pareciam tão indecisos com relação à maneira de tratar os estranhos quanto os alunos.

A minha aula seguinte foi de inglês para alunos com dificuldades de aprendizagem. A srta. Caparossi começou informando à turma que eles poderiam ficar surpresos de saber que havia gente nesse mundo que achava que era melhor do que os outros.

— Eles acreditam tanto que são especiais... Acham que nem precisam seguir as regras obrigatórias de convívio — disse ela —, como apresentar os históricos escolares quando se matriculam em um novo colégio. — Ela olhou para mim e levantou as sobrancelhas confirmando a mensagem. — Quem acha que isso não é justo? — perguntou ela à turma.

Todas as crianças, menos eu, levantaram a mão.

— Pelo que vejo, a nossa nova aluna não concorda — disse ela. — Você quer explicar por quê?

Eu estava sentada na penúltima fila. Os alunos à minha frente viraram a cabeça para me encarar. Decidi que ia fasciná-los com a resposta do Jogo do Logo, do papai.

— Informação insuficiente para se chegar a uma conclusão — respondi.

— Não diga! — exclamou a professora. — É assim que se fala numa cidade grande que nem Phoenix? — Ela insistiu na pronúncia "Fiiiiinix". Aí ela virou para a turma e disse, com uma voz alta e debochada: — "Informação insuficiente para se chegar a uma conclusão."

A turma rolou de rir.

Senti uma coisa pontuda e dolorosa entre as escápulas e virei as costas. A menina negra e alta, com olhos amendoados, estava sentada na carteira atrás da minha. Segurando o lápis apontado que ela tinha acabado de enfiar nas minhas costas, ela sorriu do mesmo jeito malicioso que eu tinha visto no pátio.

Procurei pelo Brian no refeitório na hora do almoço, mas a terceira série tinha horários diferentes, por isso fiquei sentada sozinha, comendo um sanduíche que a Erma tinha feito para mim de manhã. Era sem gosto e gorduroso. Separei as duas fatias de pão de forma Wonder. Dentro, tinha um pedacinho de banha de porco. E só. Sem carne, sem queijo, nem mesmo uma rodelinha de picles. Mesmo assim, eu comi devagarinho, olhando atentamente para as marcas de mordida que eu deixava no pão, para adiar ao máximo o momento em que eu teria que sair da cantina e ir até o pátio. Quando eu era a última criança que ainda restava na cantina, o zelador, que estava colocando as cadeiras sobre as mesas a fim de passar o pano molhado no chão, me disse que estava na hora de ir embora.

Do lado de fora, uma bruma fina pairava no ar imóvel. Puxei as bordas do meu casaco de lã de carneiro, dobrando uma sobre a outra. Três meninas negras, lideradas pela de olhos amendoados, começaram a caminhar na minha direção assim que me viram. Uma meia dúzia de outras meninas as seguiram. Em poucos instantes, eu estava cercada.

— Você acha que é melhor do que a gente? — perguntou a menina alta.

— Não — respondi. — Acho que a gente é tudo igual.

— Você acha que é tão boa quanto eu? — Ela me deu um soco. Quando, em vez de levantar as mãos para me defender, eu continuei agarrando as bordas do casaco, ela percebeu que ele não tinha botões. — Essa garota não tem botão no casaco dela! — gritou ela.

Parece que isso era só o que ela estava esperando. A grandalhona me empurrou pelo peito, e eu caí. Tentei levantar, mas todas as três meninas começaram a me chutar. Rolei até uma poça, gritando para que elas parassem e batendo nos pés que me chutavam de todos os lados. As outras meninas haviam fechado um círculo ao nosso redor, e nenhuma das professoras podia ver o que estava acontecendo. Nada faria aquelas meninas pararem antes de se darem por satisfeitas.

QUANDO TODOS CHEGAMOS em casa de tarde, a mamãe e o papai estavam ansiosos para saber como tinha sido o nosso primeiro dia.

— Foi bom — disse eu. Eu não queria contar a verdade para a mamãe. Eu não estava a fim de ouvir mais um dos seus sermões sobre o poder do pensamento positivo.

— Viu? Eu não disse que você ia se adaptar logo?

Brian desconversou, sem responder às perguntas, e a Lori não quis falar nada sobre o seu dia.

— Como são as outras crianças? — perguntei a ela mais tarde.

— Legais — respondeu, mas virou logo o rosto, e assim acabou a conversa.

A perseguição continuou todos os dias, durante semanas a fio. A garota alta, que chamava Dinitia Hewitt, ficava me olhando com o seu sorriso, enquanto esperávamos, eu e meus irmãos, o começo das aulas no pátio asfaltado. Na hora do almoço, eu comia os meus sanduíches de banha com uma lerdeza paralítica, porém, mais cedo ou mais tarde, o zelador começava a colocar as cadeiras sobre as mesas. Eu andava até o pátio, tentando manter a cabeça erguida, mas a Dinitia e a sua gangue me cercavam, e a confusão recomeçava.

Enquanto nós brigávamos, elas me xingavam de pobre, feia e suja, e era difícil contestar esses fatos. Eu tinha três vestidos meus mesmo, todos herdados da Lori ou comprados em loja de roupa usada, o que significava que toda semana eu tinha que usar dois deles duas vezes. Eles estavam tão gastos pelas inúmeras lavagens que as linhas estavam começando a ficar puídas. Além do mais, nós vivíamos sujos. Não sujos de secura, como era no deserto, mas sujos de fuligem e da graxa que saía do fogão a carvão. A Erma só nos deixava tomar banho uma vez por semana, em dez centímetros de água esquentada no fogão da cozinha, e que todos nós, as crianças, tínhamos que partilhar.

Cheguei a pensar em falar das brigas com o papai, mas eu não queria parecer uma chorona. Para piorar, ele tinha estado sóbrio pouquíssimas vezes desde que chegamos a Welch, e eu tinha medo de que, se eu contasse para ele, ele aparecesse na escola bebum e piorasse ainda mais as coisas.

Mas eu tentei falar com a mamãe. Eu não conseguia juntar coragem para contar a ela das surras, com medo de que, se contasse, ela tentaria se meter, e isso também só pioraria as coisas. Eu comentei que tinha essas três garotas negras que estavam me azucrinando a vida porque nós éramos muito pobres. Mamãe me disse que eu devia dizer a elas que não havia nada de errado em ser pobre, que Abraham Lincoln, o maior presidente que este país já teve, era de uma família pobre pra caramba. Ela também recomendou que eu lhes falasse sobre Martin Luther King Jr., que teria vergonha do comportamento delas. Mesmo sabendo que esses argumentos elevados não me levariam a nada, eu tentei usá-los assim mesmo — "o Martin Luther King teria vergonha de vocês!" — o que levou as três garotas a caírem na gargalhada, enquanto me empurravam e derrubavam no chão.

Deitada na cama do Stanley com a Lori, o Brian e a Maureen à noite, eu confabulava planos de vingança. Eu me imaginava como o papai nos seus dias da Força Aérea, dando conta de um bando inteiro, com uma só tacada. Depois da escola, eu ia até a pilha de pedaços de pau próxima do porão e praticava uns golpes de caratê e chutes nos gravetos, xingando uns palavrões bem feiosos. Mas eu continuava a pensar na Dinitia, tentando entendê-la. Eu tive a esperança, durante um certo tempo, de ficar amiga dela. Eu a tinha visto sorrir algumas vezes com uma ternura sincera, que transformava o seu rosto. Com um sorriso daqueles, ela tinha que ter algo de bom dentro dela, mas eu não conseguia descobrir como fazer essa doçura se revelar para mim.

Mais ou menos um mês depois de as aulas começarem, eu estava subindo os degraus de um parque no topo da colina, quando ouvi um latido baixo e furioso, vindo do outro lado do Memorial da Primeira Guerra Mundial. Subi as escadas correndo e vi um vira-lata espumando de raiva e encurralando uma criancinha negra de uns cinco ou seis anos contra o monumento. O guri dava chutes no cachorro, que latia e avançava nele. Ele estava olhando para a linha de árvores do outro lado do parque, e eu percebi que estava calculando as chances de conseguir chegar até lá.

— Não corre! — gritei.

O garotinho olhou para mim. O cachorro também e, nesse momento, o menino desembestou em uma corrida desesperada até as árvores. O cachorro pulou atrás dele, latindo até alcançá-lo, e atacou as suas pernas.

Ora, existem cães bravos, cães selvagens e cães assassinos, e qualquer um desses atacaria o pescoço, e não largaria até você, ou ele, morrer, mas eu vi que este cachorro não era mau de verdade. Em vez de destroçar o guri, ele estava se divertindo, assustando-o, rosnando e puxando na perna da sua calça comprida, mas sem machucar realmente. Era somente um cão sem dono que tinha sido maltratado demais, e que estava contente de encontrar uma criatura que tinha medo dele.

Peguei um pedaço de pau e corri até eles.

— Xô, dá o fora! — gritei para o cachorro. Quando levantei o pau, ele grunhiu e saiu correndo.

Os dentes do cachorro não tinham furado a pele do menino, mas a perna da calça estava rasgada, e ele tremia como se estivesse paralisado. Eu me ofereci para levá-lo para casa e acabei carregando-o nas costas. Ele era levinho. Não consegui que ele dissesse nada, a não ser o mínimo para me orientar — "aqui em cima", "por ali" —, com uma voz que eu mal conseguia ouvir.

As casas do bairro eram velhas, mas pintadas há pouco tempo, algumas com cores vivas, como lilás ou verde-esmeralda.

— Essa aqui — sussurrou ele, quando chegamos a uma casa com persianas azuis. Ela tinha um jardim legal, mas tão pequenino que parecia casa de anão. Quando coloquei o guri no chão, ele correu escada acima, e pela porta da entrada.

A Dinitia Hewitt estava parada na varanda, do outro lado da rua, olhando para mim, com um olhar curioso.

No dia seguinte, quando eu saí para o pátio depois do almoço, a gangue das garotas começou a avançar na minha direção, mas a Dinitia ficou para trás. Sem a líder, as outras ficaram sem motivo para continuar e pararam bem à minha altura. Na semana seguinte, a Dinitia me pediu para ajudar com o dever de inglês. Ela nunca pediu desculpas pelas surras, nem mencionou nada a respeito, mas me agradeceu por ter trazido o seu vizinho naquela noite, e eu entendi que o seu pedido de ajuda era o que eu ia ter de mais parecido com um pedido de desculpas. Erma tinha deixado bem claro como ela se sentia com relação aos negros, por isso, em vez de convidar a Dinitia à nossa casa para fazer o dever, eu sugeri que no sábado seguinte eu fosse à casa dela.

Naquele dia, eu saí de casa na mesma hora que o tio Stanley. Ele nunca tinha se dado ao trabalho de aprender a dirigir, mas alguém da loja de eletrodomésticos onde ele trabalhava fora apanhá-lo. Ele perguntou se eu também queria uma carona. Quando eu disse aonde eu estava indo, ele franziu a testa.

— Isso é Niggerville, o bairro da pretalhada — disse ele. — Pra que que cê vai lá?

O Stanley não quis que o amigo me levasse até lá, então fui andando. Quando cheguei em casa mais tarde, ao anoitecer, não havia ninguém lá, a não ser Erma, que não saía nunca. Ela estava de pé, na cozinha, mexendo uma panela de vagem e tomando uns goles de um goró no gargalo da garrafa que ela guardava no bolso.

— E aí, como é que foi em Niggerville? — perguntou.

A Erma falava sempre nos *niggers*, os "crioulos". A casa dela e do vovô ficava na Court Street, beirando o bairro dos negros. Ela ficou arrasada quando eles começaram a mudar para aquela parte da cidade e sempre dizia que era culpa deles que Welch tinha ido ladeira abaixo. Quando a gente ficava sentado na sala de estar, que a Erma sempre deixava com as cortinas fechadas, dava para ouvir grupos de negros andando em direção à cidade, conversando e rindo.

— Crioulos safados — resmungava Erma sempre. — Só não saio desta casa há 15 anos porque não quero ver nem ser vista por um crioulo.

A mamãe e o papai sempre nos proibiram de usar essa palavra. Era pior do que qualquer outra forma de xingamento, disseram. Mas, como a Erma era minha avó, eu nunca dizia nada quando ela usava.

A Erma continuou mexendo a vagem.

— Se você não parar com isso, as pessoas vão pensar que você gosta de crioulo — disse ela.

Ela me lançou um olhar sério, como se estivesse transmitindo uma lição de vida sobre a qual eu deveria meditar e absorver. Ela destampou a garrafa e tomou um gole longo e contemplativo.

Ao vê-la engolir sua bebida, senti uma pressão aumentando no peito, e tive que botar para fora.

— Você não devia usar essa palavra — falei.

O rosto da Erma ficou amorfo de estupor.

— A mamãe diz que eles são que nem a gente, só que vivem em contextos diferentes — continuei.

Erma me fuzilou com os olhos. Pensei que ela fosse me dar um tapa na cara, mas, em vez disso, ela disse:

— Sua merdinha ingrata. Que um raio caia na minha cabeça, se você comer da minha comida essa noite. Some da minha frente e vai já pro porão.

Lori me deu um abraço quando soube que eu tinha enfrentado a Erma. A mamãe, porém, ficou chateada.

— Nós podemos não concordar com todas as opiniões da Erma, mas a gente tem que se lembrar de que, enquanto somos os convidados, temos que ser educados — falou.

Isso não combinava com a mamãe. Ela e o papai caíam de pau sem o menor constrangimento em qualquer um de quem não gostassem ou que não respeitassem: os diretores da Esso, o presidente J. Edgar Hoover e principalmente os esnobes e os racistas. Eles sempre nos incentivaram a expressar claramente as nossas opiniões. Agora nós tínhamos que morder a língua. Mas ela estava certa. A Erma poderia nos botar para fora. Dei-me conta de que esse era o tipo de situação que transformava as pessoas em hipócritas.

— Eu odeio a Erma — contei à mamãe.

— Você tem que mostrar compaixão por ela — disse mamãe.

Os pais da Erma tinham morrido quando ela era muito jovem, explicou, e ela foi despachada de casa de parente em casa de parente, sendo tratada como empregada. Esfregava a roupa no tanque até os dedos sangrarem — essa era a sua principal lembrança de infância. A melhor coisa que o vovô fez para ela quando se casaram foi comprar-lhe uma máquina de lavar roupa, mas a alegria que ela pode ter sentido com isso um dia já tinha se esgotado há muito tempo.

— A Erma não consegue esquecer a sua tristeza — falou mamãe. — Ela só conhece isso. — Ela acrescentou que não se deve, nunca, odiar alguém, nem mesmo os teus piores inimigos. — Todo mundo tem algo de bom em si. Você tem que descobrir a qualidade redentora e amar a pessoa por isso.

— Ah, é? E o Hitler? Qual era a qualidade redentora do Hitler? — perguntei.

— O Hitler adorava cachorros — disse mamãe, sem a menor hesitação.

No FINAL DO INVERNO, MAMÃE E PAPAI resolveram voltar a Phoenix de carro. Eles disseram que iam pegar as nossas bicicletas e tudo o que tínhamos deixado para trás: os exemplares dos nossos históricos escolares, o equipamento de arco-e-flecha dentro do canal de irrigação ao longo da estrada do Grand Canyon. Meus irmãos e eu teríamos que ficar em Welch. Como a Lori era a mais velha, eles disseram que era ela era a responsável dali em diante. Claro, nós teríamos que obedecer à Erma.

Eles partiram certa manhã, durante o degelo. Deu para ver, pela cor avermelhada nas bochechas da mamãe, que ela estava animada com a perspectiva de uma aventura. O papai também estava claramente ansioso por deixar Welch. Ele não tinha encontrado emprego, e nós dependíamos da Erma para tudo. A Lori tinha sugerido que papai fosse trabalhar nas minas, mas ele disse que elas eram controladas pelos sindicatos, e que os sindicatos eram controlados pela máfia, e que a máfia tinha posto sua cabeça a prêmio por ele ter investigado sobre a corrupção no sindicato dos eletricistas lá em Phoenix. Outra razão para ele voltar à cidade era que ele queria trazer a sua pesquisa sobre a corrupção, porque a única maneira de conseguir um emprego nas minas era ajudando a reorganizar o Sindicato dos Mineradores da América.

Eu queria que todos nós fôssemos juntos. Queria voltar para Phoenix e sentar debaixo das laranjeiras atrás da nossa casa de tijolo, pedalar minha bicicleta até a biblioteca, comer banana de graça em uma escola onde os professores pensavam que eu era inteligente. Queria sentir o sol do deserto no meu rosto, e respirar o ar seco do deserto, e subir nas montanhas rochosas íngremes enquanto o papai nos levava em uma das longas caminhadas que ele denominava de expedições de sondagem geológica.

Eu perguntei se podíamos ir todos juntos, mas o papai disse que ele e a mamãe iam fazer uma viagem rápida, estritamente a negócios, e que nós só íamos atrapalhar. Além do mais, ele não podia nos tirar da escola no meio do ano. Lembrei a ele que isso nunca o havia incomodado antes. Welch não era como aqueles outros lugares onde nós tínhamos morado, disse ele. Havia regras a serem seguidas, e as pessoas não perdoavam quando eram contrariadas.

— Você acha que eles vão voltar? — perguntou Brian, enquanto mamãe e papai se distanciavam.

— Claro — respondi, embora eu também estivesse me perguntando a mesma coisa.

Nessa época, nós parecíamos ser um estorvo mais pesado do que antes. A Lori já era uma adolescente, e, em poucos anos, o Brian e eu também seríamos. Eles não podiam mais nos trancar no fundo de uma caminhonete toda fechada, nem nos colocar para dormir em caixas de papelão.

Brian e eu começamos a correr atrás do Oldsmobile. Mamãe virou para trás uma vez e deu adeus, e papai colocou a cabeça para fora da janela. Seguimos o carro por toda a Court Street, onde eles aceleraram e, então, viraram a esquina. Eu precisava acreditar que eles voltariam, disse a mim mesma. Se eu não acreditasse, eles poderiam não voltar. Eles poderiam nos abandonar para sempre.

Depois que mamãe e papai foram embora, a Erma ficou ainda mais rabugenta. Quando ela não gostava do que estávamos fazendo, nos batia na cabeça com uma colher de pau. Um vez, ela mostrou uma fotografia emoldurada do pai dela e nos disse que ele era a única pessoa que tinha gostado dela. Ela não parava de falar sobre tudo o que tinha sofrido na condição de órfã nas mãos das tias e tios, que não a tratavam com a gentileza com que ela nos tratava.

Mais ou menos uma semana depois que mamãe e papai partiram, eu e meus irmãos estávamos sentados na sala de estar, assistindo à TV. O Stanley estava dormindo na entrada. A Erma, que vinha
bebendo desde antes do café-da-manhã, disse ao Brian que as calças
curtas dele precisavam de remendo. Ele começou a tirá-las, mas a
Erma falou que não queria que ele andasse pela casa de cueca ou
com uma toalha enrolada, parecendo que estava usando uma porcaria de saiote. Seria mais fácil para ela fazer os remendos na calça
se ele ficasse vestido. Ela mandou que ele a seguisse até o quarto do
vovô, onde guardava o seu material de costura.

Eles tinham se ausentado por um ou dois minutos quando ouvi
o Brian reclamando baixinho. Entrei no quarto do vovô e vi a Erma
ajoelhada no chão na frente do Brian, agarrando a braguilha dele,
apertando e afagando, e murmurando para si mesma, e falando para
o Brian que ficasse parado, "puta merda". Com o rosto coberto de
lágrimas, Brian tinha colocado as mãos, protetoramente, entre as
pernas.

— Deixa ele em paz! — gritei.

Erma, ainda de joelhos, virou o corpo e me fulminou com o
olhar.

— Por quê? Sua vadiazinha! — falou.

Lori ouviu o bafafá e veio correndo. Contei à Lori que a Erma estava tocando o Brian de maneira imprópria. A Erma disse que ela só
estava remendando a braguilha da calça do Brian, e que ela não tinha
que se defender contra as acusações de uma putinha vagabunda.

— Sei muito bem o que vi. Ela é uma tarada! — falei.

Erma se levantou para me bater, mas a Lori agarrou a sua mão.

— Vamos nos acalmar — disse Lori, com a mesma voz que ela
usava quando a mamãe e o papai ficavam fora de controle, nas brigas. — Pessoal, fiquem calmos!

A Erma arrancou o punho da mão da Lori e deu-lhe um tapa
na cara tão forte que os óculos da Lori saíram voando pelo quarto.
Lori, que tinha feito 13 anos, retribuiu a agressão na mesma medida. A Erma bateu na Lori de novo, e, dessa vez, a Lori deu-lhe um
soco no queixo. Então elas se atracaram, empurrando e batendo e
puxando o cabelo, emboladas, e o Brian e eu gritávamos, torcendo

pela Lori, até acordarmos o tio Stanley, que se arrastou até o quarto e apartou as duas.

Erma nos confinou no porão depois disso. Tinha uma porta que dava diretamente para a rua, por isso nós nunca subíamos as escadas para dentro da casa. Estávamos até proibidos de usar o banheiro da Erma, o que significava que tínhamos que esperar para ir ao toalete da escola ou do lado de fora, quando a noite chegava. O tio Stanley às vezes nos dava, escondido, um pouco de feijão que ele cozinhava para nós, mas ele temia que, se ficasse conversando conosco, a Erma pensaria que ele estava do nosso lado e ficaria zangada com ele também.

Na semana seguinte, caiu uma tempestade. A temperatura também caiu, assim como trinta centímetros de neve em Welch. A Erma não nos deixava usar carvão — ela disse que não sabíamos usar o fogão e que botaríamos fogo na casa —, e fazia tanto frio no porão que a Lori, o Brian, a Maureen e eu ficamos contentes de partilhar uma mesma cama. Assim que chegávamos em casa da escola, nos metíamos debaixo dos cobertores, de roupa e tudo, e fazíamos os nossos deveres assim.

Estávamos na cama na noite em que a mamãe e o papai voltaram. Não ouvimos o barulho do carro estacionando. Só ouvimos a porta da frente abrindo no andar de cima, as vozes da mamãe e do papai e da Erma, que começou a longa narrativa das suas reclamações contra nós. A conversa foi seguida pelo ruído dos passos pesados do papai descendo as escadas até o porão, furioso conosco — especificamente comigo, por ter respondido à Erma e ter feito acusações malucas, e com a Lori, ainda mais, por ter ousado bater na própria avó, e com o Brian, por ser tão chorão e ter começado toda aquela confusão. Pensei que o papai ficaria do nosso lado quando ele ouvisse o que havia acontecido, e eu tentei explicar.

— Não importa o que aconteceu! — berrou.

— Mas nós estávamos nos protegendo — argumentei.

— O Brian é um homem, consegue agüentar isso tudo — falou. — E não quero ouvir mais nenhuma palavra sobre isso. Vocês entenderam? — Ele sacudia a cabeça, mas de maneira violenta, quase como se quisesse barrar o som da minha voz. Ele sequer me olhava.

Depois que o papai subiu as escadas e começou a beber o goró da Erma, e que nós, as crianças, fomos para a cama, o Brian mordeu o meu dedão, para me fazer rir, mas eu o afastei com o pé. Estávamos deitados na escuridão silente.

— O papai estava mesmo muito esquisito — falei, porque alguém tinha que falar.

— Você também seria esquisita se a Erma fosse tua mãe — comentou Lori.

— Você acha que ela fez uma coisa assim com o papai, como ela fez com o Brian? — perguntei.

Ninguém disse uma palavra sequer.

Era uma idéia nojenta e assustadora, mas explicaria muita coisa. Por que papai saiu de casa assim que teve uma chance? Por que ele bebia tanto, e por que ele ficava tão bravo? Por que ele nunca queria ir a Welch quando era mais novo? Por que ele, a princípio, se recusou a vir a West Virginia conosco e só na última hora superou a hesitação e saltou para dentro do carro? Por que ele sacudiu a cabeça tão forte quando eu tentei explicar o que a Erma tinha feito com o Brian?

— Não pensa nisso. Vai te deixar maluca — me disse Lori.

Então eu não pensei mais no assunto.

A MAMÃE E O PAPAI NOS CONTARAM que foram até Phoenix só para descobrir que a tática da roupa na corda da mamãe não tinha conseguido deter a entrada de intrusos. Nossa casa na North Third Street tinha sido saqueada. Quase tudo fora levado, incluindo, é claro, as nossas bicicletas. A mamãe e o papai tinham alugado um *trailer* para trazer o pouco que restara — mamãe disse que aqueles ladrões tolos haviam deixado pra trás umas coisas ótimas, como um par de calças de montaria da vovó Smith, que eram da melhor qualidade —, mas o motor do Oldsmobile entregou a alma em Nashville, e eles tiveram que abandonar o carro, o *trailer* e as calças de montaria da vovó Smith, e fizeram o resto do caminho até Welch de ônibus.

Pensei que, quando a mamãe e o papai voltassem, eles conseguiriam fazer as pazes entre nós e a Erma. Mas ela disse que nunca conseguiria nos perdoar e não nos queria mais na sua casa, mesmo que continuássemos no porão e ficássemos quietos e parados que nem múmias. Fomos expulsos. Essa foi a palavra que o papai usou.

— Vocês agiram mal, e agora fomos todos expulsos — disse ele.

— Isso aqui também não é exatamente o Paraíso — falou Lori.

Eu estava mais chateada por causa da bicicleta do que com o fato da Erma nos ter expulsado.

— A gente não pode voltar pra Phoenix? — perguntei à mamãe.

— Nós já estivemos lá. E tem toda uma série de oportunidades aqui que nem conhecemos ainda — respondeu.

Ela e o papai se lançaram à procura de um lugar onde pudéssemos morar. O menor aluguel de Welch era o de um apartamento sobre uma lanchonete na McDowell Street, que custava US$75 por mês, o que estava acima do nosso orçamento. Além disso, mamãe e papai queriam uma propriedade que pudéssemos chamar de nossa, então resolveram adquirir um imóvel. Como nós não tínhamos dinheiro para a entrada e nenhuma renda fixa, as nossas opções eram bastante limitadas, mas em poucos dias mamãe e papai nos disseram que haviam encontrado a casa que podiam comprar. "Não é exatamente um palácio, por isso a gente vai ficar bem espremido."

— E a casa é rústica? — perguntou Lori.

Mamãe fez uma pausa. Dava para ver que ela estava se esforçando para formular uma resposta aceitável.

— Não tem encanamento interno — respondeu.

Papai ainda estava procurando um carro para substituir o Olds — o nosso orçamento não passava dos dois dígitos — e por isso, naquele fim de semana, fomos todos a pé para dar a primeira olhada na casa nova. Descemos o vale andando através do centro da cidade, pelo sopé da montanha, ao longo das casas de tijolo pequenas e bem alinhadas — que foram construídas depois que as minas ficaram sob a gerência do sindicato. Passamos por cima de um riacho que desembocava no rio Tug e subimos uma estrada mal-asfaltada, com uma só pista, chamada Little Hobart Street. Ela subia em ziguezague e, em um pedaço mais reto, era tão íngreme que se tinha que caminhar na ponta dos pés. Se você tentasse encostar o pé todo no chão, a batata da perna esticava tanto que doía.

As casas aqui eram mais toscas do que as de tijolos da parte mais baixa do vale. Elas eram feitas de madeira, com varandas meio tortas para o lado, telhados afundados, calhas enferrujadas e telhas de tapume ou piche caindo aos poucos, aos pedaços, mas certamente se desprendendo das paredes. Em quase todos os jardins, havia um ou dois cachorros vira-latas acorrentados a uma árvore ou a uma haste de varal, latindo furiosamente à medida que subíamos a ladeira. Como a maioria das casas de Welch, elas eram aquecidas a carvão.

As famílias mais prósperas tinham paióis para o carvão; as mais pobres amontoavam o carvão em pilhas na frente da casa. As varandas tinham tanta mobília quanto o interior da maioria das casas, com geladeiras carcomidas de ferrugem, mesinhas dobráveis, paninhos decorativos feitos à mão, sofás ou assentos de carros para momentos contemplativos e um armário reformado, com uma abertura improvisada na lateral para que o gato tivesse um lugar aconchegante onde dormir.

Seguimos pela estrada, quase até o fim, onde papai nos indicou a nossa nova casa.

— Garotada, bem-vindos ao número 93 da Little Hobart Street, bem-vindos ao lar doce lar — disse mamãe.

Ficamos parados, estatelados. A casa era uma coisinha insignificante, a uma certa distância da estrada, pendurada em uma ribanceira tão íngreme que somente os fundos da casa tocavam o solo. A fachada, inclusive a varanda suspensa, se projetava precariamente pelos ares, sustentada por pilotis altos, finos, feitos de blocos de concreto. Fora pintada de branco há muito tempo, mas a tinta tinha virado um cinza lúgubre nas partes que ainda não tinham descascado.

— Ainda bem que a gente criou vocês pra serem duros na queda, porque essa casa não é pra quem tem coração fraco — disse papai.

Papai nos levou até os degraus de baixo, feitos de pedras grudadas com cimento. Devido aos movimentos do terreno, à erosão e à construção, simplesmente relapsa, elas desciam em avalanche perigosamente em direção à rua. Onde os degraus de pedra terminavam, um lance de degraus estreitinhos — mais uma espécie de escada móvel, de encostar, só que pregada no chão —, levava até a varanda na entrada da casa.

Do lado de dentro, havia três cômodos, cada qual medindo uns três metros por três, dando para a varanda. A casa não tinha banheiro, mas embaixo dela, atrás de um dos pilotis de bloco de concreto, havia um quartinho do tamanho de um armário, com uma privada colocada sobre um chão de cimento. O vaso não estava ligado a nenhuma canalização de esgoto, nem a um sistema sanitário. Ficava simplesmente por cima de um poço de uns dois metros de profundidade. Não havia água corrente dentro da casa. Tinha uma bica quase à altura do solo, perto da privada, e dava para encher um balde e carregar a água para cima. Mesmo havendo uma instalação elétrica, papai confessou que não tinha condição, por enquanto, de pagar para que a luz fosse religada.

O lado positivo da história era que a propriedade só tinha custado US$1.000, e que o antigo dono tinha baixado o valor do sinal. Nós deveríamos pagar-lhe US$50 por mês. Se conseguíssemos fazer os depósitos em dia, o lugar seria nosso em menos de dois anos.

— Custo a acreditar que, um dia, tudo isso será nosso — disse Lori. Ela vinha desenvolvendo o que a mamãe chamava de veia sarcástica...

— Não reclama de barriga cheia — disse mamãe. — Tem gente na Etiópia que mataria por uma casa assim.

Ela ressaltou que a casa tinha, sim, umas características positivas. Por exemplo, na sala de estar, tinha um fogão bojudo de ferro fundido, a carvão, para aquecer e cozinhar. Ele era grande e bonito, com pés em forma de pata de urso, e ela tinha certeza de que seria considerado valioso se fosse avaliado em um lugar onde as pessoas apreciassem antiguidades. Mas, como a casa não tinha chaminé, a tubulação de exaustão do fogão dava para uma janela dos fundos. Alguém havia substituído a parte superior do vidro da janela por compensado, e revestido a abertura circular com papel alumínio, para evitar que a fuligem do carvão escapasse para dentro da sala. O papel alumínio não tinha sido lá muito eficaz, e o teto estava preto de tantas cinzas. Alguém — provavelmente o mesmo alguém — também tinha cometido o erro de tentar limpar o teto em alguns lugares, mas só tinha conseguido borrar e espalhar a mancha negra, criando laivos esbranquiçados que evidenciavam o quão preto o resto do teto estava realmente.

— A casa em si não é lá grande coisa. Mas não vamos viver nela muito tempo — desculpou-se papai.

O mais importante, a razão pela qual ele e mamãe haviam decidido adquirir aquela propriedade em particular, era que ela tinha muita terra para construirmos a nossa nova casa. Ele contava começar o trabalho imediatamente. Pretendia usar as plantas do Castelo de Vidro, mas tinha que fazer umas adaptações importantes e aumentar o tamanho das células solares, levando em conta que, como estávamos na face norte da montanha e protegidos pela colinas dos dois lados, quase não teríamos sol nenhum.

MUDAMO-NOS NAQUELA MESMA TARDE. Não que houvesse muito o que levar. Papai pediu emprestada uma picape da loja de eletrodomésticos onde o tio Stanley trabalhava e trouxe um sofá-cama que um amigo do vovô estava jogando fora. Papai também descolou umas mesas e cadeiras, e improvisou uns armários — que eram até bem legais — pendurando uns canos ao teto, com arame.

Mamãe e papai se apoderaram do cômodo com o fogão, e ele virou uma mistura de sala de estar, quarto principal, ateliê de pintura e escritório. Colocamos o sofá-cama lá, embora, uma vez aberto, ele nunca mais tenha fechado para voltar a ser sofá. Papai instalou prateleiras por toda a parte superior das paredes para guardar o material artístico da mamãe. Ela instalou o cavalete sob a tubulação de exaustão do fogão, bem do lado da janela dos fundos, porque, disse ela, tinha luz do sol natural — o que era verdade, por assim dizer. Ela colocou as suas máquinas de escrever debaixo de outra janela, com prateleiras para os seus manuscritos e textos em andamento, e começou imediatamente a pregar na parede fichas com idéias para histórias.

Eu e meus irmãos dormíamos juntos no cômodo do meio. A princípio, dividimos uma única cama grande que havia sido deixada pelo antigo proprietário, mas papai achou que estávamos ficando meio velhos para isso. Também estávamos velhos demais para dormir dentro de caixas de papelão, e não tinha lugar suficiente para elas no chão, de qualquer forma; por isso, ajudamos o papai a construir dois beliches. Fizemos a estrutura com madeira de alvenaria, então furamos as laterais e enfiamos cordas. Nossos colchões eram placas de papelão colocadas sobre as cordas. Quando terminamos, nossos beliches tinham um ar sem graça, então usamos tinta em spray para decorar as laterais de espirais vermelhas e pretas. Papai chegou em casa com uma cômoda com quatro gavetas, que encontrou na lixeira, e ficamos, cada um, com uma gaveta. Ele também fez para cada um de nós uma caixa de madeira com portas deslizantes para objetos pessoais. Pregamos as caixas à parede sobre as nossas camas, e era na minha que eu guardava o meu geode.

O terceiro cômodo da Little Hobart Street, número 93, a cozinha, era uma categoria à parte. Havia um fogão elétrico, mas a fiação não estava, exatamente, dentro das normas de segurança, com conectores defeituosos, fios desencapados e interruptores que faziam barulho de curto-circuito.

— Essa instalação deve ter sido feita por Helen Keller, aquela mulher surda, muda e cega — declarou papai. Ele resolveu que ela estava enrolada demais para se perder tempo consertando.

Nós chamávamos a cozinha de sala do curto-circuito, porque nas raras ocasiões em que nós pagamos a conta da luz e tivemos eletricidade, nós levávamos choques assustadores se tocássemos em alguma coisa úmida ou metálica dentro do cômodo. A primeira vez que levei um choque, fiquei sem conseguir respirar, caída e tremelicando no chão. Nós aprendemos rapidamente que, quando entrássemos na cozinha, precisávamos enrolar as mãos com as meias ou trapos mais secos que pudéssemos encontrar. Se levássemos um choque, nós anunciávamos aos outros, como se fosse uma espécie de previsão do tempo. "Hoje, forte eletrocussão depois de encostar no fogão. Usar trapos reforçados", dizíamos.

Um dos cantos do teto da cozinha parecia uma peneira, e pingava dentro quando chovia. O teto de placas de gesso ficava abaulado e pesado, e a água vazava prodigamente pelo centro da bolha. Durante uma tempestade particularmente forte naquela primavera, o teto ficou tão gordo que explodiu, e água e placas de gesso caíram com estrondo no chão. Papai nunca remendou. Nós, as crianças, tentamos tapar os buracos com papel betumado, madeira, cola, papel de alcatrão, mas, por mais que tentássemos, a água conseguia abrir caminho e vazar. Acabamos desistindo. Por isso, todas as vezes que chovia do lado de fora, chovia na cozinha também.

No início, a mamãe tentou fazer a nossa vida na Little Hobart Street, número 93, parecer uma aventura. A mulher que havia morado lá antes tinha deixado uma máquina de costura à moda antiga, que funcionava a pedal e sem motor. Mamãe disse que vinha bem a calhar, e que poderíamos fazer as nossas próprias roupas, até quando a luz estava cortada. Ela disse, ainda, que não precisávamos de moldes para costurar, era só ter criatividade e dar-lhe asas. Pouco depois de nos mudarmos, mamãe, Lori e eu nos medimos mutuamente, e tentamos fazer os nossos próprios vestidos.

Levou uma eternidade, e eles pareciam sacos de batata, ou ficavam tortos, com mangas de tamanhos diferentes e aberturas para os braços no meio das costas. Eu não consegui enfiar a cabeça pela abertura da gola até mamãe desfazer uns pontos. "Maravilhoso!", disse ela. Mas eu falei para ela que parecia que eu estava usando uma fronha de travesseiro com uma tromba de elefante saindo de cada lado. A Lori se recusou a usar o dela fora de casa, ou mesmo dentro de casa, e mamãe teve que concordar que costurar não era a melhor maneira de usar nossa energia criativa — nem o nosso dinheiro. O pano mais barato que conseguíamos encontrar custava 79 centavos o metro, e eram necessários mais de dois para um vestido. Fazia mais sentido comprar em lojas de roupa usada, que tinha abertura para o braço no lugar certo.

Mamãe também tentou tornar a casa mais alegre. Ela decorou as paredes da sala de estar com os seus quadros a óleo, e logo, logo cada centímetro quadrado estava coberto, a não ser pelo espaço sobre a máquina de escrever, de fichas com anotações. Tínhamos vívidos pores-do-sol do deserto, cavalos galopantes, gatos adormecidos, montanhas cobertas de neve, bandejas de frutas, flores desabrochadas e retratos nossos.

Como a mamãe tinha mais quadros do que a parede tinha espaço, o papai pregou prateleiras longas na parede, e ela pendurou um quadro na frente do outro, até que eles fizessem uma fila de três ou quatro. Dessa forma, ela fazia um revezamento dos quadros, colocando o de trás na frente.

— Só dando uma decoradazinha, pra alegrar o ambiente — dizia ela.

Mas eu achava que ela considerava os seus quadros como filhos, e queria sentir que eles estavam sendo todos tratados de maneira igual.

Mamãe também pregou prateleiras na frente das janelas, e dispôs umas garrafas bem coloridas para filtrar a luz.

— Agora parece que a gente tem um vitral — anunciou.

Realmente parecia um pouco, mas a casa ainda era fria e úmida. Todas as noites, durante as primeiras semanas, deitada no meu colchão de papelão e ouvindo o barulho da chuva gotejando na cozinha, eu sonhei com o deserto e com o sol, e com a casa grande de Phoenix, com a palmeira na frente e as laranjeiras e loendros nos fundos. Aquela casa tinha sido nossa, sim. Ainda era, ou pelo menos era o que eu pensava. Era nossa, a única casa de verdade que já tínhamos tido.

— A gente nunca vai voltar pra casa? — perguntei ao papai um dia.

— Pra casa?

— Phoenix.

— Nossa casa agora é aqui.

COMO NÃO HAVIA MAIS DÚVIDAS de que Welch era, de fato, o nosso novo lar, o Brian e eu resolvemos aproveitar ao máximo. Papai tinha nos mostrado o lugar perto da casa em que nós íamos colocar as fundações e a estrutura do Castelo de Vidro. Ele havia medido tudo e feito as marcações com estacas e barbante. Como o papai quase nunca estava em casa — vivia fora, pelo que nos dizia, fazendo contatos e investigando o sindicato, mas nunca chegou a descobrir nada —, o Brian e eu resolvemos ajudar. Encontráramos uma pá e uma picareta em uma fazenda abandonada e passávamos praticamente cada minuto disponível cavando um buraco. Sabíamos que tinha que ser um buraco grande e fundo. "Não tem sentido construir uma casa se você não fizer fundações adequadas", dizia sempre papai.

Era trabalho duro, mas, depois de um mês, tínhamos cavado um buraco profundo o suficiente para desaparecermos dentro. Mesmo sem ter arrematado bem os cantos nem aplainado bem o fundo, nós sentimos um baita orgulho do que tínhamos feito. Depois que papai fizesse as fundações, nós poderíamos ajudar com a armação das fôrmas.

Mas, como não podíamos pagar a taxa da coleta de lixo, as nossas sujeiras estavam se acumulando de maneira séria. Um dia, papai nos disse para jogar tudo no buraco.

— Mas cavamos pro Castelo de Vidro — disse eu.

— Trata-se de uma medida temporária — respondeu papai.

Ele explicou que ia contratar um caminhão para carregar o lixo até o aterro sanitário da cidade, todo de uma vez. Mas ele nunca conseguia fazer isso também, e Brian e eu pudemos ver o buraco para as fundações do Castelo de Vidro sendo lentamente preenchido com lixo.

Mais ou menos nessa mesma época, provavelmente por causa de todo aquele lixo, uma ratazana enorme e feia fixou residência na Little Hobart Street, número 93. Na primeira vez, eu a vi dentro do açucareiro. Ela era grande demais para caber em um açucareiro normal, mas como a mamãe adorava doce e colocava pelo menos oito colheres pequenas em uma taça de chá, o nosso açucareiro era uma saladeira, que ficava em cima da mesa da cozinha.

A ratazana não estava, somente, comendo o açúcar. Ela tomava banho nele, fazendo-o de chiqueirinho, se refestelando nele, com o rabo mexendo e pendurado para fora da borda da saladeira, espalhando açúcar pela mesa. Quando eu a vi, congelei, e saí da cozinha andando de ré. Contei para o Brian, e nós abrimos a porta da cozinha com muito cuidado. A ratazana havia saído de dentro do açucareiro e pulado para cima do fogão. Dava para ver as marcas dos seus dentes na pilha de batatas — nossa janta — num prato sobre o fogão. O Brian jogou a frigideira de ferro na ratazana. A frigideira a acertou em cheio e tilintou no chão, mas, em vez de fugir, a ratazana soltou um chiado na nossa direção, como se nós é quem fôssemos os intrusos. Saímos correndo da cozinha batendo em tudo e enfiamos trapos no vão entre a porta e o chão.

Naquela noite, a Maureen, que tinha cinco anos, estava amedrontada demais para dormir. Ela não parava de dizer que a ratazana ia pegá-la. Ela a ouvia se aproximando e chegando cada vez mais perto. Eu falei para ela parar de ser tão patetinha.

Eu disse que ela estava se deixando dominar pelo medo, e, como aquela era uma das poucas vezes em que tínhamos luz, acendi a lâmpada do quarto para provar a ela o que eu estava dizendo. E lá, agachada sobre o cobertor azul-lavanda da Maureen, e poucos centímetros do seu rosto, estava a ratazana. Ela deu um berro e jogou as cobertas longe, e o roedor pulou para o chão. Eu peguei uma vassoura e tentei bater nele com o cabo, mas ele se esquivou de mim. O Brian pegou um bastão de beisebol e encurralou o bicho, que chiava e se debatia em um dos cantos.

O nosso cachorro, Tinkle, um *jack russell terrier* mestiço que um dia tinha seguido o Brian até em casa, abocanhou a ratazana e bateu com ela no chão até ela morrer. Quando a mamãe entrou correndo no quarto, o Tinkle estava se exibindo todo, orgulhoso, se pavoneando de ser o matador de feras que ele era de fato. Mamãe disse que estava meio triste pela ratazana, pois "elas também comem", ressaltou. Embora estivesse morta, ela merecia um nome, continuou, e por isso a batizou de Rufus. Na manhã seguinte, o Brian, que tinha lido que os guerreiros primitivos colocavam partes do corpo de suas vítimas na ponta de estacas a fim de espantar os inimigos, pendurou o Rufus pela cauda a um álamo que tinha na frente da casa. De tarde, ouvimos um tiroteio. O sr. Freeman, que morava ao lado, tinha visto a ratazana pendurada de cabeça para baixo. Rufus era tão grande que o seu Freeman pensou que fosse um gambá. Aí ele foi, pegou rifle de caça e deu cabo do animal a tiros. Não sobrou nada do Rufus, a não ser por um pedacinho de cauda.

Depois do incidente de Rufus, passei a dormir com o bastão de beisebol do meu lado na cama. O Brian dormia com uma machadinha na dele. Maureen praticamente não conseguia dormir. Ela vivia sonhando que estava sendo devorada por ratos, e usava todos os pretextos possíveis para dormir na casa de amigos. Mamãe e papai descartaram o incidente de Rufus. Eles nos disseram que já havíamos enfrentado piores adversários no passado, e que poderíamos voltar a fazê-lo no futuro.

— O que é que a gente vai fazer com relação ao poço de lixo? — perguntei. — Está quase lotado.

— Aumentar — respondeu mamãe.

— A gente não pode continuar a entulhar lixo lá. O que é que os outros vão achar? — perguntei.

— A vida é curta demais pra se pensar no que os outros vão achar — respondeu. — De qualquer forma, eles têm que nos aceitar como somos.

Eu estava convencida de que os outros estariam mais dispostos a nos aceitar se fizéssemos algum esforço para melhorar o aspecto do número 93 da Little Hobart Street. Eu achava que tinha um monte de coisas que podíamos fazer e que não nos custariam nada. Algumas pessoas em Welch cortavam pneus em dois semicírculos, pintavam de branco e usavam como bordas de jardim. Talvez ainda não pudéssemos construir o Castelo de Vidro, mas pelo menos podíamos colocar pneus ao redor dos canteiros para dar uma embelezada.

— Faria a gente se adequar um pouco à vizinhança — argumentei com a mamãe.

— Faria, sim — respondeu. Mas, em se tratando de Welch, a mamãe não tinha o menor interesse em se adequar. — Prefiro ter um jardim cheio de lixo autêntico a um de decoração porcaria.

Continuei tentando encontrar outras maneiras de fazer melhorias. Um dia, papai trouxe para casa um galão enorme de tinta de parede que sobrou de uma obra em que trabalhou. Na manhã seguinte, eu abri a lata. Estava quase totalmente cheia de tinta amarelo-clara. Ele também tinha levado uns pincéis. Uma mão de pintura amarela, pensei, transformaria completamente a nossa tristonha casa cinzenta. Ficaria parecendo, pelo menos do lado de fora, quase como as outras casas em que as pessoas moravam.

Fiquei tão animada com a perspectiva de morar em uma espirituosa casa amarela que quase não consegui dormir naquela noite. Levantei cedo no dia seguinte e amarrei o cabelo para trás, pronta para começar a pintar a casa.

— Se fizermos um mutirão aqui em casa, podemos terminar em um ou dois dias — disse a todo mundo.

Mas papai disse que o número 93 da Little Hobart Street era tão úmido, mas tão úmido que não devíamos perder tempo nem energia que poderíamos estar devotando ao Castelo de Vidro. Mamãe disse que achava que casas amarelo-claras eram cafonas. Brian e Lori disseram que não tínhamos as escadas nem os andaimes necessários.

Papai não estava fazendo qualquer avanço visível com o Castelo de Vidro, e eu sabia que a lata de tinta amarela ficaria mofando na varanda enquanto eu não fizesse o trabalho eu mesma. Eu pediria uma escada emprestada ou construiria uma, decidi. Eu tinha certeza de que, quando todo mundo visse a incrível transformação da casa começar, todos arregaçariam as mangas.

Do lado de fora, na varanda, eu abri a lata e mexi a tinta com um pedaço de pau, misturando o óleo que tinha acumulado na superfície, até que a tinta, que tinha o tom amarelo das margaridas, ficasse cremosa. Molhei um pincel espesso e espalhei a tinta ao longo das tábuas laterais, com pinceladas generosas e delicadas. Foi ficando claro e brilhante e ainda mais bonito do que eu tinha imaginado. Comecei pelo canto mais afastado da varanda, ao redor da porta que dava para a cozinha. Em poucas horas, eu havia coberto tudo o que estava ao meu alcance, de dentro da varanda. Partes da fachada ainda estavam sem pintura, assim como os lados da casa, mas eu tinha usado menos de um quarto da tinta. Se todo mundo ajudasse, poderíamos alcançar as outras partes e em pouco tempo teríamos uma casa amarela e alegre.

Mas nem a mamãe, nem o papai, nem o Brian, nem a Lori, nem a Maureen ficaram impressionados.

— Então agora parte da fachada da casa é amarela — falou Lori. — Nossa, isso vai realmente transformar a nossa vida!

Eu ia ter que acabar o serviço sozinha. Tentei fazer uma escada com pedaços de tábuas, mas toda vez que eu tentava apoiar o meu peso, ela desmontava. Eu ainda estava tentando construir uma escada firme quando, uns dias depois, durante uma queda brusca de temperatura, a tinta congelou totalmente. Quando esquentou o suficiente para que a tinta derretesse, eu abri a lata. Durante o frio, os produtos químicos tinham se separado, e o antes líquido cremoso tinha ficado grumoso e aguado, que nem leite talhado. Mexi o máximo que pude, e continuei mexendo, mesmo tendo compreendido que a tinta tinha estragado, porque eu sabia que nunca conseguiríamos mais tinta e, em vez de uma casa amarela recentemente pintada, ou mesmo uma casa triste e cinzenta, agora tínhamos uma obra esquisita e não concluída, que anunciava aos quatro ventos que os moradores daquela casa tinham querido dar uma guaribada nela, mas não tiveram fibra suficiente para acabar o serviço.

A Little Hobart Street levava até um desses becos sem saída tão profundos e estreitos que as pessoas brincavam, dizendo que, para se ter luz do sol, só usando um funil. A vizinhança tinha um monte de crianças — a Maureen tinha amiguinhos de verdade para variar —, e íamos todos passar o tempo vago ao lado do arsenal de armas da Guarda Nacional, no sopé do morro. O meninos jogavam futebol americano no terreno baldio. A maioria das meninas da minha idade passava as tardes sentada sobre o muro de tijolo do arsenal, penteando o cabelo e retocando o batom, e fingindo ficar ofendidas, mas no fundo adorando quando um reservista de cabelo reto assoviava para elas. Uma das garotas, a Cindy Thompson, fez um esforço redobrado para ficar minha amiga, mas, no fim das contas, o que ela queria mesmo era me recrutar para a Ku Klux Klan Juvenil. Eu não tinha me interessado nem por me maquiar, nem por me vestir com um lençol, por isso jogava futebol com os meninos, que driblavam a regra do "menina não entra" quando precisavam de um jogador e me deixavam fazer parte de um dos times.

As pessoas mais bem de vida de Welch não tinham ido parar naquela parte da cidade. Na nossa rua, moravam alguns mineradores, mas a maioria dos adultos não trabalhava. Algumas das mães não tinham marido, e alguns dos pais sofriam de antracose. Os outros viviam tão atrapalhados e cheios de problemas, ou simplesmente desmotivados, que quase todo mundo aceitava, mesmo achando ruim, alguma forma de assistência pública. Embora fôssemos a fa-

mília mais pobre da Little Hobart, mamãe e papai nunca se candida-
taram à assistência médica ou alimentar e sempre recusaram caridade. Quando os professores nos davam sacolas com roupas vindas de
campanhas da igreja, mamãe nos fazia devolver. "Podemos tomar
conta da nossa família", gostavam de dizer mamãe e papai. "Não
aceitamos esmola de ninguém."

Quando a coisa ficava preta, a mamãe nos lembrava de que algumas das outras crianças da rua passavam por barras ainda mais
pesadas. Os 12 meninos da família Grady, que não tinham pai — ou
ele tinha morrido em um desabamento de mina ou fugido com uma
puta, dependendo de quem contasse a história — e a mãe deles passava o dia de cama, sofrendo de enxaqueca. O resultado era que os
Gradys viviam sem rédea. Era difícil dizer quem era quem, porque
todos eles usavam jeans azuis e camisetas rasgadas, e tinham a cabeça raspada para evitar piolho. Quando o mais velho encontrou a velha espingarda do pai debaixo da cama da mãe, ele resolveu treinar
a pontaria no Brian e em mim, e atirava com chumbinho enquanto
nós fugíamos, correndo pelo bosque que nem uns loucos.

E tinha, também, as crianças dos Halls. Todos os seis integrantes
da família tinham nascido com retardamento mental e, mesmo que
estivessem agora na meia-idade, eles continuariam vivendo em casa
com a mãe e o pai. Quando eu tentei ser gentil com o mais velho
deles, o Kenny Hall, que tinha 42 anos, ele ficou muito apaixonado
por mim. As outras crianças da vizinhança mexiam com o Kenny, e
diziam que se ele lhes desse um dólar, ou baixasse as calças e mos-
trasse o pau, eles dariam um jeito de marcar um encontro entre ele e
eu. Nas noites de sábado, quando ele caía nessa conversa, vinha até
a frente da casa e ficava parado chorando e gritando, reclamando
que eu não tinha vindo ao encontro, e eu tinha que descer até a rua e
explicar que os outros garotos tinham pregado uma peça nele, e que,
mesmo que ele tivesse, sim, algumas qualidades admiráveis, eu tinha
uma política estrita contra sair com homens mais velhos.

A família que passava por mais problemas na Little Hobart Street,
devo admitir, era a dos Pastors. A mãe, Ginnie Sue Pastor, era a puta
da cidade. Ginnie Sue Pastor tinha 33 anos de idade, e tinha oito
filhas e um filho. Todos os nomes terminavam com "y". O marido,

Clarence Pastor, sofria de antracose, e ficava sentado na varanda da frente da sua enorme casa toda alquebrada o dia inteiro, mas ele nunca sorria nem dava adeusinho aos passantes. Só ficava lá sentado, como se estivesse congelado. Todo mundo da cidade dizia que ele estava impotente há anos, e que nenhuma das crianças Pastors era filha dele.

Ginnie Sue Pastor era bem reservada. No início, eu achava que ela passava o dia usando um roupão rendado, fumando cigarros e esperando por clientes masculinos. Lá em Battle Mountain, as mulheres que aguardavam na varanda da frente da Lanterna Verde — eu havia me perguntado, por muito tempo, o que elas faziam realmente — usavam batom branco e rímel escuro, e blusas desabotoadas até a cintura que insinuavam o sutiã. Mas a Ginnie Sue Pastor não parecia com uma puta. Era uma mulher desgrenhada, de cabelo pintado de louro, e de vez em quando a víamos no jardim da frente cortando lenha ou carregando um carrinho de mão com carvão. Geralmente, ela usava o mesmo tipo de avental ou guarda-pó que o resto das mulheres da Little Hobart Street usava. Ela parecia com todas as outras mães.

Eu também me perguntava como ela fazia a putaria dela, tendo que tomar conta de todas aquelas crianças. Certa noite, vi um carro parar na frente da casa dos Pastors e piscar os faróis duas vezes. Um minuto depois, a Ginnie Sue abriu a porta e foi correndo até o automóvel e sentou no banco da frente. Aí, o motorista foi embora.

Kathy era a filha mais velha da Ginnie Sue Pastor. As outras crianças tratavam-na como uma grande pária, alardeando que a mãe dela era uma piranha, e chamando-a de "piolhenta". A verdade é que ela tinha, de fato, um problema grave de piolho. Ela vivia tentando ser minha amiga. Uma tarde, voltando da escola, quando eu disse para ela que tinha morado na Califórnia, ela ficou toda animada. Disse que sua mãe sempre quisera ir para lá e perguntou se eu podia dar um pulo na casa dela e contar para a sua mãe como era a vida na Califórnia.

Claro que eu fui. Eu nunca tinha entrado na Lanterna Verde, mas agora eu poderia ver de perto uma prostituta de verdade. Tinha um monte de coisas que eu queria saber. Putaria dava dinheiro? Era pelo menos um pouco divertido ou era sempre nojento? A Kathy, as irmãs e o seu pai sabiam todos que Ginnie Sue Pastor era puta? O que é que eles achavam disso? Eu não tinha programado fazer todas essas perguntas, assim, na lata, mas eu achava que, entrando na casa dos Pastors, e encontrando com a Ginnie Sue, eu poderia sair com alguma noção das respostas.

O Clarence Pastor, sentado na varanda, ignorou quando a Kathy e eu passamos. Dentro da casa, tinha um monte de quartinhos ligados uns aos outros, como se fossem contêineres de um vagão de carga. Devido à maneira como a casa se apoiava contra a colina, que estava em franco processo de erosão, o chão, o teto e as janelas cediam em pontos diferentes, a ângulos diferentes. Não havia quadros nas paredes, mas os Pastors tinham fixado, com fita adesiva, umas fotos de mulheres bem-vestidas tiradas do catálogo de roupas da Sears.

As irmãs menores da Kathy saltitavam em torno de nós fazendo arruaça, seminuas. Elas não se pareciam umas com as outras; uma era ruiva, outra loura, outra tinha cabelo preto, e havia todos os tons de castanho. O pequeno Sweet Man, o menorzinho, engatinhava pelo chão da sala, chupando um pepininho de picles gordo. A Ginnie Sue Pastor estava sentada à mesa da cozinha. À sua frente, havia um frango enorme e caro, do tipo que nós nunca poderíamos comprar. Ela tinha um rosto cansado e vincado, mas seu sorriso era alegre e aberto.

— Prazer em conhecer — disse-me, enxugando as mãos na barra da camisa. — A gente num tá acostumado a ter visita.

Ginnie Sue nos ofereceu cadeiras para sentarmos à mesa. Ela tinha seios pesados que balançavam quando ela se mexia, e seus cabelos louros estavam escuros nas raízes.

— Vocês me ajudam com essa ave e eu preparo pra vocês os famosos salgadinhos de frango da Ginnie Sue. — Virando-se para mim: — Você sabe desossar uma galinha?

— Claro que sei — respondi. Eu não tinha comido nada naquele dia.

— Então me mostra — disse ela.

Ataquei, primeiro, uma asa, arrancando os ossinhos duplos e recuperando toda a carne aprisionada entre eles. Aí, continuei com os ossos das coxas, quebrando-os nas articulações e retirando a pele dos tendões e o tutano. A Kathy e a Ginnie também estavam trabalhando na ave, mas logo, logo, pararam para me olhar em ação. No rabo, peguei aquela parte carnuda legal que todo mundo esquece. Virei a carcaça de cabeça para baixo e raspei a gordura gelatinosa e pedacinhos de carne com as unhas. Enfiei o braço até a altura do cotovelo dentro do pássaro, para escavar qualquer resto de carne agarrado às costelas.

— Minha filha, eu nunca vi ninguém limpar uma galinha tão bem quanto você — declarou Ginnie Sue.

Levantei a cartilagem ressaltada e pontuda do osso peitoral, que a maioria das pessoas não come, dei uma mordida e roí, toda satisfeita.

A Ginnie Sue passou toda a carne para dentro de uma tigela, misturou com maionese e pasta de queijo, esmigalhou um punhado de batata *chips* e adicionou ao resto. Ela espalhou a mistura em fatias de pão de fôrma, enrolou as fatias em forma de cilindro e deu um rolo a cada uma de nós.

— Aves acolchoadas — disse ela.

Estava uma delícia.

— Mãe, a Jeannette morou na Califórnia — disse Kathy.

— É mesmo? — disse a Ginnie. — Viver na Califórnia e ser aeromoça, esse era o meu sonho — suspirou. — Nunca fui além de Bluefield.

Contei a ela e à Kathy sobre a vida na Califórnia. Ficou logo claro que elas não tinham o menor interesse em cidades mineradoras do deserto, então contei a elas sobre São Francisco e, depois, sobre Las Vegas, que não era exatamente na Califórnia, mas elas não pareciam se importar. Fiz os dias que passamos lá parecerem anos, e as dançarinas que eu tinha visto de longe parecerem amigas íntimas e vizinhas. Descrevi os cassinos iluminados e os jogadores ricos e esbanjadores, as palmeiras e as piscinas, os hotéis com ar-condicionado ao fundo e os restaurantes onde as garçonetes usam luvas brancas compridas e flambam sobremesas.

— Não tem nada mais maravilhoso no mundo, né? — exclamou Ginnie.

— Não, senhora, tem, não — respondi.

O Sweet Man entrou chorando, e a Ginnie Sue o pegou no colo e deixou-o chupar mais maionese, que ela colocou no dedo.

— Você fez um serviço e tanto naquela galinha — agradeceu Ginnie Sue. — Pra mim, você é uma dessas garotas que um dia vai comer frango assado e aquelas sobremesas que pegam fogo até dizer chega. — Deu uma piscadela.

Só quando já estava a caminho de casa, me dei conta de que não tinha obtido as respostas às minhas perguntas. Enquanto eu estivera lá, conversando com a Ginnie Sue, eu havia esquecido que ela era uma puta. Uma coisa sobre a putaria: pagava a galinha que se comia à mesa.

Nós brigávamos muito em Welch. Não só para manter os inimigos à distância, mas para nos adaptarmos. Talvez porque houvesse tão pouco a fazer lá; talvez porque a vida estivesse dura e isso tornasse o coração das pessoas duros; talvez por causa de todas as batalhas sangrentas em torno do sindicato e das minas; talvez porque a mineração fosse um trabalho tão perigoso, e apertado, e sujo, que deixava os mineradores de mal humor, e eles voltavam para casa e descontavam nas esposas, que descontavam nos filhos, que descontavam nas outras crianças. Qualquer que fosse a razão, parecia que todo mundo em Welch — homens, mulheres, meninos, meninas — gostava de brigar.

Havia brigas de rua, esfaqueamentos em bares, surras em estacionamentos, violência contra mulheres e brutalidade contra crianças. Certas vezes, era somente uma questão de um soquinho de nada, e a coisa toda acabava antes mesmo de você se dar conta de que tinha começado. Outras vezes, era mais uma espécie de campeonato de 12 *rounds*, com espectadores torcendo pelos oponentes ensangüentados e suados. Tinha, também, as cismas e picuinhas que duravam anos, dois irmãos que batiam em um sujeito porque o pai dele, na década de 1950, tinha batido no pai deles; uma mulher que dava um tiro na melhor amiga que dormiu com o seu marido, e o irmão da melhor amiga que esfaqueia, depois, o marido. Se você andasse pela McDowell Street, parecia que metade das pessoas por quem você passasse estava se recuperando de uma ferida contraída em um combate local. Havia olhos roxos, lábios abertos, maçãs do rosto inchadas, braços machucados, dedos ralados e orelhas mordidas. Tínhamos morado em uns lugares bem briguentos lá no deserto, mas a mamãe disse que Welch era a cidade mais chegada à violência que ela já tinha visto.

Brian, Lori, Maureen e eu entrávamos em mais brigas do que as outras crianças. Dinitia Hewitt e as suas amigas foram só as primeiras em toda uma linha de pequenas gangues que puxaram briga com um ou mais de um de nós. As outras crianças queriam brigar conosco porque éramos ruivinhos, porque papai era bêbado, porque nos vestíamos com trapos e não tomávamos tantos banhos quanto devíamos, porque morávamos em uma casa que estava despencando parcialmente pintada de amarelo e que tinha um poço cheio de lixo, porque eles passavam de noite pela nossa casa escura e viam que nem a conta de luz podíamos pagar.

Mas sempre topávamos a briga, geralmente em grupo. A nossa briga mais espetacular, e a nossa vitória tática mais audaz — a Batalha da Little Hobart Street —, ocorreu contra o Ernie Goad e seus amigos, quando eu tinha dez anos e o Brian, nove. O Ernie Goad era um garoto de nariz achatado e pescoço atarracado, que tinha olhos praticamente nas laterais do rosto, que nem uma baleia. Ele agia como se a sua grande missão na vida fosse conseguir expulsar a família Walls da cidade. Tudo começou quando eu estava brincando com outras crianças no tanque de guerra estacionado ao lado do arsenal militar. O Ernie Goad apareceu e começou a me jogar pedra, e a gritar que os Walls deviam deixar Welch porque estávamos contaminando a cidade com nosso fedor.

Atirei umas pedras em vingança e mandei que ele me deixasse em paz.

— Vem aqui me obrigar — disse Ernie.

— Eu não chego perto de lixo, eu QUEIMO lixo — gritei. A resposta foi meio rasteira, compensando em desprezo o que lhe faltava em originalidade, mas, àquela altura, deu para o gasto.

— Essa família Walls não queima lixo! Cês jogam ele dentro dum buraco do lado da própria casa! Cês moram dentro dele! — gritou em resposta.

Tentei pensar em um contra-ataque contra o contra-ataque, mas a minha mente estagnou, porque o que o Ernie disse era verdade: vivíamos mesmo dentro do lixo.

O Ernie colou a sua cara contra a minha.

— Lixo! Vocês vivem no lixo porque vocês *são* um lixo!

Dei um empurrão bem forte e me virei para as outras crianças, na esperança de que me apoiassem, mas elas estavam saindo de fininho, olhando para o chão, como se estivessem com vergonha de terem sido vistas brincando com uma menina que tinha um poço de lixo do lado de sua casa.

Naquele sábado, Brian e eu estávamos lendo no sofá-cama, quando um dos vidros da janela foi estilhaçado e uma pedra aterrissou no chão. Corremos até a porta. Ernie e três dos seus amigos estavam pedalando de bicicleta para cima e para baixo na Little Hobart Street, berrando como uns alucinados.

— Lixo! Lixo! Cês são um monte de lixo!

O Brian foi até a varanda. Um dos garotos atirou outra pedra, que atingiu o Brian na cabeça. Ele tropeçou para trás e depois desceu as escadas correndo, mas o Ernie e os amigos tinham ido embora, urrando. Brian subiu as escadas com sangue escorrendo pela maçã do rosto e pingando na camiseta, e um galo monumental já estava inchando acima da sobrancelha. A gangue do Ernie voltou poucos minutos depois, jogando pedras e gritando que eles tinham conseguido ver o chiqueiro onde as crianças da família Walls moravam, e que eles iam contar à escola toda que ele era ainda pior do que todo mundo dizia.

Dessa vez, Brian e eu corremos, ambos, atrás deles. Mesmo sendo mais numerosos do que nós, eles estavam adorando implicar conosco, obrigando-nos a tomar uma posição. Eles desceram, sempre pedalando, até a primeira curva da ladeira e sumiram.

— Eles vão voltar — disse Brian.

— O que a gente vai fazer? — perguntei.

Brian ficou sentado, pensando, e então disse que tinha um plano. Foi pegar um pedaço de corda no porão e me levou até uma clareira que havia na encosta acima da Little Hobart Street. Poucas semanas antes, Brian e eu tínhamos arrastado um colchão velho até lá, porque estávamos pensando em acampar ao ar livre. Brian explicou como poderíamos fazer uma catapulta, como as medievais dos livros, empilhando pedras sobre o colchão e levantando-o com cordas suspensas sobre três galhos. Rapidamente fabricamos o nosso engenho e fizemos um teste, puxando as cordas depois de contar até três. Funcionou — uma pequena avalanche de pedras choveu na rua abaixo. Era o suficiente, pelo menos achávamos, para matar o Ernie Goad e a sua gangue, o que era realmente a nossa intenção: matá-los e confiscar suas bicicletas, largando os corpos no meio da rua como alerta exemplar aos demais.

Empilhamos as pedras sobre o colchão novamente, rearmamos a catapulta e esperamos. Uns minutos depois, o Ernie e o seu bando despontaram na curva. Cada qual guiava sua bicicleta com uma das mãos, carregando uma pedra do tamanho de um ovo com a mão de arremesso. Eles avançavam em fila indiana, como em um comando de guerra da tribo *pawnee*, a um metro um do outro. Não podíamos atingi-los todos de uma só vez, então miramos no Ernie, que estava à frente do grupo.

Quando ele ficou a alcance de tiro, Brian deu a ordem, e nós puxamos as cordas com toda a força. O colchão foi arremessado para frente, e o nosso arsenal de pedras voou pelos ares. Ouvi-as batendo contra o corpo do Ernie com um barulho surdo, e estalando contra o chão. Ele gritou e xingou enquanto perdia o controle da bicicleta. O garoto que vinha atrás atropelou o Ernie, e ambos caíram. Os outros dois deram meia-volta e se mandaram, acelerando. Brian e eu começamos a jogar todas as pedras que pudemos encontrar. Como eles estavam abaixo de nós, tínhamos uma boa linha de tiro e acertamos em cheio várias vezes, e as pedras amassaram as bicicletas, descascaram a tinta e lascaram os pára-lamas.

Aí, o Brian berrou "atacar!", e nós descemos correndo a ladeira furiosamente. O Ernie e o amigo pularam de novo nas suas bicicletas e pedalaram, desesperados, antes que pudéssemos alcançá-los. Enquanto desapareciam na curva da estrada, Brian e eu fizemos a dança da vitória na rua entulhada de pedras, dando os nossos próprios gritos de guerra.

Ao PASSO QUE O TEMPO ESQUENTAVA, uma espécie de beleza rústica se apoderou das encostas íngremes em torno da Little Hobart Street. Nabos-selvagens e lágrimas-de-cristo brotavam por toda parte. Cenouras-bravas, floxes roxos e lírios alaranjados e grandes desabrochavam à beira da estrada. Durante o inverno, dava para ver os carros e as geladeiras abandonados, e as carcaças de residências desocupadas em meio ao bosque, mas, na primavera, as parreiras, o mato e o musgo cobriam tudo, e em dois tempos eles desapareciam por completo.

Uma das vantagens do verão era que a cada dia tínhamos mais luz para ler. Mamãe vinha acumulando livros. Ela chegava em casa da biblioteca municipal de Welch a cada semana, ou de 15 em 15 dias, com uma fronha de travesseiro cheia de romances, biografias e livros de história. Ela se enfiava na cama com eles, levantando a cabeça de vez em quando, pedindo desculpa por saber que devia estar fazendo algo mais produtivo, mas que, como o papai, ela tinha seus vícios, e o seu era a leitura.

Todos nós líamos, mas eu não tinha mais a impressão de estarmos realmente juntos como eu tinha sentido em Battle Mountain, quando nos sentávamos na estação ferroviária com nossos livros. Em Welch, cada um se enfiava em um canto diferente da casa. Assim que a noite caía, meus irmãos e eu ficávamos deitados nas nossas camas feitas de corda e papelão, lendo à luz de uma lanterna, ou de uma vela que colocávamos nas nossas caixas de madeira, cada qual criando a sua própria fonte de luz fraca.

Lori era a leitora mais obsessiva. Ela adorava histórias fantásticas e de ficção científica, sobretudo *O senhor dos anéis*. Quando não estava lendo, ela desenhava *orcs* ou *hobbits*. Ela tentou convencer a família toda a ler aqueles livros. "Eles te transportam a um mundo diferente", dizia.

Eu não queria ser transportada a um outro mundo. Os meus livros preferidos tratavam de pessoas que lidavam com as dificuldades da vida. Eu adorava *As vinhas da ira*, *O senhor das moscas* e, especialmente, *Laços humanos*. Eu achava que a Francie Nolan e eu éramos praticamente idênticas, a não ser pelo fato de que ela tinha vivido cinqüenta anos antes, no Brooklin, e que a mãe dela estava sempre limpando a casa. O pai da Francie Nolan me lembrava, sem sombra de dúvidas, o papai. Se a Francie via o lado bom do pai dela, mesmo que a maioria das pessoas o considerassem um bêbado imprestável, talvez eu não fosse uma burra completa por ter fé no meu. Ou por tentar. Estava ficando cada vez mais difícil.

Certa noite, naquele mesmo verão, quando eu estava deitada na cama e todo mundo já dormia, ouvi a porta da frente abrir e o barulho de alguém resmungar e tropeçar pelo caminho, no escuro. Papai tinha chegado em casa. Fui até a sala de estar, onde ele estava sentado à escrivaninha. Pude ver, à luz da lua que entrava pela janela, que o seu rosto e cabelos estavam empapados de sangue. Eu perguntei o que havia acontecido.

— Entrei numa briga com uma montanha — disse. — E a montanha ganhou.

Olhei para a mamãe, que dormia no sofá-cama, com a cabeça enfiada debaixo do travesseiro. Ela dormia profundamente, como sempre, e não tinha dado sinal de vida. Quando acendi o lampião de querosene, vi que o papai tinha um talho grande no antebraço e outro na testa, tão profundo que dava para ver o branco do crânio. Peguei um palito de dente e uma pinça, e catei a sujeira que tinha nas feridas. Papai nem pestanejou quando eu despejei um pouco de álcool. Como ele era muito cabeludo, eu não tinha como colar um curativo, e disse a ele que teria que raspar a área ao redor do corte.

— Pô, fofurinha, isso ia estragar a minha imagem — disse-me. — Um cara na minha posição tem que ter um aspecto apresentável.

Papai deu uma olhada no talho do antebraço. Ele apertou um torniquete em volta da parte superior do braço e me disse para ir pegar a caixa de costura da mamãe. Ele remexeu tudo à procura de um carretel de fio de seda, mas como não encontrou, resolveu que uma linha de algodão daria para o gasto. Ele enfiou uma linha preta na agulha, deu para mim e apontou para o corte.

— Costura — falou.

— Pai, não posso!

— Ah, vai fundo, fofurinha. Eu mesmo faria, só que não sou muito bom com a mão esquerda. — Ele sorriu. — Não se preocupa comigo. Eu tô tão grogue que nem sinto nada. — Papai acendeu um cigarro e colocou o braço sobre a mesa. — Vai fundo.

Pressionei a agulha contra a pele do papai e tremi.

— Vai fundo — repetiu.

Empurrei a agulha e senti uma resistência quando ela furou a pele. Queria fechar os olhos, mas precisava ver. Empurrei um pouco mais e senti a resistência da carne do braço. Era como costurar carne. Eu *estava* costurando carne.

— Não posso, papai, sinto muito, mas não posso.

— Vamos fazer isso juntos.

Com a mão esquerda, ele guiou os meus dedos, enquanto empurravam a agulha totalmente através da pele, até sair do outro lado. Algumas gotículas de sangue surgiram. Retirei o instrumento e puxei ligeiramente a linha para apertá-la. Dei um nó nas duas pontas do fio, como papai me recomendou, e aí, antes de dar um segundo ponto, fiz outro nó. O corte era bem grande, e precisava de mais uns pontos, só que eu não conseguia juntar coragem para enfiar aquela agulha mais uma vez no braço do papai.

Ambos olhamos para os dois pontos escuros e meio malfeitos.

— Que serviço de costura porreta! Tô super orgulhoso de você, Cabrita Montesa — disse ele.

Quando saí de casa na manhã seguinte, papai ainda estava dormindo. Quando eu voltei para casa de tarde, ele tinha ido embora.

PAPAI TINHA DADO PARA DESAPARECER por dias seguidos. Quando eu perguntava para ele aonde tinha ido, as explicações eram tão vagas ou tão improváveis que parei de perguntar. Quando voltava para casa, ele costumava trazer uma sacola de compras em cada braço. Empanturrávamo-nos de sanduíches de presuntada com fatias grossas de cebola enquanto ele nos falava do progresso da sua investigação sobre o sindicato e dos seus últimos planos para ganhar dinheiro. As pessoas sempre lhe ofereciam empregos, explicava, mas ele não estava interessado em trabalho fixo, em dizer "sim, senhor", "não, senhor", em puxar o saco e lamber as botas, em receber ordens.

— Você não vai ficar rico nunca, trabalhando para um chefe — disse.

Ele estava concentrado em ficar rico. Podia não haver ouro em West Virginia, mas tinha um montão de outras maneiras de tirar a sorte grande. Por exemplo, ele estava trabalhando em uma tecnologia para queimar carvão de maneira mais eficiente, para que até o carvão de pior qualidade pudesse ser explorado e vendido. Havia um mercado grande para isso, falou, e ele ia faturar uma grana muito alta, maior do que a gente poderia imaginar.

Eu ouvia os planos do papai e tentava encorajá-lo, na esperança de que ele estivesse dizendo a verdade, mas ao mesmo tempo estava certa de que ele não estava. Dinheiro entrava em casa — e, com ele, comida — nas raras ocasiões em que papai fazia um bico, ou que a mamãe recebia um cheque da companhia de petróleo que arrendava os direitos de prospecção nas suas terras no Texas. Mamãe era sempre vaga com relação ao tamanho das tais terras e onde elas ficavam exatamente, e se recusava a pensar em vendê-las. E nós sabíamos que, de dois em dois meses, esse cheque chegava e nós teríamos um monte de comida por vários dias.

Quando tinha luz, comíamos muito feijão. Um saco grande de feijão custava menos de um dólar e nos alimentava por alguns dias. Ficava mais gostoso ainda se você acrescentasse uma colher de maionese. Nós também comíamos muito arroz misturado com cavala, que mamãe dizia ser excelente para o cérebro. Esse peixe não era tão gostoso quanto atum, mas era melhor do que ração de gato, que comíamos de vez em quando se as coisas ficassem muito pretas mesmo. Às vezes, mamãe fazia uma bacia de pipoca para o jantar. Tinha muita fibra, ela gostava de ressaltar, e nos mandava salgar bastante, porque o iodo era um remédio contra problemas de tiróide, como bócio.

Um dia, quando chegou um cheque particularmente alto de pagamento de *royalty*, mamãe comprou uma lata enorme de presunto — era um presunto inteiro. Nós comemos fatias grossas em sanduíches durante dias a fio. Como não tínhamos geladeira, deixávamos o presunto em uma prateleira na cozinha. Ao cabo de uma semana, fui catar uma fatia na hora do jantar e dei com uma multidão fervilhante de vermezinhos brancos.

Mamãe estava sentada no sofá-cama, comendo uma fatia que tinha acabado de cortar.

— Mãe, o presunto tá cheio de larvinhas — falei.

— Não banca a difícil. É só cortar fora os pedaços com verme. A parte de dentro tá ótima.

Brian e eu nos tornamos coletores de primeira linha. Durante o verão e o outono, catamos maçãs silvestres, amoras-pretas e mamões, além de desfolharmos espigas de milho na fazenda do velho Wilson. O milho era duro — o velho Wilson plantava para alimentar o gado —, mas se você mastigasse bastante, dava para engolir. Uma vez, pegamos um melro ferido, jogando um cobertor por cima dele, e achamos que podíamos fazer uma torta de melro, como numa canção de ninar que a mamãe cantava. Mas não conseguimos matar o bicho, e, de qualquer forma, ele parecia raquítico demais para ser comido.

Tínhamos ouvido falar de um prato chamado salada de umbu, e, como tinha um pé de umbu nos fundos da nossa casa, Brian e eu pensamos que podíamos experimentar. Se fosse gostoso, teríamos uma nova fonte de alimentação. Primeiro, tentamos comer as frutas de umbu cruas, mas eram muito amargas, então as pusemos para ferver, mas o gosto ainda era acre, com uma consistência fibrosa, e ficamos com a língua pinicando por vários dias.

Certa vez, vasculhando à procura de comida, entramos pela janela de uma casa abandonada. Os cômodos eram pequenos, e o chão era de terra batida, mas encontramos prateleiras cheias de latas de comida na cozinha.

— Na mosca! — gritou Brian.

— Tá na hora do lanche! — falei.

As latas estavam cobertas por uma camada de poeira e começando a enferrujar, mas achamos que a comida ainda podia ser aproveitada, já que o objetivo de enlatar era conservar. Passei uma lata de tomates para o Brian, que pegou o seu canivete. Quando ele perfurou a lata, o conteúdo explodiu na sua cara, cobrindo-nos com um suco marrom espumante. Experimentamos algumas outras, mas elas também explodiram, e voltamos para casa sem ter comido nada, com a roupa e o rosto manchados de tomate podre.

QUANDO COMECEI A SEXTA SÉRIE, as outras crianças mexiam com o Brian e comigo porque éramos muito magrinhos. Elas me chamavam de perna de aranha, menina esqueleto, chave inglesa, bunda seca, mulher graveto, bambu e girafa, e diziam que eu podia me proteger na chuva ficando em pé debaixo de um fio de telefone.

Na hora do almoço, quando os outros desembrulhavam os seus sanduíches ou levavam os seus almoços quentes, Brian e eu pegávamos os nossos livros e líamos. Brian dizia a todo mundo que tinha que manter o peso porque queria integrar a equipe de luta greco-romana quando entrasse para o secundário. Eu dizia que tinha esquecido de trazer o almoço. Ninguém acreditava em mim, então comecei a me esconder no banheiro durante todo o intervalo. Eu ficava em um dos reservados com a porta trancada e com os pés levantados, para que ninguém reconhecesse os meus sapatos.

Quando as outras garotas entravam e jogavam fora os sacos com os restos do almoço, eu ia catar na lata de lixo. Eu não conseguia me conformar com a maneira como elas jogavam fora toda aquela comida boa: maçãs, ovos cozidos, pacotes de biscoito de amendoim amanteigado, picles, caixinhas de leite, sanduíches de queijo com uma mordida — só porque a menina não gostava dos pedaços de tempero misturados ao queijo. Eu voltava para dentro do meu reservado e dava uma conferida nas minhas descobertas deliciosas antes de comer.

Algumas vezes, tinha mais comida na lata de lixo do que eu conseguia comer. A primeira vez que encontrei comida a mais — um sanduíche de mortadela com queijo — eu enfiei dentro da minha bolsa para dar ao Brian em casa. De volta à sala de aula, eu comecei a ficar preocupada com a forma de explicar ao Brian de onde vinha a comida. Eu tinha quase certeza de que ele também tentava descolar o que comer no lixo, mas nunca falávamos no assunto.

Eu estava lá sentada, pensando na maneira de explicar para o Brian, quando comecei a sentir o cheiro da mortadela. Parecia que estava enchendo a sala. Fiquei aterrorizada diante da idéia de que as outras crianças também pudessem sentir, e que elas se virassem e vissem a minha bolsa abarrotada, e, como todas elas sabiam que eu não almoçava, descobrissem que eu tinha catado aquilo tudo no lixo. Assim que acabou a aula, corri até o banheiro e joguei o sanduíche de volta dentro da lixeira.

A Maureen sempre tinha muito o que comer, porque fizera muitas amizades na vizinhança, e aparecia na casa delas em torno da hora da janta. Eu não tinha a menor idéia do que a mamãe e a Lori estavam fazendo para se defender. Estranhamente, mamãe estava ficando mais gorda. Uma noite, quando o papai estava fora e não havia nada para comer e estávamos todos sentados na sala de estar tentando não pensar em comida, volta e meia mamãe desaparecia debaixo da coberta no sofá-cama. A certa altura, o Brian fitou bem a mamãe.

— Você tá mastigando? — perguntou ele.

— Tô com dor de dente — respondeu mamãe, mas ela começou a desviar os olhos, olhando em volta da sala e evitando nos encarar. — São as minhas gengivas ruins. Tô mexendo o maxilar pra aumentar a circulação.

Brian deu um puxão na coberta. No colchão, ao lado da mamãe, estava uma daquelas barras de chocolate Hershey's tamanho-família, com o papel brilhante levantado e rasgado. Ela já tinha comido metade.

Mamãe começou a chorar.

— Eu não consigo parar — soluçou. — Sou viciada em açúcar como o pai de vocês é em álcool.

Ela disse que devíamos perdoá-la, do mesmo jeito como sempre perdoávamos o papai pela sua bebida. Ninguém disse nada. Brian agarrou a barra de chocolate e dividiu em quatro pedaços. Enquanto mamãe ficava olhando, nós engolimos, esfomeados.

O INVERNO DAQUELE ANO CHEGOU ARRASANDO. Logo depois do Dia de Ação de Graças, a primeira nevasca começou com flocos gordos e molhados, do tamanho de borboletas. Eles caíam flutuando languidamente, mas foram seguidos por flocos menores e mais secos, que continuaram caindo por vários dias. No princípio, eu adorava o inverno em Welch. O cobertor de neve escondia a fuligem, e fazia a cidade parecer limpa e aconchegante. A nossa casa quase parecia com todas as outras ao longo da Little Hobart Street.

O frio era tanto que os galhos mais novos e frágeis quebravam no ar gélido, e, muito rapidamente, eu comecei a senti-lo. Minha única proteção ainda era o casaco de lã fininho com os botões faltando. Fazia quase tanto frio dentro de casa. Embora tivéssemos um fogão a carvão, nós não tínhamos carvão. Havia 42 distribuidores de carvão na lista telefônica de Welch. Uma tonelada de carvão, que duraria a maior parte do inverno, custava uns US$50 — incluindo a entrega —, ou até mesmo US$30, para o carvão de qualidade inferior. Mamãe desculpou-se, mas disse que não havia lugar no nosso orçamento para o carvão. Teríamos que descobrir outras maneiras de ficarmos quentes.

Tinha sempre algum pedaço de carvão caindo dos caminhões quando vinham fazer uma entrega, e o Brian sugeriu que nós dois arranjássemos um balde para catar. Estávamos andando pela Little Hobart Street, catando carvão, quando os nossos vizinhos, os Noes, passaram de caminhonete. As meninas Noes — Karen e Carol — estavam sentadas no banco de trás, viradas para o vidro traseiro.

— Estamos trabalhando na nossa coleção de pedras! — gritei.

Os pedaços de carvão que encontramos eram tão pequenos que, uma hora depois, só tínhamos enchido meio balde. Precisávamos de pelo menos um balde cheio para manter o fogo aceso durante a noite inteira. Então, mesmo fazendo as nossas expedições ocasionais de coleta de carvão, usávamos, sobretudo, lenha. Não tínhamos mais dinheiro para a lenha do que para o carvão, e papai não parava em casa para arrumar e cortar madeira, o que queria dizer que cabia a nós, as crianças, catar galhos mortos e tocos na floresta.

Encontrar madeira boa e seca era um desafio. Nós caminhávamos longamente pelo sopé da montanha, procurando por pedaços que não estivessem ensopados ou podres, sacudindo a neve de cima dos galhos. Mas nós atravessávamos o bosque rápido demais e, enquanto uma lareira de carvão produz muito calor, o fogo feito com lenha não esquenta quase nada. Nós nos amontoávamos ao redor do fogão, enrolados em cobertores, estendendo as mãos na direção do calor fraco e fumarento. Mamãe dizia que tínhamos mais sorte do que os pioneiros, que não tinham instalações confortáveis, como janelas envidraçadas e fogões de ferro.

Uma vez, fizemos uma fogueira bem grande, mas ainda assim podíamos ver o vapor branco da nossa respiração no ar frio, e havia gelo em ambos os lados das janelas. Brian e eu decidimos aumentar mais o fogo, e saímos para pegar mais lenha. No caminho de volta, Brian parou para olhar a nossa casa.

— Não tem neve no nosso telhado — disse.

Ele tinha razão. Ela havia derretido completamente.

— Todas as outras casas têm neve no telhado.

Ele tinha razão de novo.

— Essa casa não tem nenhuma isolação — disse Brian à mamãe, quando entramos em casa. — O calor está saindo todo pelo telhado.

— A gente pode não ter isolação, mas tem um ao outro — disse mamãe enquanto nos juntávamos ao redor do fogão.

Ficou tão frio dentro de casa que estalactites de gelo começaram a se formar no teto da cozinha, a água da pia virou um bloco espesso de gelo e os pratos sujos ficaram presos lá como se tivessem sido cimentados. Até a panela com água que sempre deixávamos na sala para lavar as mãos antes de comer tinha uma camada de gelo na superfície. Andávamos pela casa vestidos com os nossos casacos e enrolados em cobertores. Usávamos nossos casacos para dormir também. Não havia fogão no quarto, e por mais que eu empilhasse cobertores em cima de mim, continuava sentindo frio. Ficava acordada de noite, esfregando os pés com as mãos, tentando esquentá-los.

Brigávamos para ver quem dormia com os cachorros — Tinkle, nosso mestiço de *jack russell terrier*, e Pippin, outro vira-lata de pêlo encaracolado que encontramos passeando pelo bosque um dia — porque eles nos esquentavam. Costumavam ir parar um sobre o outro, com a mamãe, porque ela tinha um corpo maior, e eles também sentiam frio. Brian tinha comprado um iguana na loja de departamento barateira da McDowell Street, porque ele lhe lembrava o deserto. Ele batizou o réptil de Iggy, e dormia colado com ele contra o peito para aquecer o bichinho, mas numa noite ele morreu de frio.

Tivemos que deixar a torneira que ficava debaixo da casa aberta, senão a água congelaria dentro do cano. Quando ficava mesmo muito frio, a água congelava de qualquer forma, e, quando acordávamos, víamos um enorme picolé pendurado à torneira. Tentamos derreter o cano colocando fogo em um pedaço de pau e passando a chama por baixo, mas ele estava tão congelado e duro que não havia nada a fazer, a não ser esperar pela próxima onda de calor. Quando o cano congelava assim, nós obtínhamos água derretendo neve ou picolés de gelo na panela de latão sobre o fogão.

Algumas vezes, quando não tinha neve suficiente no chão, mamãe me mandava ir pedir emprestado um balde d'água na casa do vizinho, o sr. Freeman, minerador aposentado que vivia com o filho e a filha adultos, Peanut e Prissy. Ele nunca chegava a se recusar, mas me olhava durante um minuto, em silêncio, e então balançava a cabeça e desaparecia dentro de casa. Quando me entregava o balde, ele me dava uma outra balançada de cabeça desgostoso, mesmo depois de eu garantir para ele que ele poderia ter toda a água que quisesse de nós quando chegasse a primavera.

— Eu detesto o inverno — contei à mamãe.

— Todas as estações têm algo a oferecer. O tempo frio faz bem à saúde. Mata os germes — disse.

Isso parecia ser verdade, porque nenhum de nós nunca ficava doente. Mas mesmo que eu acordasse de manhã com uma febre escaldante, não admitiria à mamãe. Ficar doente significaria ficar em casa, naquele casebre gelado, em vez de passar o dia em uma sala de aula quentinha.

Outra coisa boa do tempo frio é que ele reduz os odores ao mínimo. Entre aquela primeira nevasca de novembro e o Ano-Novo, nós só tínhamos lavado as roupas uma vez. No verão, mamãe tinha comprado uma máquina de lavar com um torcedor, como a que tínhamos em Phoenix, e nós a pusemos na cozinha. Quando tínhamos luz, lavávamos as roupas e estendíamos para secar na varanda da frente. Mesmo quando o tempo estava quente, elas ficavam lá por dias e dias, porque estava sempre muito úmido naquele buraco do lado norte da montanha. Mas aí ficou frio, e a única vez que lavamos a roupa, ela congelou na varanda. Trouxemos as peças para dentro — as meias tinham endurecido, parecendo grandes pontos de interrogação, e as calças ficaram tão duras que dava para encostá-las em pé contra a parede — e batemos com elas no fogão, para tentar amaciar.

— Pelo menos, a gente não precisa comprar goma — disse a Lori.

Mesmo com o frio, em janeiro nós fedíamos tanto que mamãe resolveu que estava na hora de se permitir um pouco algum luxo: íamos à lavanderia automática. Enchemos fronhas de travesseiro com roupa suja e carregamos ladeira abaixo, depois subindo a Stewart Street.

Mamãe colocou a sua fronha sobre a cabeça, do mesmo jeito que as africanas fazem, e tentou nos convencer a repetir a técnica. Disse que era melhor para a nossa postura e menos agressivo contra as nossas colunas, mas de forma alguma nós andaríamos com sacolas de roupa suja na cabeça em plena cidade de Welch. Seguimos a mamãe, carregando nossas fronhas encaixadas nos ombros, virando os olhos para cima quando passávamos pelas pessoas, para mostrar a elas que concordávamos com elas: a dona com a sacola na cabeça tinha um ar bem esquisito.

A lavanderia, com as janelas completamente embaçadas, era quente e úmida, como um banho turco. Mamãe nos deixou enfiar as moedas nas máquinas, e depois as escalamos e sentamos nelas. O calor dos aparelhos sacolejantes esquentava os nossos traseiros e se espalhava pelos nossos corpos. Quando a lavagem acabou, nós carregamos braçadas de roupas molhadas até as secadoras, e ficamos olhando a roupa rodando lá dentro, como se estivessem em uma espécie de atração de parque de diversões. Quando o ciclo da máquina parou, retiramos a roupa ardendo de quente e enterramos os rostos nela. Esticamos a roupa sobre as mesas e dobramos tudo com cuidado, arrumando direitinho as mangas das camisas e as pregas das calças, e enrolando as meias par a par. Nunca dobrávamos as roupas em casa, mas aquela lavanderia era tão quentinha e acolhedora que estávamos procurando uma desculpa para estender nossa estada.

Uma onda quente em janeiro parecia boa notícia, mas foi quando a neve começou a derreter, e a madeira na floresta ficou totalmente encharcada. Não conseguíamos fazer nada além de fumaça quando acendíamos uma fogueira. Se a madeira estivesse molhada, nós botávamos o querosene das lamparinas. Papai desprezava o uso de recursos como querosene para começar uma fogueira. Nenhum pioneiro se rebaixaria a usar querosene. Não era barato e, como a chama não era quente, era preciso usar muito para conseguir fazer a madeira pegar fogo. E era perigoso também. Papai dizia que se uma pessoa não fosse cuidadosa com querosene, ela podia explodir. Mas, mesmo assim, se a madeira estivesse molhada e não quisesse pegar fogo, e se nós estivéssemos congelando, derramávamos um pouco do combustível nela.

Um dia, o Brian e eu subimos a colina à procura de madeira seca, enquanto a Lori ficou em casa, alimentando o fogo. Quando chacoalhamos a neve de uns galhos em potencial, ouvimos um estrondo enorme vindo de casa. Virei-me e vi chamas lambendo o interior das janelas.

Largamos nossa madeira e corremos colina abaixo. Lori estava se movendo agitada pela sala, sobrancelhas e franja lambidas pelas chamas, e o cheiro de cabelo queimado empestava o ar. Ela tinha usado querosene para tentar aumentar o fogo, e ele explodiu, justamente como o papai disse que podia acontecer. Nada na casa pegou fogo, a não ser o cabelo da Lori, mas a explosão tinha levantado o casaco e a saia que ela estava usando; as labaredas chamuscaram as suas coxas. Brian foi pegar um pouco de neve do lado de fora, e nós pusemos punhados nas pernas da Lori, que estavam rosa-escuro. No dia seguinte, ela tinha bolhas por toda a extensão das coxas.

— Não esquece que o que não te mata te fortalece — disse mamãe depois de examinar as bolhas.

— Se fosse verdade, a essa altura eu era o Hércules — respondeu Lori.

Dias depois, quando as bolhas estouraram, o líquido claro que tinha dentro escorreu até os pés da Lori. Durante semanas, a parte da frente de suas pernas virou um monte de feridas abertas, tão sensíveis que ela não conseguia dormir direito com os cobertores. Mas por essa época a temperatura havia baixado de novo, e se ela não se cobrisse com um cobertor, congelava.

Um dia, naquele inverno, fui até a casa de uma colega de sala para trabalhar em um projeto para a escola. O pai da Carrie Mae Blankenship trabalhava na administração do hospital do condado de McDowell, e sua família morava em uma casa de tijolo de verdade, na McDowell Street. A sala de estar era decorada em tons de laranja e marrom, e o motivo xadrez das cortinas combinava com os estofamentos dos braços do sofá. Na parede, uma fotografia da irmã mais velha da Carrie Mae usando o vestido de formatura do segundo grau estava pendurada. A foto tinha uma fonte de luz própria, exatamente como nos museus.

Havia também uma caixinha de plástico pregada na parede, perto da porta da sala de estar, com um mostrador cheio de números na parte superior, e, em cima, uma seta móvel. O pai da Carrie Mae me viu analisando a caixa quando ela saiu da sala.

— É um termostato. Você desloca a seta pra esquentar ou refrescar a casa — disse-me.

Eu pensei que ele estivesse gozando da minha cara, mas ele mexeu na seta, e eu pude ouvir um rugido abafado vindo, de repente, do porão.

— Isso é a fornalha — disse ele.

Ele me levou até uma entrada de ventilação no chão e colocou a minha mão sobre a grade, para eu sentir o ar quente passando por ela. Eu não quis dizer nada que demonstrasse a minha surpresa, mas depois desse dia muitas e muitas noites sonhei que nós tínhamos um termostato na Little Hobart Street, número 93. Sonhei que tudo o que tínhamos que fazer para encher nossa casa daquele calor abundante e limpo da fornalha era mover uma seta.

A ERMA MORREU DURANTE A ÚLTIMA grande nevasca ao final do nosso segundo inverno em Welch. Papai disse que o fígado dela simplesmente parou de funcionar. Mamãe defendeu a tese de que a Erma bebeu até morrer.

— Foi suicídio. Seria igualzinho se ela tivesse enfiado a cabeça dentro do forno, só que foi mais devagar — disse ela.

Qualquer que fosse a causa, Erma havia preparado todos os detalhes para a eventualidade de sua morte. Durante anos, ela tinha lido o *The Welch Daily News* só pelo obituário e pelos textos com borda preta de memória dos mortos, recortando e guardando os seus preferidos. Eles forneceram inspiração para o anúncio de sua própria morte, no qual ela havia trabalhado e retrabalhado. Ela também tinha escrito páginas e mais páginas de instruções sobre como ela queria que o seu enterro fosse conduzido. Ela escolheu todos os hinos e orações, definiu sua agência funerária favorita, encomendou uma camisola de cor violeta com lacinhos, com a qual ela queria ser enterrada, e selecionou, no catálogo da funerária, um caixão em dois tons de violeta com puxadores cromados.

A morte da Erma fez ressurgir o lado mais religioso da mamãe. Enquanto esperávamos pelo pastor, ela tirou o rosário do bolso e rezou pela alma da Erma, que ela temia estar em perigo, já que, segundo a sua maneira de ver as coisas, ela havia cometido suicídio. Ela também tentou nos fazer beijar o cadáver da Erma. Nós nos recusamos, sem qualquer remorso, mas mamãe foi até o caixão, na frente das outras pessoas que estavam velando o corpo, fez uma genuflexão com gestos largos e, então, deu um beijo tão forte que deu para ouvir o estalo por toda a capela.

Eu estava sentada ao lado do papai. Era a primeira vez na minha vida que eu o via usar gravata, que ele sempre havia chamado de nó de enforcado. Seu rosto estava tenso e fechado, mas eu sentia que ele estava confuso. Mais confuso do que nunca estivera, o que me espantou, porque a Erma parece ter sido uma espécie de influência malévola sobre ele, e eu pensava que ele se sentiria aliviado de se libertar dela.

No caminho de volta para casa, mamãe nos perguntou se tínhamos alguma coisa agradável a dizer sobre a Erma agora que ela tinha falecido. Demos uns passos em silêncio, e aí Lori falou:

— Oba, a bruxa má morreu.

Brian e eu começamos a rir baixinho. Papai rodou o corpo e lançou um olhar tão frio e zangado para a Lori que pensei que ele fosse bater nela.

— Ela era minha mãe, pelo amor de Deus. — Ele nos olhou com fúria. — Vocês me deixam envergonhado. Ouviram o que eu disse? Estou com vergonha de vocês!

Ele começou a descer a rua em direção ao bar do Junior. Ficamos todos olhando enquanto ele se distanciava.

— *Você* está com vergonha de *nós*? — gritou Lori para ele.

Papai continuou andando sem pestanejar.

Quatro dias depois, o papai ainda não tinha voltado para casa e mamãe me mandou procurar por ele.

— Por que sou sempre eu que tenho que ir procurar o papai? — perguntei.

— Porque você é a preferida dele. E ele volta pra casa se você mandar — respondeu ela.

O primeiro passo na busca ao papai era ir até o nosso vizinho, o sr. Freeman, que nos deixava usar o telefone se pagássemos dez centavos, e ligar para o vovô, e perguntar se o papai estava lá. Vovô disse que não tinha a menor idéia de onde ele pudesse estar.

— Quando é que cês vão ter um telefone? — perguntou sr. Freeman depois que eu desliguei.

— Mamãe não aprova o uso do telefone. Ela acha que é um meio de comunicação impessoal — respondi, colocando a moeda de dez centavos na mesinha da sala.

Minha primeira parada foi, como sempre, no Junior. Era o bar mais bacana de Welch, com uma grande vidraça dando para a rua, um menu com hambúrguer e batata-frita e uma máquina de fliperama.

— Olha só! — exclamou um dos freqüentadores habituais quando eu entrei. — É a filha do Rex Walls. Como é que cê tá, fofura?

— Eu vou bem, obrigada. O meu pai tá aqui?

— O Rex? — E, virando-se para o sujeito ao seu lado, perguntou: — Cadê o vigarista do Rex?

— Vi ele de manhã, no Howdy House.

— Fofura, cê tá com cara de cansada — disse o *barman*. — Senta um pouco e toma uma Coca-Cola, oferta da casa.

— Não, obrigada. Tô muito ocupada.

Fui até o Howdy House, que era um bar de nível inferior ao Junior: menor e mais escuro, e a única comida servida era ovo cozido. O *barman* me disse que o papai tinha ido ao *pub*, que era um nível inferior ao Howdy House — um breu de tão escuro, com um balcão de bar grudento e sem comida nenhuma. Lá estava ele, em meio a um punhado de freqüentadores cativos, contando uma das suas histórias da Força Aérea.

Quando papai me viu, ele parou de conversar e me olhou da maneira como sempre me olhava toda vez que eu ia procurar por ele em um bar. Era sempre um momento esquisito para nós dois. Eu tinha tanta vontade de ir buscá-lo quanto ele de que sua filha fedelha fosse mandá-lo voltar para casa, como se ele fosse um menino que estivesse matando aula. Ele me olhou daquela maneira fria e estranha durante um instante, e, então, abriu um enorme sorriso.

— Ei, Cabrita Montesa! — gritou. — Que raios você tá fazendo aqui nessa espelunca?

— Mamãe mandou você voltar pra casa.

— Mandou, foi?

Ele pediu uma Coca-Cola para mim e mais uma dose de uísque para ele. Eu falei para ele várias vezes que estava na hora de ir, mas ele me ignorava a cada vez, e pedia mais doses, como se tivesse que entornar um monte delas antes de poder encarar a volta para casa. Ele foi tropeçando até o banheiro, voltou, pediu uma saideira para beber no carro, bateu com o copo no balcão do bar e começou a andar até a saída. Ele perdeu o equilíbrio ao tentar abrir a porta e se esborrachou no chão. Tentei ajudá-lo a se levantar, mas ele não parava de cair.

— Filhota, você não conseguirá levar ele a lugar nenhum assim — disse um homem que estava atrás de mim. — Deixa que eu dou uma carona pra vocês.

— Ah, muito obrigada, se não for muito incômodo — agradeci.

Uns freqüentadores do bar nos ajudaram a colocar o papai na traseira da picape do sujeito. Apoiamos o papai contra uma caixa de ferramentas. Era um final de tarde no início da primavera, a luz estava começando a diminuir no céu, e as pessoas estavam começando a fechar as lojas na McDowell Street e a voltar para casa. Papai começou a cantar uma das suas músicas preferidas.

Voe baixo, carruagem,
Pra me levar pra casa.

Papai tinha uma bonita voz de barítono, com força, timbre e alcance, e, apesar de bebum, ele cantou esse hino, todo empolgado — como sempre fazia.

Olhei sobre o Jordão, e o que vi
Vindo me levar pra casa?
Um time de anjos veio por mim
Vindo me levar pra casa.

Subi no banco do lado do motorista. A caminho de casa — com o papai ainda cantando, tranqüilão, na traseira do carro, estendendo a palavra "voe", fazendo ela parecer um mugido de vaca — o homem me perguntou como eu estava indo na escola. E falei para ele que estava estudando duro porque queria ser ou veterinária ou geóloga especializada no período Miocênico — quando as montanhas do oeste se formaram. Eu estava contando para ele que os geodes eram formados de bolhas de lava quando ele me interrompeu:

— Pra filha do bêbado da cidade, você até que tem planos ambiciosos — disse-me.

— Pára o carro — falei. — A gente pode continuar sozinho daqui em diante.

— Ah, peraí, eu não tive má intenção. E você sabe muito bem que não tem condições de levar ele sozinha pra casa.

Mesmo assim, ele parou. Eu abri a caçamba da picape e tentei arrastar o papai para fora, mas o homem tinha razão. Eu não tinha condições. Por isso, voltei para o banco do lado do motorista, cruzei os braços bem firme e olhei direto à frente. Quando chegamos ao número 93 da Little Hobart Street, ele me ajudou a arrastar o papai para fora.

— Eu sei que você ficou ofendida com o que eu disse. Mas foi... Eu estava tentando fazer um elogio.

Eu talvez devesse ter agradecido, mas esperei até que ele estivesse fora de alcance dos olhos, e aí chamei o Brian para me ajudar a subir a ladeira até dentro de casa.

Uns meses depois da morte da Erma, o tio Stanley adormeceu no porão da casa, lendo gibi e fumando cigarro. A grande casa de tábuas de madeira ardeu até o chão, mas o vovô e o Stanley conseguiram sair vivos e se mudaram para um apartamento de dois cômodos, sem janelas, no subsolo de uma casa velha nos arredores da colina. Os traficantes de drogas que moraram lá antes tinham pintado palavrões e desenhos psicodélicos nas paredes e no encanamento abaixo do teto, com tinta spray. O proprietário não pintou por cima, e nem o vovô e o Stanley.

O vovô e o Stanley tinham mesmo um banheiro que funcionava, então todos os fins de semana alguns de nós íamos tomar banho na casa deles. Certa ocasião, eu estava sentada do lado do tio Stanley no sofá, no seu quarto, assistindo à televisão e esperando a minha vez de usar a banheira. O vovô estava fora, no clube Moose Lodge, onde ele passava a maior parte do tempo, se divertindo; Lori estava no banho; e mamãe estava fazendo palavras cruzadas na mesa do quarto do vovô. Senti a mão do Stanley se aproximando e roçando a minha coxa. Olhei para ele, mas ele ficou olhando para as musas da televisão tão intensamente que eu não consegui ter certeza de que ele estava fazendo aquilo de propósito, e por isso afastei a sua mão sem dizer nada. Poucos minutos depois, a mão veio se esgueirando de novo. Olhei para baixo e vi que a calça do tio Stanley estava com a braguilha aberta, e que ele estava se tocando. Tive vontade de bater nele, mas fiquei com medo de me encrencar que nem a Lori, depois de dar um soco na Erma, por isso corri até a mamãe.

— Mãe, o tio Stanley tentou abusar de mim.

— Você deve tá imaginando coisas.

— Ele passou a mão em mim! E ficou se masturbando!

Mamãe balançou a cabeça e pareceu preocupada.

— Coitado do Stanley, ele deve estar tão sozinho — falou.

— Mas foi nojento!

Mamãe me perguntou se eu estava bem. Encolhi os ombros e fiz que sim com a cabeça.

— Então tá tudo bem. — Ela disse que abuso sexual era um crime de percepção. — Se você não achar que está machucada, então não está. Tanta mulher faz tempestade em copo d'água por causa dessas coisas. Mas você é forte e não precisa disso. — E voltou a fazer palavras cruzadas.

Depois disso, me recusei a voltar à casa do vovô. Ser forte era uma coisa, mas se tinha uma coisa de que eu não estava precisando era que o tio Stanley pensasse que eu estava voltando por mais um pouco da mão boba dele. Eu fazia o que podia para me lavar na Little Hobart Street. Na cozinha, tínhamos uma bacia de alumínio onde você cabia se dobrasse e puxasse as pernas para junto do peito. Àquela altura, a temperatura já estava quente o bastante para se encher a bacia com a água da torneira que tinha debaixo da casa e tomar banho na cozinha. Depois do banho, eu me agachava do lado da bacia e enfiava a cabeça dentro d'água para lavar o cabelo. Mas carregar todos aqueles baldes com água era um esforço e tanto, e eu adiava tomar banho até começar mesmo a feder.

A chuva chegou com a primavera, ensopando o vale durante vários dias sob lençóis de água torrencial. A água descia colina abaixo pelas valas, arrastando consigo pedras e pequenas árvores, e escorria pelas estradas e arrancava nacos de asfalto. Ela enchia os riachos, que inundavam e ficavam marrom-claros e espumantes, que nem milk-shake de chocolate. Os riachos davam no rio Tug, que transbordava sobre as margens, invadia casas e lojas ao longo da McDowell Street. A lama tinha mais de um metro de altura em algumas casas, e as picapes e os *trailers* do pessoal eram varridos pela correnteza. Na cidadezinha de Buffalo Creek Hollow, uma mina desmoronou e uma onda de água negra de dez metros de altura matou 126 pessoas. Mamãe disse que essa era a maneira de a natureza se vingar dos homens que violavam e pilhavam a terra, arruinando o sistema de drenagem natural do solo ao desmatar completamente as florestas e esburacar totalmente as montanhas com as minas.

A Little Hobart Street ficava alta demais no vale para ser inundada, mas a chuvarada dragou partes da estrada para dentro dos quintais dos moradores que havia abaixo de nós. A água também levou parte da terra que havia ao redor dos pilares que sustentavam a nossa casa, tornando-a ainda mais precária. O buraco no teto da cozinha aumentou, e aí começou a vazar no teto do quarto do lado do Brian e da Maureen. O Brian dormia no beliche de cima, e, quando chovia, ele tinha que abrir um plástico sobre o corpo para evitar a chuva que pingava.

Tudo o que tinha dentro de casa ficou úmido. Um mofo verdejante e fininho se espalhou sobre os livros, papéis e quadros, que estavam empilhados e enfurnados tão alto e em tamanha quantidade que mal dava para atravessar a sala. Pequenos cogumelos brotaram pelos cantos. A umidade atacou a escada de madeira que levava até a casa, e subi-la se tornou um risco diário. Mamãe caiu e atravessou um degrau podre, rolando ribanceira abaixo. Ela ficou com machucados sobre as pernas e os braços por várias semanas. "O meu marido não bate em mim. Ele só não conserta a escada", dizia a quem ficasse olhando para as marcas.

A varanda também começou a apodrecer. A maioria das tábuas de proteção e vigas haviam cedido, e o assoalho ficou esponjoso e pegajoso por causa dos fungos e das algas. Era um verdadeiro problema quando alguém tinha que descer debaixo da casa para ir ao banheiro de noite, e cada um de nós tinha escorregado e caído da varanda pelo menos uma vez. A queda era de uns três metros até o solo.

— Temos que fazer alguma coisa com relação ao problema da varanda, mãe — falei. — Tá ficando superperigoso ir ao banheiro de noite.

De mais a mais, a privada debaixo da casa tinha se tornado completamente inutilizável. Ela tinha transbordado, e era melhor você cavar um buraco em algum lugar na encosta quando precisasse se aliviar.

— Você tem razão. Temos que fazer alguma coisa — disse ela.

Ela comprou um balde. Era de plástico amarelo, e nós o deixávamos no chão da cozinha, e era ele que nós usávamos quando tínhamos que ir ao banheiro. Quando ficava cheio, alguma alma valorosa levava até o lado de fora, fazia um buraco e esvaziava.

Um dia, durante nossa busca por comida nos limites da nossa propriedade, Brian levantou um pedaço de pau podre, e lá, entre centopéias e baratas, estava um anel de brilhante. A pedra era grande. A princípio, pensamos que era só imitação, mas polimos com cuspe e arranhamos um caco de vidro com ela, como papai nos tinha mostrado, e parecia de verdade. Concluímos que tinha pertencido à antiga moradora. Era uma velha, que morreu antes de nos mudarmos. Todo mundo dizia que era meio maluquinha.

— Quanto você acha que vale? — perguntei ao Brian.

— Provavelmente mais do que a casa — disse ele.

Achamos que podíamos vender para comprar comida e acabar de pagar a casa — mamãe e papai viviam se esquecendo de pagar as mensalidades, e estava rolando um papo de que seríamos despejados — e talvez ainda sobrasse o suficiente para algo especial, como um par de tênis para cada um de nós dois.

Levamos o anel até em casa e mostramos à mamãe. Ela o levantou contra a luz, e, aí, disse que tinha que ser avaliado. No dia seguinte, ela pegou o ônibus até Bluefield. De volta à casa, disse que ele era, na realidade, um diamante de dois quilates.

— Então, vale quanto? — perguntei.

— Isso não tem a menor importância — respondeu mamãe.

— Como assim?

— A gente não vai vender.

Ela ia guardar, explicou, para substituir a aliança que a mãe dela tinha lhe dado, aquela que o papai colocou no prego logo depois que eles se casaram.

— Mas, mãe, com esse anel, a gente pode comprar um monte de comida — falei.

— Isso é verdade, mas ele também pode melhorar a minha auto-estima. E, em momentos como este, auto-estima é ainda mais importante do que comida.

A auto-estima da mamãe precisava mesmo de uma aditivada. Às vezes ela ficava meio para baixo. Ela se prostrava, deitada no sofá-cama, sem se mexer por dias a fio, chorando de vez em quando, e, de tempos em tempos, jogando coisas em nós. Ela podia ter sido uma grande artista, gritava, se não tivesse tido filhos, e nenhum de nós reconhecia o seu sacrifício. No dia seguinte, se o baixo astral passasse, ela pintava e cantarolava, como se nada tivesse acontecido.

Certa manhã de sábado, pouco tempo depois da mamãe começar a usar o seu novo anel de brilhante, seu astral estava em plena ascensão, e ela resolveu que todos faríamos uma faxina na casa. Achei a idéia ótima. Falei para ela que devíamos esvaziar todos os cômodos, limpá-los de cabo a rabo, e recolocar somente as coisas essenciais. Parecia-me que essa era a única maneira de se livrar da tralha. Mas mamãe disse que a minha proposta era demorada demais, por isso, acabamos só endireitando pilhas de papel e enfiando roupa suja dentro das gavetas da cômoda. Mamãe insistiu para que rezássemos a Ave Maria enquanto trabalhássemos.

— É uma forma de limpar a alma enquanto limpamos a casa. Estaremos matando dois coelhos com uma cajadada só — disse.

A razão pela qual ela tinha ficado meio mal-humorada, contou-nos mais tarde, era que não vinha fazendo exercícios o suficiente.

— Vou começar a fazer um pouco de ginástica tonificante — anunciou. — Quando se consegue colocar a circulação em movimento, toda a sua visão sobre a vida muda. — Ela se curvou e tocou os dedos dos pés.

Quando levantou o corpo novamente, disse que já estava se sentindo melhor, e se abaixou novamente, para mais um toque nos dedos dos pés. Eu fiquei olhando de braços cruzados, em pé, ao lado da escrivaninha. Eu sabia que o problema não era que nós todos tivéssemos má circulação. Nós não precisávamos tocar os dedos dos pés. Nós precisávamos de medidas drásticas. Àquela altura, eu já tinha 12 anos, tinha julgado as nossas opções, feito pesquisas na biblioteca municipal e levantado informações aqui e ali sobre como as outras famílias na Little Hobart Street sobreviviam. Eu tinha bolado um plano e estava aguardando a oportunidade de apresentá-lo à mamãe. O momento parecia oportuno.

— Mãe, a gente não pode continuar vivendo desse jeito — falei.

— Não estamos tão mal assim.

Entre cada abaixada, ela levantava os braços para cima.

— Não temos comido nada além de pipoca nos últimos três dias — disse eu.

— Você é sempre tão pessimista... Me lembra a minha mãe: reclama, reclama, reclama.

— Não estou sendo pessimista. Só tento ser realista.

— Estou fazendo o melhor que posso dentro das atuais circunstâncias. Por que é que você nunca culpa o teu pai por nada? Ele não é nenhum santo, não, viu?

— Eu sei — disse, enquanto passava a ponta do dedo pela quina da escrivaninha.

Papai sempre deixava os cigarros acesos lá, e havia uma fileira de marcas de queimaduras, como se fosse uma orla decorativa.

— Mãe, você tem que largar o papai.

Ela parou de tocar os dedos do pé.

— Eu não acredito que você tenha dito isso. Não acredito que você, logo você, dê as costas assim ao próprio pai.

Segundo mamãe, eu era a última defensora do papai, a única pessoa que fingia acreditar em todas as suas desculpas e histórias e a ter fé nos seus planos para o futuro.

— Ele te ama tanto. Como você pode fazer uma coisa dessas com ele? — perguntou.

— Eu não culpo o papai — respondi.

E não culpava. Mas papai parecia estar firmemente decidido a se autodestruir, e eu estava com medo de que ele nos puxasse a todos para o fundo do poço com ele. "A gente tem que sair fora dessa."

Eu disse à mamãe que, se ela deixasse o papai, teria direito ao auxílio do governo, o qual ela não tinha agora porque seu marido era fisicamente válido. Algumas pessoas na escola — para não falar em metade dos moradores da Little Hobart Street — viviam do auxílio do Estado, que não era tão ruim assim. Eu sabia que mamãe se opunha à assistência pública, mas aquelas crianças tinham vales-refeições e descontos para comprar roupas. O Estado pagava o carvão e as merendas escolares desse pessoal.

Mamãe não queria nem pensar no assunto. Auxílio público podia causar danos psicológicos irreparáveis em nós.

— Vocês podem ficar com fome de vez em quando, mas, quando vocês enchem a barriga, fica tudo bem — disse ela. — E você pode sentir frio uns tempos, mas esquenta logo de novo. Quando você cai no auxílio público, fica mudado. Mesmo que você caia fora desse esquema, você nunca foge do estigma de ter recebido caridade. Fica marcado para o resto da vida.

— Tudo bem — disse eu. — Se não precisamos de caridade, então arranja um emprego.

Havia uma escassez de professores no condado de McDowell, como tinha havido em Battle Mountain. Ela podia conseguir um emprego fácil, fácil, e, quando ela tivesse um salário, a gente podia se mudar para um apartamento pequeno no centro da cidade.

— Que vida horrível, essa — disse mamãe.

— Pior do que isso? — perguntei.

Mamãe ficou quieta. Parecia estar pensando. Olhou para cima. Ficou sorrindo serenamente.

— Eu não posso deixar o pai de vocês. É contra a fé católica. — E então suspirou. — Além do mais, você sabe como sou: uma viciada em adrenalina.

Mamãe nunca contou ao papai que eu tinha pedido para ela deixá-lo. Naquele verão, ele continuou pensando que eu era sua maior apoiadora, e, dada a pouca competição pelo cargo, eu provavelmente ainda era mesmo.

Certa tarde do mês de junho, papai e eu estávamos sentados na varanda, com as pernas balançando para fora, olhando as casas embaixo. Aquele verão estava tão quente que eu mal conseguia respirar. Parecia mais quente do que em Phoenix ou em Battle Mountain, onde freqüentemente a temperatura subia acima de 38ºC, por isso, quando o papai me falou que só estava fazendo 32ºC, eu disse que o termômetro devia estar quebrado. Mas ele disse que não, que estávamos acostumados ao calor do deserto, e este calor era úmido.

Fazia muito mais calor, ressaltou, embaixo, no vale ao longo da Stewart Street, delineada por aquelas casas de tijolo bonitinhas, que tinham aqueles gramados perfeitamente quadrados e aquelas telhas de alumínio onduladas protegendo as entradas das portas. Os vales conservavam o calor. A nossa casa era a mais alta da ladeira, o que fazia dela, conseqüentemente, o recanto mais fresco de Welch. Em caso de enchente — como tínhamos constatado —, era a mais segura também.

— Você não tinha idéia de que eu tinha pensado tão bem no lugar onde a gente ia morar, tinha? Propriedades se resumem a três coisas, Cabrita Montesa: localização, localização, localização.

Papai começou a rir. Era um riso silencioso que fazia os ombros sacudirem e, quanto mais ele ria, mais engraçada a história lhe parecia, o que o fazia rir ainda mais. Eu também tive que rir, e em dois tempos estávamos ambos rindo às gargalhadas, rolando pelo chão, com lágrimas escorrendo pelo rosto, batendo os pés sobre o assoalho da varanda. Quando cansávamos de tanto rir e as costelas doíam, contraídas, e achávamos que o acesso de riso tinha passado, um de nós recomeçava a rir baixinho, e o outro recomeçava também, e, novamente, ríamos que nem duas hienas.

O maior alívio contra o calor para as crianças de Welch era a piscina pública, ao longo da linha do trem, perto do posto da Esso. Brian e eu tínhamos ido nadar uma vez, mas o Ernie Goad e os seus amigos estavam lá e começaram a falar para todo mundo que os Walls moravam no meio do lixo e que nós íamos deixar a água da piscina fedendo com um odor insuportável. Essa era a oportunidade do Ernie se vingar da Batalha da Little Hobart Street. Um dos amigos dele bolou a expressão "epidemia saudável", e eles repetiam aos pais e aos salva-vidas que nós precisávamos ser expulsos para evitar uma contaminação na piscina. Brian e eu resolvemos ir embora. Estávamos nos dirigindo à saída quando o Ernie Goad veio até a cerca de metal.

— Voltem pro depósito de lixo de vocês — gritou, com a voz trêmula de triunfo. — Vão e não voltem nunca mais!

Uma semana mais tarde, com o calor ainda escaldante, encontrei por acaso com a Dinitia Hewitt no centro da cidade. Ela estava voltando da piscina, com o cabelo molhado, puxado para trás, sob um lenço.

— Puxa, a água tava ótima — disse, enfatizando a palavra "ótima", para que parecesse ter uns 15 "os". — Vocês nadam de vez em quando?

— Eles não gostam da gente lá — respondi.

Dinitia balançou a cabeça, mesmo sem eu ter explicado. Aí ela disse:

— Por que vocês não vêm nadar com a gente de manhã?

"A gente" significava os outros negros. Na piscina, não havia segregação, qualquer um podia nadar a qualquer hora — teoricamente, pelo menos —, mas, na verdade, todos os negros nadavam de manhã, quando a entrada era gratuita, e todos os brancos o faziam à tarde, quando a entrada era cobrada: cinqüenta centavos. Ninguém tinha organizado esse arranjo, e não tinha nenhum regulamento nesse sentido. As coisas simplesmente eram assim.

Claro que eu queria voltar a freqüentar a piscina, mas não conseguia deixar de pensar que, se aceitasse a oferta da Dinitia, estaria violando uma espécie de tabu.

— As pessoas não vão ficar zangadas? — perguntei.

— Porque você é branca? A tua gente talvez; mas a minha, não. E a tua gente não vai estar lá.

Na manhã seguinte, encontrei com a Dinitia diante da entrada da piscina, com o meu maiô enrolado dentro da minha toalha cinza de franja. A recepcionista branca que estava no guichê de entrada olhou para mim surpresa quando passamos pelo portão, mas não falou nada. O vestiário feminino estava escuro, cheirava a Pinho Sol e tinha divisórias de blocos de concreto. O piso, de cimento batido, estava molhado. Uma música *soul* estava tocando em um toca-fitas portátil, e todas as mulheres negras, que estavam entre os bancos de madeira com a tinta descascando, cantavam e dançavam ao ritmo da música.

Nos vestiários a que eu já havia ido, as mulheres brancas sempre pareciam envergonhadas de estarem nuas, e enrolavam uma toalha ao redor da cintura antes de tirar a calcinha, mas aqui a maioria das negras estavam completamente peladas. Algumas eram magras, com quadris ossudos e clavículas saltadas. Outras tinham bumbuns recheados e peitos grandes e pendentes, e batiam quadril contra quadril, segurando os peitos para cima contra o corpo enquanto dançavam.

Assim que elas me viram, pararam de dançar. Uma das que estavam peladas veio perto e ficou parada na minha frente, com as mãos

na cintura e os peitos tão perto que fiquei morta de medo que os ma-
milos encostassem em mim. Dinitia explicou que eu estava com ela e
era gente fina. As mulheres se entreolharam e deram de ombros.

Eu ia fazer 13 anos e tinha vergonha do meu corpo, por isso
planejara colocar o maiô por debaixo do vestido, mas fiquei preocupada, porque ia ficar parecendo ainda mais estranho, então respirei
fundo e tirei a roupa. A cicatriz nas minhas costelas tinha um palmo
de comprimento, e Dinitia reparou imediatamente. Eu expliquei que
tinha ficado assim aos três anos de idade, e que fui parar no hospital.
Ficara seis semanas recebendo enxerto de pele, e por isso nunca usava biquíni. A Dinitia passou gentilmente o dedo sobre a cicatriz.

— Não é tão feio assim — falou.

— Ô, Nitia — gritou uma das mulheres —, a tua amiga tem uma
penugem vermelha entre as pernas!

— Lógico! — exclamou Dinitia.

— É isso aí — falei. — Combinei a toca e a calcinha!

Era uma frase que eu tinha ouvido a Dinitia usar. Ela sorriu, e a
mulherada toda explodiu de rir. Uma das dançarinas me deu uma
bundada. Com a intimidade,·também dei um empurrão atrevido
nela.

Dinitia e eu ficamos na piscina a manhã toda, brincando na água,
praticando nado de costas e borboleta. Ela dava braçadas a esmo
como eu. Plantamos bananeira, fizemos rodopios debaixo d'água e
brincamos de pique dentro da piscina com outras crianças. Saímos
de lá para pularmos dentro d'água de novo, deixando todo mundo molhado, tentando respingar ao máximo as pessoas sentadas na
borda. A água azul-brilhante ficou turva e cheia de espuma branca.
Quando o horário gratuito terminou, os meus dedos dos pés e das
mãos estavam completamente enrugados, e os meus olhos, vermelhos e irritados do cloro — tão forte que dava para sentir uma nuvem de vapor que pairava sobre a piscina, praticamente visível. Eu
nunca me senti tão limpa.

Naquela tarde, eu estava sozinha em casa, ainda curtindo a sensação pinicante e seca da pele atacada pelo cloro e com o corpo moído por causa de todo o exercício que havia feito, quando ouvi alguém bater à porta. O barulho me assustou. Quase ninguém nos visitava no número 93 da Little Hobart Street. Abri a porta só uns poucos centímetros e dei uma espiada para fora. Um homem com grandes entradas na testa, segurando um fichário debaixo do braço, estava parado na varanda. Alguma coisa nele sugeria que era do governo — o tipo de sujeito que o papai nos havia ensinado a evitar.

— O dono da casa está? — perguntou.

— Qual é a sua graça? — perguntei.

O sujeito sorriu como quando se quer amenizar uma má notícia.

— Eu trabalho para o Serviço de Proteção ao Menor e estou procurando pelo Rex ou pela Rose Mary Walls — disse ele.

— Eles não estão em casa.

— Quantos anos você tem?

— Doze.

— Posso entrar?

Vi que ele estava tentando enxergar o que havia dentro da casa, atrás de mim. Fechei a porta até o fim, só deixando uma frestinha.

— Mamãe e papai não iam gostar se eu deixasse o senhor entrar — falei —, pelo menos até eles contatarem o advogado deles — acrescentei, para impressioná-lo. — Pode me dizer o que o senhor quer que eu transmito o recado.

O homem disse que alguém, cujo nome ele não tinha o direito de revelar, havia telefonado para o seu gabinete, recomendando uma investigação sobre as condições de vida do número 93 da Little Hobart Street, onde era possível que crianças dependentes vivessem em estado de negligência.

— Ninguém é negligente com a gente.

— Tem certeza?

— Pode apostar.

— O seu pai trabalha?

— Claro. Ele faz bicos. E ele é um empreendedor, está desenvolvendo uma tecnologia pra queimar carvão betuminoso de maneira segura e eficaz.

— E a sua mãe?

— Ela é artista. E escritora e professora.

— Ah, é? Onde? — O homem fez uma anotação em um bloquinho.

— Acho que mamãe e papai não gostariam que eu falasse com o senhor sem que eles estivessem aqui. Volte quando eles estiverem em casa. Eles vão responder às suas perguntas.

— Muito bem. Eu volto. Diga para eles que eu vou voltar.

Ele passou um cartão de visita pela fresta da porta. Esperei que ele descesse até o chão firme, olhando.

— Cuidado com o degrau — gritei. — Estamos providenciando uma escada nova em folha.

Depois que o homem foi embora, fiquei tão furiosa que subi a colina correndo e comecei a atirar pedras — pedras tão grandes que eu precisei das duas mãos para levantar — dentro do poço de lixo. A não ser pela Erma, eu nunca tinha detestado tanto uma pessoa como eu detestei aquele agente do Serviço de Proteção ao Menor. Nem mesmo o Ernie Goad. Pelo menos quando o Ernie e a sua turma vinham berrar que nós éramos um monte de lixo, podíamos retribuir com pedras. Mas o homem do Serviço de Proteção ao Menor cismou que éramos uma família problemática, e não tínhamos como nos livrar dele. Ele ia começar uma investigação e acabaria nos enviando, a

mim, ao Brian, à Lori e à Maureen, para morar com famílias diferentes, apesar de termos, todos, boas notas na escola e de conhe-
cermos o Código Morse. Eu não podia deixar isso acontecer. Nem
pensar em perder o Brian, a Lori e a Maureen.

Eu queria que nós pudéssemos dar uma escapulida. Há muito
tempo, Brian, Lori, Maureen e eu tínhamos partido do princípio de
que íamos, mais cedo ou mais tarde, embora de Welch. De dois em
dois meses, perguntávamos ao papai se íamos mudar de novo. Às
vezes, ele falava na Austrália ou no Alasca, mas nunca se mexia, e,
quando perguntávamos à mamãe, ela começava a cantarolar uma
musiquinha sobre como a vaca tinha ido pro brejo, e nós, atrás.
Talvez, voltar a Welch tivesse matado a idéia que o papai tinha de
si mesmo como sendo um andarilho. A verdade era que estávamos
empacados.

Quando mamãe chegou em casa, entreguei a ela o cartão do homem e contei sobre a visita. Eu ainda estava muito tensa. Falei que,
como nem ela nem o papai tinham se dado o trabalho de arrumar
um emprego e ela se recusava a largar o papai, o governo ia fazer o
serviço de separar a família no seu lugar.

Eu achava que mamãe ia reagir com as suas alternativas originais, mas ela ouviu a minha lamúria em silêncio. Então, falou que
precisava meditar sobre as suas opções. Sentou-se diante do cavalete.
Ela já não tinha mais tela, e havia começado a pintar sobre madeira.
Por isso pegou uma tábua, sua paleta, espremeu umas bisnagas de
tinta e escolheu um pincel.

— O que é que cê tá fazendo? — perguntei.

— Estou pensando — respondeu.

Mamãe estava trabalhando rapidamente, automaticamente,
como se soubesse exatamente o que queria pintar. Uma figura adquiriu forma no meio da tábua. Era uma mulher, da cintura para
cima, com os braços levantados. Círculos azuis concêntricos surgiram ao redor da cintura. O azul era a água. Mamãe estava pintando
o quadro de uma mulher se afogando em um lago tempestuoso.
Quando acabou, ficou sentada por um longo tempo, em silêncio,
olhando o quadro.

— Então, o que é que vamos fazer? — perguntei, finalmente.

— Jeannette, você é tão obsessiva que me assusta.

— Você não respondeu à minha pergunta.

— Vou arranjar um emprego, Jeannette — respondeu secamente. Ela jogou o pincel dentro do pote com aguarrás e ficou lá, olhando para a mulher se afogando.

PROFESSORES BEM QUALIFICADOS ERAM tão raros no condado de McDowell que dois dos professores que eu tive na escola secundária de Welch não haviam cursado faculdade. Mamãe conseguiu arrumar um emprego no final daquela semana. Passamos aqueles dias tentando freneticamente limpar a casa, antevendo o retorno do sujeito do Serviço de Proteção ao Menor. Era uma missão impossível, devido às pilhas de tralha da mamãe, ao buraco no teto e ao balde amarelo nojento em plena cozinha. No entanto, por alguma razão, ele nunca mais voltou.

O trabalho da mamãe era dar aulas de reforço de leitura em um colégio primário em Davy, um assentamento de mineradores de carvão a uns vinte quilômetros ao norte de Welch. Como ainda não tínhamos carro, a diretora da escola combinou que a mamãe iria à escola de carona com uma outra professora, Lucy Jo Rose, que tinha acabado de se formar pela Bluefield State College, e que era tão gorda que ela mal conseguia se espremer atrás do volante do seu Dodge Dart marrom. A Lucy Jo, a quem a diretora havia mais ou menos imposto essa tarefa, pegou uma antipatia imediata pela mamãe. Ela se recusava a conversar durante o trajeto, e, em vez disso, ouvia fitas da Barbara Mandrell e fumava cigarros Kool com filtro. Assim que mamãe saía do carro, a Lucy Jo fazia a maior cena, limpando o assento da mamãe com o desinfetante Lysol. Quanto à mamãe, ela achava que a Lucy Jo era seriamente mal informada. Quando a mamãe mencionou, uma vez, o nome do pintor Jackson Pollock, a Lucy

Jo disse que tinha sangue polonês e que, portanto, não apreciava que empregassem termos pejorativos para designar o seu povo.

Mamãe teve os mesmos problemas que havia tido em Battle Mountain com a organização dos trabalhos dos alunos e sua disciplina. Pelo menos uma manhã por semana, ela dava um piti e se recusava a ir trabalhar, e Lori, Brian e eu tínhamos que pegar todas as suas coisas e descer com ela até o sopé da ladeira, onde a Lucy Jo esperava, com a cara amarrada, e com uma fumaça azul saindo pelo cano de descarga do Dart — enferrujado, furado e que dava tiros.

Mas pelo menos tínhamos dinheiro. Enquanto eu estava ganhando uma graninha como babá, o Brian capinava os jardins dos outros e a Lori entregava jornal. No total, isso não dava para grande coisa. Agora, a mamãe recebia uns US$700 por mês, e a primeira vez em que eu vi o cheque cinza e verde de seu pagamento, com o canhoto destacável e as assinaturas mecanizadas, eu pensei que os nossos problemas tinham acabado. Nos dias de pagamento, mamãe nos levava até a grande agência bancária que havia do outro lado da rua, em frente ao Palácio da Justiça, para descontar o seu cheque. Depois que o caixa lhe dava o dinheiro, mamãe ia até um canto do banco e enfiava tudo em uma meia que ela tinha pregado com um alfinete de fralda no interior do sutiã por precaução. Aí, corríamos até a companhia de luz, a agência de distribuição de água e o proprietário da casa, pagando o que devíamos com notas de dez e de vinte. Os atendentes dos guichês arregalavam os olhos quando mamãe pescava a meia dentro do sutiã, explicando aos que estavam mais próximos que essa era a sua maneira de evitar os trombadinhas.

Mamãe também comprou uns aquecedores elétricos e uma geladeira no consórcio, e íamos à loja de eletrodomésticos uma vez por mês e deixávamos alguns dólares, imaginando que tudo seria nosso até o inverno. Mamãe sempre fazia pelo menos uma "extravagância" no dia do pagamento da prestação, algo de que não precisávamos de verdade — uma estola de seda com franja ou um vaso de cristal entalhado —, porque ela dizia que a maneira mais segura de se sentir rico era investir em supérfluos de boa qualidade. Depois dessa excursão, íamos até o armarinho no sopé da colina e comprávamos um estoque essencial de comida, como arroz e feijão, leite em pó e enlatados. Mamãe sempre pegava as latas amassadas, mesmo que não estivessem remarcadas, porque ela dizia que até elas mereciam ser amadas.

Em casa, esvaziávamos a bolsa da mamãe no sofá-cama e contávamos o dinheiro que restara. Tinha centenas de dólares, mais do que o suficiente para cobrir nossas despesas até o fim do mês, pensava eu. Mas, a cada mês, o dinheiro desaparecia antes que o próximo pagamento chegasse, e mais uma vez eu me via remexendo na lixeira da escola, à procura do que comer.

Naquele outono, pouco antes do final do mês, mamãe anunciou que só tínhamos um dólar para comprar o jantar. Era o suficiente para comprar um galão de sorvete napolitano, que ela afirmava não somente ser delicioso, como também ter muito cálcio, e seria bom para os nossos ossos. Trouxemos o sorvete para casa, e Brian arrancou o pacote e cortou o bloco de sorvete em cinco fatias iguais. Eu pedi para escolher primeiro a minha fatia. Mamãe nos disse para saborearmos bem, porque não tínhamos dinheiro para o jantar do dia seguinte.

— Mãe, o que foi que aconteceu com aquele dinheiro todo? — perguntei, enquanto comíamos as nossas fatias de sorvete.

— Foi acabando, acabando, acabou tudo!

— Mas em quê? — perguntou Lori.

— Eu tenho uma casa cheia de crianças e um marido que absorve álcool que nem uma esponja. Fazer o dinheiro render é mais difícil do que você pensa.

Não devia ser tão difícil assim, pensei. Outras mães conseguiam. Comecei a interrogá-la. Será que ela estava gastando o dinheiro consigo mesma? Será que ela estava dando para o papai? Será que o papai estava roubando o dinheiro? Ou será que nós gastávamos mesmo rápido demais? Eu não conseguia atinar com a resposta.

— Dá o dinheiro pra gente — falei. — A gente vai bolar um orçamento sem sair da linha.

— É fácil falar — respondeu mamãe.

Lori e eu bolamos mesmo um orçamento, e incluímos uma mesada para a mamãe, que cobria seus artigos de luxo, como barras de chocolate extra-grandes da Hershey's e vasos de cristal entalhados.

Achávamos que, se respeitássemos o nosso orçamento, teríamos o suficiente para comprar roupas, sapatos e casacos novos, assim como uma tonelada de carvão a um preço mais barato, fora de estação. Depois disso tudo, poderíamos instalar um isolante térmico, passar um cano d'água pela casa e, talvez, até acrescentar um *boiler*. Mas mamãe nunca nos entregou o dinheiro. Por isso, apesar de ela ter um emprego fixo, nós estávamos vivendo mais ou menos do mesmo jeito que antes.

EU HAVIA COMEÇADO A SEXTA SÉRIE naquele outono, o que significava que devia ir à escola secundária de Welch. Era uma escola grande, próxima do topo de uma colina, que tinha vista panorâmica sobre a cidade, aonde se chegava por uma rua íngreme. Um ônibus levava as crianças até lá cima, indo pegá-las nos seus morros e nos assentamentos de mineradores, como os de Davy e de Hemphill — que eram pequenos demais para terem suas próprias escolas secundárias. Algumas das crianças pareciam ser tão pobres quanto eu, com cabelos cortados pelas próprias mães e sapatos furados na ponta do dedão. Achei mais fácil me adaptar lá do que na escola primária de Welch.

A Dinitia Hewitt também estava lá. Aquela manhã de sábado que eu havia passado nadando com a Dinitia na piscina pública fora o momento mais feliz que eu tinha tido até então em Welch, mas ela nunca mais tinha me convidado, e mesmo sendo uma piscina aberta a todos eu achei que não podia voltar lá no horário gratuito sem um convite seu. Eu só a vi novamente quando as aulas recomeçaram, e nenhuma de nós mencionou aquela manhã na piscina. Acho que ambas sabíamos que, em função do que as pessoas em Welch pensavam sobre a convivência entre brancos e negros, seria muito esquisito se fôssemos amigas íntimas. Durante a hora do almoço, Dinitia ficava com as outras crianças negras, mas passávamos uma hora juntas na sala de leitura, e lá escrevíamos bilhetes uma para a outra.

Ao entrar na escola secundária, Dinitia não era mais a mesma. Seu brilho havia desaparecido. Ela começou a beber cerveja preta e outras bebidas durante as aulas. Enchia uma lata de refrigerante com o vinho Mad Dog 20/20 e levava para dentro de sala. Tentei descobrir o que estava acontecendo, mas só consegui tirar dela a informação de que o novo namorado da sua mãe havia se mudado e estava morando com elas, e que a casa tinha ficado meio apertada.

Na véspera de Natal, a Dinitia me passou um bilhete na sala de leitura, perguntando por nomes de menina que começavam com D. Eu escrevi todos os nomes que pude lembrar — Diana, Donna, Dora, Dreama, Diandra —, e então escrevi: "Por quê?" Ela me respondeu por escrito: "Acho que estou grávida."

Depois do Natal, Dinitia não retornou à escola. Decorrido um mês, dei a volta ao redor da montanha, fui até a sua casa e bati à porta. Um homem abriu e ficou parado, me olhando. Sua pele parecia o fundo de uma frigideira de ferro batido, e seus olhos eram de cor amarelo-nicotina. Ele deixou a porta de tela fechada, por isso tive que falar através da tela.

— A Dinitia está? — perguntei.

— Por que a pergunta?

— Porque eu quero falar com ela.

— Ela não quer ver você, não — disse ele, e fechou a porta.

Eu vi a Dinitia na cidade uma ou duas vezes, demos tchau de longe, mas nunca mais nos falamos. Mais tarde, todo mundo ficou sabendo que ela tinha sido presa por ter esfaqueado o namorado da mãe até a morte.

As outras meninas não paravam de conversar sobre quem ainda era virgem e até onde elas iam com os namorados. O mundo parecia dividido entre meninas com namorado e meninas sem. Era a distinção mais importante de todas, a única, na verdade, relevante. Mas eu sabia que os garotos eram perigosos. Eles diziam que te amavam, mas sempre queriam "aquilo".

Mesmo sem confiar nos rapazes, é verdade que eu teria gostado se algum demonstrasse interesse por mim. O Kenny Hall, aquele velho que morava na minha rua, ainda estava caído por mim, mas ele não contava. Se algum garoto se interessasse por mim, eu me perguntava se teria realmente vontade de lhe dizer, se ele tentasse ir longe demais, que eu não era esse tipo de garota. Mas a verdade era que eu não precisava me preocupar em me defender contra investidas desse tipo, já que eu era — como o Ernie Goad me havia dito em cada ocasião possível — feia que nem um osso pra cachorro. Com isso, ele queria dizer que, se eu quisesse que um cachorro viesse brincar comigo, eu tinha que amarrar um osso de costela no meu pescoço.

Eu tinha uma aparência que mamãe denominava de "original". Essa era uma das maneiras de ver a situação. Eu tinha quase dois metros de altura, pálida que nem barriga de rã, com cabelo vermelho-fogo. Meus cotovelos eram como pontas de flechas, e meus joelhos, pires aquilinos e protuberantes. Mas a minha característica mais proeminente — e pior — eram os meus dentes. Eles não eram tortos ou podres. Na verdade, eram grandes e saudáveis. Mas saltavam para fora. A arcada superior pulava tão entusiasticamente para fora que eu tinha dificuldade de fechar a boca completamente, e estava sempre esticando o lábio superior para cobri-los. Quando eu ria, tapava a boca com a mão.

Lori me dizia que eu tinha uma maneira exagerada de ver quão feia era a aparência dos meus dentes. "Você só é um pouco dentuça", dizia ela, "teus dentes te dão um certo charme de coelhinho". Mamãe me dizia que minha arcada proeminente dava personalidade ao meu rosto. O Brian me dizia que dentes assim podiam ser úteis para o caso de eu ter que comer uma maçã através de um buraco na cerca.

Eu sabia que precisava de um aparelho ortodôntico. Todas as vezes que olhava no espelho, ansiava pelo que as outras crianças chamavam de boca de arame farpado. Mamãe e papai não tinham dinheiro para um aparelho, claro — nenhum de nós tinha sequer ido ao dentista em toda nossa vida —, mas desde que eu tinha começado a trabalhar como babá e a fazer o dever de casa das outras crianças em troca de uns trocados, resolvera economizar para poder pagar, eu mesma, pelo aparelho. Não fazia a menor idéia de quanto ele custava, por isso cheguei para a única garota na minha sala que usava aparelho e, depois de elogiar seus dentes perfeitos, perguntei, casualmente, qual era o rombo no orçamento dos seus pais. Quando ela me disse que era de US$1.200, quase caí para trás. Eu ganhava um dólar por hora como babá. Geralmente, trabalhava de cinco a seis horas por semana, o que significava que, se eu guardasse cada centavo que ganhasse, levaria quatro anos para juntar a quantia.

Resolvi fazer o meu próprio aparelho.

Fui até a biblioteca e pedi um livro sobre ortodontia. A bibliotecária me olhou de um jeito esquisito e me disse que não havia nenhum lá, e compreendi que eu teria que descobrir como as coisas funcionavam à medida que eu avançasse. O processo envolvia experimentos e vários começos equivocados. No princípio, eu simplesmente usei um elástico. Antes de deitar, eu o esticava em torno da totalidade da arcada superior. O elástico era pequeno, mas grosso, e apertava bem. Mas ele apertava contra a minha língua, e me incomodava, e às vezes, quando soltava durante a noite, eu acordava engasgando. Mas geralmente ele ficava no lugar a noite toda, e pela manhã minha gengiva ficava dolorida por causa da pressão sobre os dentes.

Isso parecia ser um sinal promissor, mas eu comecei a ficar preocupada com o fato de que, em vez de empurrar os meus dentes para dentro, o elástico pudesse estar empurrando-os, ainda mais, para fora. Por isso, eu arrumei uns elásticos maiores e coloquei-os ao redor da cabeça inteira, apertando contra os meus dentes da frente. O problema dessa técnica era que os elásticos eram muito apertados — eles tinham que ser para que funcionassem — e eu acordava com dor de cabeça e marcas vermelhas profundas onde eles se fincavam, nas laterais do meu rosto.

Eu precisava de uma tecnologia mais avançada. Dobrei um cabide de metal em forma de ferradura para que ele se encaixasse por detrás da minha cabeça. Aí, torci as duas pontas para fora, a fim de que, quando o cabide estivesse em volta da minha cabeça, as pontas se orientassem para o exterior, evitando o meu rosto, e formassem ganchos que seguravam o elástico no lugar. Quando eu experimentei o cabide, ele apertou o meu crânio e eu tive que usar um absorvente higiênico para acolchoar.

A invenção funcionou às mil maravilhas, só que eu tinha que dormir de barriga para cima, o que sempre me fora difícil, sobretudo quando fazia frio. Eu gostava de me enroscar nos cobertores. Além disso, o elástico continuava soltando no meio da noite. Outro problema era que eu levava muito tempo para encaixar a invenção no lugar de maneira adequada. Eu esperava até ficar escuro para que ninguém o visse.

Uma noite, eu estava deitada de costas no meu beliche, com o meu elaborado aparelho de cabide, quando a porta do quarto se abriu. Distingui com dificuldade uma figura parda no escuro.

— Quem é? — gritei, mas, devido ao aparelho, soou como "Fem é?".

— É o teu velho — respondeu papai. — Por que está resmungando?

Ele veio até o meu beliche, levantou o isqueiro e acendeu. Uma chama surgiu.

— Que pinóia é essa na tua cara?

— Meu apanenho — respondi.

— O teu o quê?

Tirei a minha invenção e expliquei ao papai que, como eu era muito dentuça, precisava usar aparelho, mas ele custava US$1.200, então fiz o meu próprio.

— Coloca ele de volta no lugar.

Ele estudou o meu trabalho manual com muita atenção, e, aí, fez que sim com a cabeça.

— Esse aparelho é um feito digno de um gênio da engenharia. Você saiu ao teu velho.

Ele segurou o meu queixo, puxou para baixo, e abriu a minha boca.

— E quem diria? Acho que tá fazendo um milagre nos teus dentes.

Naquele ano, comecei a trabalhar para o jornal da escola, o *The Maroon Wave* — a onda marrom. Eu queria fazer parte de um clube, ou grupo, ou organização, onde pudesse me sentir parte da panelinha, onde as pessoas não iriam se afastar se me sentasse ao lado delas. Eu corria bem, então pensei em entrar para a equipe de corrida, mas era preciso pagar o uniforme, e mamãe disse que não tínhamos dinheiro. Não era preciso comprar uniforme, nem instrumento musical, nem pagar taxa nenhuma para trabalhar no *Wave*.

A srta. Jeanette Bivens, uma das professoras de inglês da escola, era um dos membros do conselho diretor do *Wave*. Era uma mulher calada, objetiva, que estava há tanto tempo na escola secundária de Welch que também tinha sido professora de inglês do papai. Ele me contou, certa vez, que ela foi a primeira pessoa na sua vida que botou fé nele. Ela pensava que ele era um escritor de talento e o havia incentivado a apresentar um poema de 24 linhas intitulado "Tempestade de verão" em um concurso de poesias de âmbito estadual. Quando ele ganhou o primeiro lugar, um dos outros professores do papai se perguntou em voz alta se o filho de dois alcoólatras imprestáveis como o Ted e a Erma poderia ter escrito aquilo sozinho. Papai ficou tão ofendido que largou a escola. Foi a srta. Bivens quem o convenceu a voltar e pegar seu diploma, dizendo-lhe que ele tinha o que era necessário para subir na vida. Papai escolheu o meu nome por causa dela; mamãe sugeriu acrescentar um segundo "ene" para torná-lo mais elegante e francês.

A srta. Bivens me disse que, se não lhe falhasse a memória, eu era a única aluna da sexta série que já havia trabalhado no *Wave*. Comecei como revisora. Nas noites de inverno, em vez de me curvar em torno do fogão do número 93 da Little Hobart Street, eu descia até as salas de escritório quentes e secas do *The Welch Daily News*, onde o *The Maroon* era tipografado, diagramado e impresso. Eu adorava o ambiente atarefado da sala da redação. Máquinas de telex estalavam em um canto da parede enquanto maços de jornal com notícias de todas as partes do mundo se acumulavam pelo chão. Tubos de lâmpadas fluorescentes pendiam do teto a trinta centímetros das mesas inclinadas, de vidro, onde homens usando lentes verde-escuras conferiam pilhas de textos e fotografias.

Eu pegava as provas de granel do *Wave*, sentava em uma das pontas de uma das mesas, com a coluna reta, um lápis atrás da orelha, procurando por erros na tipografia. Os anos que passei ajudando a mamãe na correção da ortografia dos deveres dos seus alunos deram-me muita prática nessa linha de trabalho. Eu fazia as correções com um marca-texto azul-claro que não era detectado pela câmera que fotografava as páginas para a impressão. Os tipógrafos corrigiam as linhas que eu havia marcado e as imprimiam. Eu passava as linhas corrigidas pela máquina de cera quente, que tornava o lado avesso grudento, e aí cortava as linhas com uma faca X-Acto, e as encaixava sobre as linhas originais.

Eu tentei passar despercebida na sala da redação, mas uma tipógrafa, uma mulher azeda, que acendia um cigarro no outro e usava sempre uma rendinha no cabelo, desenvolveu uma antipatia gratuita por mim. Ela achava que eu era suja. Quando eu passava por ela, ela se virava para os outros tipógrafos e dizia alto: "Cês tão sentindo um cheiro esquisito?" Exatamente como a Lucy Jo tinha feito com a mamãe, ela começou a jogar spray desinfetante e aromatizante na minha direção. Então ela reclamou com o chefe da redação, o sr. Muckenfuss, que eu devia ter piolho e podia infestar toda a equipe da redação. O sr. Muckenfuss confabulou com a srta. Bivens, e ela me disse que, enquanto eu estivesse limpinha, ela brigaria por mim. Foi aí que voltei a freqüentar o apartamento do vovô e do tio Stanley para tomar um banho semanal, embora enquanto eu estivesse por lá evitasse o tio Stanley o máximo possível.

Sempre que eu ia ao *Daily News*, observava os redatores e os repórteres trabalhando na sala de redação. Eles deixavam um jornalista ouvindo a freqüência da polícia o tempo inteiro e, quando um acidente, incêndio ou crime era anunciado, um redator mandava um repórter descobrir o que havia acontecido. Este voltava umas horas depois e datilografava um artigo, que era publicado no jornal do dia seguinte. Isso me agradava profundamente. Até então, quando eu pensava em escritores, a primeira coisa que me vinha à mente era a mamãe, debruçada sobre a máquina de escrever, estalando as claves, escrevendo romances e peças e filosofias de vida e, de vez em quando, recebendo uma carta de rejeição personalizada. Mas um repórter de jornal, em vez de se isolar e trancafiar, estava em contato com o resto do mundo. O que um repórter escrevia influenciava o que as pessoas pensavam e sobre o que falavam no dia seguinte; ele realmente sabia o que estava acontecendo. Decidi que queria ser uma dessas pessoas, que sabiam o que realmente acontecia.

Quando terminava o trabalho, eu lia artigos enviados por telégrafo. Como nunca tivemos assinatura de jornal ou revista, nunca soube o que estava acontecendo no mundo, a não ser pelas versões enviesadas da mamãe e do papai — em que todo político era safado, todo policial, corrupto, e todo criminoso, devidamente preso. Comecei a sentir como se estivesse tendo acesso à história em sua integralidade pela primeira vez, que eu estava recebendo as partes que faltavam do quebra-cabeças e que o mundo fazia um pouco mais de sentido.

Havia horas em que eu achava que estava em falta com a Maureen, que eu não estava mantendo a minha promessa de protegê-la — promessa que eu tinha feito quando a segurei no colo, a caminho de casa, saindo do hospital, depois de seu nascimento. Eu não podia lhe dar aquilo de que ela mais precisava: banhos mornos, cama quentinha, pratos de mingau recém-saídos do fogão antes de ir para a escola pela manhã, mas eu tentava fazer pequenas coisas. Quando ela fez sete anos, naquele mesmo período, eu disse ao Brian e à Lori que precisávamos fazer uma festa de aniversário especial. Nós sabíamos que mamãe e papai não iam lhe comprar presentes, então nós economizamos durante vários meses, fomos a uma loja de departamentos barateira e compramos um conjunto de cozinha de brinquedo, que tinha os aparelhos eletrodomésticos bem realistas: o agitador da máquina de lavar virava e a geladeira tinha prateleiras de metal no interior. Achamos que, quando ela estivesse brincando, poderia pelo menos fazer de conta que tinha roupas limpas e refeições diárias.

— Fala de novo sobre a Califórnia — pediu Maureen depois de abrir os presentes.

Embora ela tivesse nascido lá, não conseguia se lembrar. Ela sempre adorava ouvir histórias sobre a vida no deserto da Califórnia, por isso lhe contamos de novo como lá o sol brilhava o tempo todo e como fazia tanto calor que podíamos correr descalços até mesmo em pleno inverno. Também relatamos como comíamos alface nos campos cultivados, e colhíamos toneladas de uvas verdes, e dormíamos em cobertores sob as estrelas. Nós lhe dissemos que ela era loura porque tinha nascido em um estado muito rico em ouro, e que ela tinha olhos azuis da cor do oceano que batia contra as praias da Califórnia.

— É lá que eu vou morar quando eu for grande — disse ela.

Embora tivesse saudade da Califórnia, lugar mágico de luz e calor, mesmo em Welch ela parecia mais feliz do que o resto de nós. Era uma menina linda, com uma beleza de conto de fadas, com longos cabelos loiros e olhos azuis brilhantes. Passava tanto tempo com as famílias dos seus amigos que freqüentemente não parecia ser membro da nossa família. Muitos dos seus amigos eram pentecostais, cujos pais diziam que os nossos pais eram irremediavelmente irresponsáveis. Eles assumiram a missão de salvar a alma da Maureen. Adotaram-na como filha e levavam-na a encontros de renascimento, e a rituais em que se deve agarrar uma cobra, como sinal da proteção de Deus, na cidade de Jolo.

Sob sua influência, Maureen desenvolveu um pendor religioso profundo. Ela foi batizada mais de uma vez, e vivia voltando para casa anunciando que ela havia nascido de novo. Certa ocasião, afirmou que o demônio havia assumido a forma de um *oroborus*, aquela cobra mítica que morde a própria cauda, formando um círculo, e que havia rolado atrás dela montanha abaixo, sibilando e dizendo que voltaria para vir buscar a sua alma. Brian disse à mamãe que precisávamos afastar a Maureen daqueles pentecostais lunáticos, mas mamãe disse que todos entrávamos na religião da nossa maneira individual, e que cada um de nós precisava respeitar as práticas religiosas dos demais, reconhecendo que cabia a cada ser humano encontrar a sua própria via para o paraíso.

Mamãe podia ter a sabedoria de um filósofo, mas as suas mudanças de humor estavam começando a me irritar. Por vezes, ela ficava alegre dias e dias a fio, afirmando que se decidira a ter somente pensamentos positivos, porque, se você tiver pensamento positivo, coisas positivas te acontecem. Mas os pensamentos positivos cediam lugar a pensamentos negativos, e os pensamentos negativos pareciam grassar dentro de sua mente, como um enorme bando de corvos pretos se apodera de uma paisagem, pousando como uma nuvem espessa sobre as árvores, as cancelas das cercas, os gramados; te olhando em um silêncio infame. Quando isso acontecia, mamãe se recusava a sair da cama, até quando a Lucy Jo aparecia para levá-la de carona até a escola, buzinando impacientemente.

Uma manhã, quase no final do ano letivo, mamãe teve um colapso nervoso. Ela devia escrever avaliações sobre o progresso dos alunos, mas passou cada minuto livre pintando, e agora o prazo de entrega estava chegando e os documentos não haviam sido elaborados. O programa de reforço de leitura ia perder o financiamento, e a diretora ia ou ficar furiosa ou simplesmente indignada. Mamãe não conseguiria encarar a mulher. Lucy Jo, que estava esperando pela mamãe dentro do Dart, foi embora sem ela, e mamãe continuou enrolada nos cobertores, no sofá-cama, choramingando sobre como ela detestava a sua vida.

Nem papai nem a Maureen estavam em casa. Brian, como de hábito, começou a imitar a mamãe, reclamando e choramingando, mas ninguém estava rindo, então ele pegou uns livros e saiu da casa. Lori sentou-se ao lado de mamãe, na cama, tentando consolá-la. Eu só fiquei de pé, na soleira da porta, com os braços cruzados, olhando para ela, fixamente.

Era difícil acreditar que aquela mulher com a cabeça enfiada debaixo dos cobertores, sentindo pena de si mesma e fazendo manha como uma menininha de cinco anos de idade fosse a minha mãe. Ela tinha 38 anos; não era jovem, tampouco velha. Dentro de 25 anos, eu teria a idade que ela tinha naquele momento. Eu não tinha a menor idéia de como a minha vida seria então, mas, enquanto catava meus livros escolares e saía pela porta, jurei para mim mesma que nunca seria como a da mamãe, que eu não ia chorar até as lágrimas secarem dentro de um barraco sem calefação em qualquer buraco esquecido por Deus.

Desci a Little Hobart Street. Havia chovido na noite anterior, e o único ruído era o da água borbulhando dentro das goteiras e escorrendo pelas valas erodidas da colina. Pequenos veios de lama escoavam sobre a rua, entrando pelos sapatos adentro e ensopando minhas meias. A sola do meu sapato direito tinha soltado, e se abria a cada passo.

Lori me alcançou, e andamos por um bom tempo em silêncio.

— Coitada da mamãe. Ela tá toda enrolada — disse ela.

— Não mais do que nós — falei.

— Tá, sim. É ela que tá casada com o papai.

— Isso foi escolha dela. Ela precisa ser mais firme, ditar as regras para o papai, em vez de perder o controle toda hora. Papai precisa de uma mulher mais forte — disse eu.

— Nem uma cariátide seria forte o suficiente para o papai.

— O que é isso?

— Pilares em forma de mulher — respondeu Lori. — Aquelas que seguram os templos gregos com a cabeça. Eu estava olhando para o retrato de uma outro dia e pensei: essas mulheres têm o segundo emprego mais duro do mundo.

Eu discordava da Lori. Achava que uma mulher forte seria capaz de controlar o papai. Ele precisava de alguém que fosse centrado e determinado, que estabelecesse limites e os respeitasse. Eu me considerava forte o suficiente para colocar o papai nos trilhos. Quando mamãe disse que eu era tão obsessiva que ela ficava assustada, eu sei que não estava me fazendo um elogio, mas eu entendi, pessoalmente, dessa forma.

A minha chance de provar que o papai podia ser controlado veio naquele verão, depois de terminado o ano letivo. Mamãe teve que passar oito semanas em Charleston para freqüentar aulas na universidade e renovar sua licença de professora. Pelo menos foi o que ela disse. Achei que ela podia estar procurando uma maneira de se afastar de todos nós por uns tempos. Lori, devido às boas notas e aos trabalhos artísticos, havia sido aceita em uma colônia de férias para alunos com aptidões especiais. Isso me deixou, aos 13 anos, como chefe da casa.

Antes de viajar, mamãe me deu US$200. Era o suficiente, disse ela, para comprar comida para o Brian, a Maureen e para mim durante dois meses e pagar as contas de água e luz. Fiz as contas e cheguei à média·de US$25 por semana, ou pouco mais de US$3,50 por dia. Elaborei um orçamento e calculei que poderíamos segui-lo, mais mal do que bem, se eu ganhasse uma grana extra como babá.

Durante a primeira semana, tudo ocorreu como previsto. Eu comprei a comida e cozinhei para o Brian, a Maureen e para mim. Fazia quase um ano que o homem do Serviço de Proteção ao Menor nos tinha dado um susto e nos levado a fazer uma faxina na casa, e ela já havia se tornado uma bagunça descomunal. Mamãe teria um ataque se eu jogasse alguma coisa fora, e eu passei horas e horas arrumando e tentando organizar as enormes pilhas de porcaria.

Papai geralmente ficava fora de casa até nós irmos para a cama, e ele ainda estava dormindo quando nos levantávamos e partíamos pela manhã. Mas certa tarde, mais ou menos uma semana depois de a mamãe ir para Charleston, ele deu comigo sozinha em casa.

— Fofura, eu preciso de uma graninha — disse ele.

— Pra quê?

— Cerveja e cigarro.

— Eu tenho um orçamento meio apertado, pai.

— Não preciso de muito, só cinco dólares.

Isso correspondia a dois dias de comida. Dois litros de leite, um pacote de pão de forma, uma dúzia de ovos, duas latas de cavala em conserva, um saco pequeno de maçãs e um pouco de pipoca. E o papai nem se dava à pachorra de fingir que precisava do dinheiro para algo útil. Ele também não adulou, nem enrolou, nem usou do seu charme para conseguir o que queria. Ele simplesmente esperou que eu lhe passasse as notas, como se soubesse que não sabia lhe dizer não. E não sabia mesmo. Peguei minha carteira de plástico verde, peguei uma nota de cinco toda enrugada e entreguei a ele, lentamente.

— Você é um amor — falou papai, e me deu um beijo.

Virei o rosto. Dar-lhe aquele dinheiro me deixou possessa. Estava zangada comigo, mas ainda mais com ele. Ele sabia que eu tinha um fraco por ele, como ninguém mais da família tinha, e estava tirando vantagem disso. Eu me senti manipulada. As garotas na escola sempre falavam de como este ou aquele cara era um manipulador, e de como esta ou aquela garota era manipulada, e agora eu entendia, bem no fundo de mim mesma, o significado daquela palavra.

Quando o papai me pediu outros cinco dólares poucos dias depois, eu voltei a dar a ele. Fiquei louca ao pensar que eu estava, agora, dez dólares fora do orçamento. Poucos dias depois, ele pediu vinte dólares.

— Vinte dólares? — Eu não conseguia acreditar que papai estivesse abusando tanto de mim. — Por que vinte?

— Ora, essa é muito boa. Desde quando eu tenho que dar satisfações aos meus filhos?

Logo em seguida, ele falou que tinha pedido o carro de um amigo emprestado e que precisava comprar gasolina para poder ir até Gary, em uma reunião de negócios.

— Preciso de dinheiro pra fazer dinheiro. Te devolvo depois. — Ele me olhou, desafiando-me a não acreditar nele.

— Tenho uma pilha de contas a pagar — falei. Eu me ouvi começando a berrar, mas eu não conseguia me conter. — Eu tenho crianças a alimentar.

— Não se preocupe com comida e contas. Isso é preocupação minha. Tá bom?

Eu coloquei a mão no bolso. Não sabia se estava tentando pegar o dinheiro ou protegê-lo.

— Alguma vez eu te deixei na mão? — perguntou papai.

Eu tinha ouvido aquela pergunta pelo menos umas duzentas vezes, e sempre tinha respondido da maneira que, eu sabia, ele esperava que eu respondesse, porque eu pensava que era a minha fé no papai que o mantivera em movimento todos aqueles anos. Eu estava prestes a dizer a verdade para ele, pela primeira vez, a falar que ele nos tinha deixado na mão um monte de vezes, mas parei — não conseguiria fazer isso. Nesse meio-tempo, papai disse que não estava me pedindo o dinheiro; ele estava me mandando dar a ele. Ele precisava. Será que eu pensava que ele era um mentiroso quando ele dizia que ia devolver?

Eu dei a ele os vinte dólares.

Naquele sábado, papai falou que, para me devolver o dinheiro, precisaria ganhá-lo primeiro. Queria que eu fosse com ele a uma viagem de negócios. Insistiu que eu precisava usar algo bonito. Por isso, deu uma olhada nos meus vestidos pendurados no cano, no quarto, e escolheu um com flores azuis abotoado na frente. Ele havia pegado um carro emprestado, um Plymouth verde-pistache com a janela do carona quebrada, e atravessamos as montanhas até uma cidade vizinha, parando em um bar de beira de estrada.

O lugar era escuro e enevoado como um campo de batalha, de tanta fumaça de cigarro. Painéis de néon das cervejas Pabst Blue Ribbon e Old Milwaukee iluminavam as paredes. Homens abatidos com rostos chupados e mulheres com batom vermelho-escuro sentavam-se ao bar. Dois sujeitos usando botas com pontas metálicas jogavam sinuca.

Papai e eu nos sentamos ao bar. Ele pediu cervejas para nós dois, embora tenha dito a ele que queria um Sprite. Depois de um certo tempo, ele se levantou para jogar sinuca, e, assim que ele se levantou, um homem veio e se sentou no seu banquinho. Ele tinha um bigode preto encurvado que acompanhava os movimentos de sua boca e pó de carvão sob as unhas. Ele colocou sal na cerveja — coisa que, segundo o papai, alguns homens faziam para aumentar o tamanho do colarinho.

— Me chamo Robbie. Aquele ali é o teu homem? — Ele fez um gesto na direção do papai.

— Eu sou a filha dele.

Ele lambeu um pouco da espuma e começou a me fazer perguntas sobre mim, se inclinando cada vez mais na minha direção enquanto falava.

— Quantos anos você tem?

— Quantos anos você me dá?

— Uns 17.

Eu sorri, tapando os dentes com a mão.

— Sabe dançar? — perguntou. Eu fiz que não com a cabeça.

— Claro que sabe — falou, me puxando de cima do banquinho. Olhei para o papai, que sorriu e acenou de longe.

Na *jukebox*, Kitty Wells cantava uma música sobre homens casados e "fadas" de cabaré. Robbie me segurou forte, com a mão na curva de minhas costas. Nós dançamos uma segunda canção, e quando nos sentamos novamente, sobre os banquinhos diante da mesa de sinuca, com as costas contra o bar, ele deslizou o braço pelas minhas costas. O gesto me deixou tensa, mas não me incomodou muito. Ninguém tinha flertado comigo desde o Billy Deel, a não ser que se levasse em conta o Kenny Hall.

Ainda assim, eu sabia o que o Robbie estava querendo. Eu ia dizer a ele que eu não era aquele tipo de garota, mas aí pensei que ele poderia dizer que eu estava imaginando coisas. Afinal, ele não tinha feito nada além de dançar comigo uma música lenta e colocar o braço em volta de mim. Vi o papai olhando para nós e pensei que ele fosse atravessar o salão enfurecido e bater no Robbie com o taco de sinuca, por ter se metido a besta com a sua filha. Em vez disso, ele berrou para o Robbie:

— Vê se faz alguma coisa de útil com essas mãos de merda. Vem cá jogar uma partida de sinuca.

Eles pediram uísques e passaram giz nos tacos. A princípio, papai se segurou e perdeu uma grana para o Robbie, e então começou a aumentar as apostas e a ganhar. Depois de cada partida, Robbie queria dançar comigo de novo. A coisa continuou assim por umas duas horas ainda, com o Robbie ficando mais e mais bebum, perdendo para o papai e me dando umas apalpadas quando dançávamos ou nos sentávamos ao bar entre as partidas. Papai me falou uma única coisa:

— Não descruza as pernas, fofura, fecha elas bem apertado.

Depois que papai tinha tirado uns oitenta paus dele, Robbie começou a resmungar raivosamente para si mesmo. Ele bateu com o giz na beira da mesa, levantando uma nuvem de poeira azul, e errou a tacada final. Nesse momento, jogou o taco sobre a mesa e anunciou que estava cansado, e aí sentou-se ao meu lado. Seus olhos estavam turvos, e sua boca repetindo que não conseguia acreditar que aquele peidão tinha tirado oitenta paus dele, como se não conseguisse decidir se estava zangado ou impressionado.

Então ele me disse que morava em um apartamento em cima do bar. Tinha um disco do Roy Acuff que não existia na *jukebox*, e ele queria que nós subíssemos para escutar. Se ele só quisesse dançar um pouco mais e, talvez, dar uns beijos, eu não fazia oposição. Mas achei que ele considerava que tinha direito a algo em troca por ter perdido tanto dinheiro.

— Não sei, não.

— Ah, vai — insistiu ele. Depois gritou para o papai: — Vou levar a tua garota lá pra cima.

— Claro, mas não faça nada que eu não fizesse — gritou papai. Ele apontou o taco de sinuca para mim. — Berra se precisar de mim — disse ele, e me deu uma piscada, como quem diz que sabe que posso cuidar de mim mesma, que isso era só parte do meu trabalho.

Então, com a bênção do papai, subimos as escadas. No interior do apartamento, passamos através de uma cortina com fios decorados e anéis de latas de cerveja entrelaçados. Dois homens sentados no sofá assistiam a uma partida de luta greco-romana na televisão. Quando eles me viram, sorriram maliciosamente para o Robbie, que colocou o disco do Roy Acuff sem abaixar o som da televisão. Ele me apertou bem contra o seu corpo e começou a dançar novamente, mas vi que as coisas não estavam evoluindo da maneira que eu queria e resisti à pressão. Suas mãos baixaram. Ele apertou o meu traseiro, me empurrou sobre a cama e começou a me beijar.

— É isso aí! — disse um dos amigos.

E o outro berrou:

— Manda ver!

— Eu não sou esse tipo de garota — falei.

Mas ele me ignorou. Quando eu tentei rolar para o lado, ele prendeu o meu braço para cima. Papai tinha dito para gritar se eu precisasse dele, mas eu não quis gritar. Estava tão zangada com o papai que não conseguia suportar a idéia de ele vir me salvar. Robbie, enquanto isso, estava dizendo algo sobre eu ser magricela demais para ele conseguir trepar.

— É, a maioria dos caras não gosta de mim — falei. — Além de ser magricela, eu tenho essas cicatrizes aqui.

— Ah, claro — disse ele. Mas parou o que estava fazendo.

Rolei para fora da cama, desabotoei rapidamente o meu vestido à altura da cintura e abri para lhe mostrar a cicatriz do lado direito. Ele deve ter imaginado que todo o meu torso era uma massa gigantesca de cicatrizes. Robbie olhou meio na dúvida para os amigos. Foi como ver a luz no fim do túnel.

— Acho que tô ouvindo o papai me chamar — falei e saí correndo em direção à porta.

Dentro do carro, papai pegou o dinheiro que ele havia ganhado e contou quarenta dólares, os quais me entregou.

— A gente forma uma dupla e tanto — falou.

Tive vontade de jogar as notas na cara dele, mas o resto da família precisava do dinheiro, por isso coloquei-as dentro da bolsa. Não tínhamos roubado o Robbie: o enroláramos de maneira bem sórdida, e eu fiquei numa sinuca de bico. Se o Robbie fora enganado pelo papai, eu também fora.

— Cê tá chateada com alguma coisa, Cabrita Montesa?

Durante uns instantes, pensei em não dizer nada ao papai. Temi que fosse haver uma carnificina, já que ele sempre insistiu em dizer que mataria quem quer que encostasse um dedo sequer em mim. Foi quando resolvi que queria ver aquele cara levar uns tapas.

— Pai, aquele tarado me atacou quando a gente tava lá em cima.

— Ah, ele só deve ter te dado uns amassos — falou, enquanto manobrava para sair do estacionamento. — Eu sabia que você podia controlar a situação.

A estrada no caminho de volta para Welch estava escura e vazia. O vento uivava através da janela quebrada do meu lado do Plymouth. Papai acendeu um cigarro.

— Foi como naquela vez em que te joguei dentro da fonte sulfurosa pra te ensinar a nadar. Você podia achar que ia se afogar, mas eu sabia que você ia se virar.

Na noite seguinte, papai desapareceu. Uns dias depois, ele queria que eu fosse com ele de novo a um outro bar, mas recusei a proposta. Ele ficou furioso e falou que se eu não queria trabalhar em dupla com ele, o mínimo que podia fazer era adiantar algum dinheiro para as partidas de sinuca. Entreguei a ele, a contragosto, uma nota de vinte e, poucos dias depois, outra.

Mamãe tinha me dito que um cheque dos direitos de exploração das suas terras no Texas deveria chegar no início de julho. Ela também me avisou que o papai tentaria se apoderar dele. Papai de fato esperou pelo carteiro no sopé do morro e pegou o cheque no dia da entrega da correspondência, mas, quando o carteiro me contou o que acontecera, desci correndo a Little Hobart Street e alcancei o papai antes que ele chegasse à cidade. Falei para ele que a mamãe queria que eu escondesse o cheque até ela voltar.

— Vamos esconder juntos — disse ele, e sugeriu que o enfiássemos dentro de um tomo da *World Book Encyclopedia*, a Enciclopédia Mundial de 1933 que a mamãe trouxe, de graça, da biblioteca, no verbete "circulação de moedas".

No dia seguinte, quando eu fui re-esconder o cheque, ele havia sumido. Papai jurou que ele não sabia o que tinha acontecido com ele. Eu sabia que ele estava mentindo, mas também sabia que, se o acusasse, ele negaria, e haveria uma gritaria danada que não ia dar em nada. Pela primeira vez, eu tinha uma idéia clara do que a mamãe tinha que enfrentar. Ser uma mulher de fibra era mais difícil do que eu imaginava. Mamãe ainda ia ficar mais de um mês em Charleston; nós ficaríamos sem dinheiro para a comida, e a grana que eu estava ganhando como babá não estava cobrindo a diferença.

Eu tinha visto um anúncio de emprego na vitrine de uma joalheria na McDowell Street, chamada Caixa de Jóias do Becker. Coloquei bastante maquiagem, o meu melhor vestido — ele era roxo, com bolinhas brancas e um laçarote amarrado atrás — e um par de sapatos de salto alto da mamãe, já que usávamos o mesmo tamanho. Então fui andando em volta da montanha para me candidatar ao emprego.

Abri a porta, tocando os sininhos pendurados à entrada. A Caixa de Jóias do Becker era uma loja grã-fina, o tipo de estabelecimento em que eu nunca tivera a oportunidade de entrar, com um ar-condicionado que ronronava e luzes fluorescentes que zumbiam. Vitrines e mostruários de vidro trancados protegiam anéis, colares e broches; alguns poucos violões e banjos pendurados em painéis de madeira de pinho diversificavam a mercadoria na parede. O sr. Becker estava encostado no balcão com os dedos entrelaçados, apoiado sobre o vidro. Ele tinha uma barriga tão grande que logo associei o seu cinto preto e fino à linha do equador ao redor do globo terrestre.

Temi que o sr. Becker não me desse o emprego se soubesse que eu só tinha 13 anos, por isso disse a ele que tinha 17. Ele me contratou na hora, por US$40 por semana, em espécie. Fiquei felicíssima. Era o meu primeiro emprego de verdade. Trabalhar cuidando de criança, ajudando nos deveres de casa, fazendo os deveres dos outros, cortando a grama, catando garrafa e vendendo sucata não contava. Quarenta dólares por semana era dinheiro de verdade.

Eu gostava do trabalho. As pessoas que compravam jóias estavam sempre contentes e, apesar de Welch ser uma cidade pobre, a Caixa de Jóias do Becker tinha um monte de clientes: mineradores mais idosos que compravam para as mulheres o "alfinete das mães" — um broche com uma pedra zodiacal para cada filho; casais adolescentes comprando anéis de noivado, a jovem rindo de emoção e o rapaz agindo orgulhosa e virilmente.

Nas horas de pouco movimento, o sr. Becker e eu assistíamos às audiências do caso Watergate na televisão preto-e-branca. Meu chefe era doido pela mulher do John Dean, a Maureen, que ficava sentada atrás do marido enquanto ele testemunhava, e usava roupas elegantes, com o cabelo louro puxado para trás em um coque bem amarrado. "Cacete, que mulher classuda", repetia ele sempre. Às vezes, depois de ver a Maureen Dean na televisão, ele ficava tão lascivo que vinha por trás de mim, enquanto eu limpava os mostruários, e se esfregava contra as minhas costas. Eu tirava as mãos dele de cima de mim e me afastava sem dizer nada. O cachorro, que parecia estar no cio, voltava para a sua televisão como se nada tivesse acontecido.

Quando o sr. Becker atravessava a rua para almoçar no restaurante Mountaineer, ele sempre levava a chave do mostruário que guardava os anéis de diamante. Se clientes entrassem na loja e quisessem ver os anéis, eu tinha que correr até o outro lado da rua para pedir que ele viesse cuidar da venda. Um dia, ele esqueceu de levar a chave e, quando voltou, fez questão de contar os anéis na minha frente. Era a sua maneira de me dizer que não confiava nem um pingo em mim. Certa vez, depois que o gordo voltou do almoço e verificou, ostensivamente, as vitrines e mostruários, fiquei tão furiosa que olhei em volta para ver se tinha alguma coisa que valia a pena ser roubada. Colares, broches, banjos — nada disso me interessava. Foi então que o mostruário dos relógios atraiu a minha atenção.

Eu sempre tivera vontade de possuir um relógio. Diferentemente dos diamantes, relógios eram úteis. Eram para pessoas apressadas, com encontros marcados e agendas cheias. Esse era o tipo de pessoa que eu queria ser. Dezenas de relógios faziam tique-taque atrás do balcão da caixa registradora. Havia um, em especial, de que eu gostava muito. Ele tinha quatro pulseiras de cores diferentes — preta, marrom, azul e branca — que podiam ser trocadas de acordo com a roupa. A etiqueta de preço marcava US$29,95, dez dólares a menos do que o salário de uma semana. Mas, se eu quisesse, ele podia ser meu em uma questão de segundos, de graça. Quanto mais eu pensava no relógio, mais eu o desejava.

Um dia, a mulher que trabalhava na loja que o sr. Becker tinha na cidade de War deu uma passada porque ele queria que ela me desse umas dicas sobre maquiagem. Enquanto me mostrava os seus diferentes aparatos de beleza, a mulher, que tinha cabelo de cor platina duro de laquê e cílios grossos de tanto rímel, me disse que eu devia estar ganhando um montão de dinheiro de comissão. Quando eu lhe perguntei o que ela queria dizer com isso, ela falou que, além do seu salário de US$40 semanais, ela ganhava dez por cento de comissão sobre cada venda. As comissões às vezes dobravam o seu salário.

— Afinal, o auxílio do governo é de mais do que US$40 por semana — disse ela. — Se você não tá recebendo comissão, o Becker tá te passando a perna.

Quando eu perguntei ao homem sobre as comissões, ele disse que eram para vendedores, e eu era apenas uma assistente. No dia seguinte, quando o sr. Becker foi até o Mountaineer, eu abri a vitrine e peguei o relógio com as quatro pulseiras. Botei na minha bolsa e rearrumei os demais relógios de maneira a disfarçar o vazio. Eu tinha feito várias vendas sozinha quando o sr. Becker estava ocupado. Como ele não ia me pagar nenhuma comissão, eu só estava recuperando o que era meu por direito.

Quando o sr. Becker retornou do almoço, ele examinou a vitrine dos anéis de brilhante, como de costume, mas não olhou os relógios. Andando de volta para casa naquele fim de tarde, com o relógio escondido na bolsa, me senti leve e eufórica. Depois do jantar, subi no meu beliche, onde ninguém podia me ver, e experimentei o relógio com cada uma das pulseiras, fazendo gestos que eu pensava que os ricos faziam.

Usar o relógio para ir trabalhar estava fora de cogitação, claro. Também me dei conta de que podia esbarrar, por acaso, com o avarento no centro da cidade a qualquer momento, por isso resolvi que até o início das aulas eu só colocaria o relógio dentro de casa. Então comecei a imaginar como iria explicar o relógio para o Brian, a Lori, a mamãe e o papai. Além do mais, fiquei com medo de que o sr. Becker detectasse uma expressão de ladrão no meu rosto. Mais cedo ou mais tarde, ele descobriria que o relógio tinha sumido e começaria a me fazer perguntas, e eu teria que mentir de maneira convincente, o que eu não fazia muito bem. Se não fosse convincente, seria enviada a um reformatório, com pessoas como o Billy Deel, e o sr. Becker teria a satisfação de saber que ele tinha tido razão, desde o início, de não confiar em mim.

Eu não estava disposta a dar esse prazer a ele. Na manhã seguinte, retirei o relógio de dentro da caixa de madeira onde eu guardava o meu geode, coloquei dentro da minha bolsa e levei de volta para a loja. Durante toda a manhã, esperei nervosamente que o sr. Becker saísse para o almoço. Quando ele finalmente saiu para almoçar, abri a vitrine, recoloquei o relógio no mostruário e rearrumei os outros em volta. Fiz tudo rapidamente. Na semana anterior, eu tinha roubado o relógio sem um tremor sequer nas mãos. Mas agora eu estava morrendo de medo de que alguém me pegasse devolvendo o relógio.

No final de agosto, eu estava lavando a roupa na bacia de metal na sala de estar quando ouvi alguém subindo a escada e cantarolando. Era a Lori. Ela entrou de sopetão na sala com a sacola de viagem pendurada no ombro, rindo e cantando uma daquelas músicas bobas de colônia de férias que as crianças cantam de noite ao redor da fogueira. Eu nunca tinha visto a Lori tão de bem com a vida assim antes. Ela estava, sem sombra de dúvida, radiante, e me contou sobre a comida quente e os banhos quentes e todos os amigos que ela tinha feito. Tinha até arrumado um namorado, que a tinha beijado.

— Todo mundo pensou que eu fosse uma pessoa normal. Foi esquisito — disse ela.

Depois, ela me falou que lhe havia ocorrido que, se ela fosse embora de Welch e se afastasse da família, poderia ter uma vida feliz. Daquele momento em diante, ela começou a esperar pelo dia em que ela deixaria a Little Hobart Street e viveria a própria vida.

Poucos dias mais tarde, mamãe voltou para casa. Ela parecia mudada também. Ela tinha morado em um dormitório no alojamento da universidade, sem quatro crianças para cuidar, e tinha adorado. Ela tinha assistido a aulas e pintado. Lera montanhas de livros de auto-ajuda, e eles a fizeram compreender que tinha vivido sua vida para os outros. Ela pretendia largar o emprego e se dedicar à arte.

— Está na hora de eu fazer alguma coisa por mim. Está na hora de eu viver minha própria vida, do meu jeito.

— Mãe, você passou o verão inteiro renovando a tua licença.

— Se eu não tivesse feito isso, eu nunca teria tido essa oportunidade.

— Você não pode largar o emprego. A gente precisa do dinheiro.

— Por que sou sempre eu quem tem que sustentar a casa? — perguntou mamãe. — Você tem um emprego. Você pode ganhar dinheiro. A Lori pode ganhar dinheiro também. Tenho coisas mais importantes a fazer.

Pensei que mamãe estivesse tendo um outro piti. Achei que na volta das aulas ela partiria no Dart da Lucy Jo para a escola primária de Davy, mesmo se tivéssemos que bajulá-la um pouco. Mas, naquele reinício das aulas, mamãe se recusou a sair da cama. Lori, Brian e eu puxamos as cobertas e tentamos arrastá-la para fora, mas ela não se mexeu.

Eu lhe disse que ela tinha responsabilidades. Eu lhe disse que a Proteção do Menor poderia aparecer de novo se ela não estivesse trabalhando. Ela cruzou os braços sobre o peito e ficou nos olhando.

— Eu não vou à escola.

— Por que não? — perguntei.

— Estou doente.

— O que é que você tá sentindo?

— Meu catarro está amarelo.

— Se todo mundo que tem catarro amarelo ficasse em casa, as escolas iam ficar bem vazias.

Mamãe levantou a cabeça de repente.

— Você não pode falar assim comigo. Sou tua mãe.

— Se você quiser ser tratada como uma mãe, tem que fazer por onde.

Mamãe raramente ficava brava. Ela geralmente estava ou cantarolando ou chorando, mas agora seu rosto se contorceu de raiva. Ambas sabíamos que eu tinha ultrapassado os limites, mas eu não me importava. Eu também tinha mudado durante o verão.

— Que atrevimento é esse? — gritou. — Você está encrencada, muito encrencada. Vou contar pro teu pai. Espera ele voltar pra casa.

A ameaça da mamãe não me deixou preocupada. Eu achava que o papai estava me devendo uns favores. Eu tinha cuidado dos filhos dele durante todo o verão, eu tinha lhe fornecido a graninha da cerveja e do cigarro e tinha ajudado a depenar aquele minerador, o Robbie. Achei que o papai fosse comer na palma da minha mão.

Quando cheguei da escola, de tarde, mamãe ainda estava enroscada dentro das cobertas no sofá-cama, com uma pequena pilha de livros de bolso ao seu lado. Papai estava sentado à escrivaninha, enrolando um cigarro. Ele me fez sinal para segui-lo até a cozinha. Mamãe nos observou passar.

Papai fechou a porta e me olhou com seriedade.

— Tua mãe disse que você respondeu ela.

— Respondi, sim.

— Sim, senhor. — Ele me corrigiu, mas eu não disse nada. — Estou decepcionado contigo. Você tá cansada de saber que tem que respeitar os teus pais.

— Pai, a mamãe não tá doente, ela só tá fazendo cera. Ela tem que enfrentar as obrigações dela com mais seriedade. Ela tem que crescer.

— Quem você pensa que é? Ela é tua mãe.

— Então por que ela não faz por onde para parecer uma mãe?

Olhei para o papai pelo que pareceu ser uma eternidade. Então eu explodi:

— E por que você não faz por onde para parecer um pai?

Deu para ver o sangue subindo pelo seu rosto. Ele me agarrou pelo braço.

— Pede desculpas pelo comentário!

— Senão o quê?

Papai me empurrou contra a parede.

— Senão te mostro quem é que manda aqui.

Seu rosto estava a poucos centímetros do meu.

— O que é que você vai fazer pra me castigar? Parar de me levar pros bares?

Papai levantou a mão, como que para me dar um tapa.

— Meça as tuas palavras, mocinha. Eu ainda posso te dar uma sova de cinto, e não pense que vou me segurar.

— Sei que você não está falando sério.

Papai baixou a mão. Ele tirou o cinto das calças de trabalho e enrolou-o ao redor dos dedos algumas vezes.

— Pede desculpas pra mim e pra tua mãe — mandou ele.

— Não.

Papai levantou o cinto.

— Pede desculpas.

— Não.

— Então vira de costas.

Papai estava de pé, entre mim e a porta. Não tinha outra maneira de sair, a não ser passando por ele. Mas não me ocorreu, em nenhum instante, nem correr nem reagir. A meu ver, ele estava em uma situação mais difícil do que a minha. Ele tinha que voltar atrás, porque se ele ficasse do lado da mamãe e me desse uma surra, ele me perderia para sempre.

Ficamos nos encarando. Papai parecia estar esperando que eu baixasse os olhos, pedisse desculpas e admitisse meu erro, e assim podíamos voltar a ser como éramos antes, mas eu mantive o olhar. Finalmente, para que ele deixasse o blefe de lado, me virei, dobrei o corpo ligeiramente e apoiei as mãos sobre os joelhos.

Eu pensei que ele fosse dar meia-volta e sair andando, mas senti seis chicotadas atrás das coxas, cada qual acompanhada de um assovio do ar. Dava para sentir a vermelhidão deixada pelo cinto surgindo mesmo antes de eu me levantar.

Saí da cozinha sem olhar para o papai. Mamãe estava do outro lado da porta. Ela tinha ficado lá, ouvindo cada palavra. Não olhei para ela, mas vi de relance a expressão triunfante. Mordi o lábio para não chorar.

Assim que cheguei do lado de fora, corri para o bosque, empurrando os galhos das árvores e as vinhas selvagens, protegendo o rosto. Pensei que fosse começar a chorar, agora que estava longe de casa, mas, em vez disso, vomitei. Comi um pouco de hortelã silvestre para me livrar do gosto de bílis e perambulei pelo que me pareceram horas, ao longo dos morros silentes. O ar estava claro e fresco, e o chão da floresta estava coberto de uma camada espessa de folhas que haviam caído das castanheiras e dos álamos. Lá pelo final da tarde, sentei-me sobre um tronco de árvore inclinada para a frente, porque a parte traseira de minhas coxas ainda estava latejante. Durante toda a longa caminhada, a dor tinha me feito refletir, e, quando eu cheguei ao tronco de árvore, tomei duas decisões.

A primeira foi que eu tinha levado a minha última surra. Ninguém nunca mais faria aquilo comigo de novo. A segunda foi que, como a Lori, eu ia embora de Welch. Quanto antes, melhor. Antes de terminar o segundo grau, se possível. Eu não tinha a menor idéia de aonde eu podia ir, mas eu ia. Eu também sabia que não seria fácil. As pessoas estagnavam em Welch. Eu vinha contando com a mamãe e o papai para nos tirarem de lá, mas agora sabia que teria que fazer isso sozinha. Ia precisar economizar e planejar. Resolvi que no dia seguinte iria até a loja de variedades G.C. Murphy e compraria um cofrinho cor-de-rosa de plástico que eu tinha visto. Eu colocaria dentro os US$75 que tinha conseguido guardar com o trabalho na Caixa de Jóias do Becker. Seria o início do meu fundo de fuga.

Naquele outono, apareceram em Welch dois caras que eram diferentes de todas as outras pessoas que eu já tinha conhecido. Eles eram produtores de filme da cidade de Nova York e tinham sido enviados a Welch como parte de um programa do governo para trazer um pouco mais de cultura à zona rural dos Apalaches. Eles se chamavam Ken Fink e Bob Gross.

Inicialmente, pensei que eles estivessem brincando. Ken Fink — "Ken Dedo-duro" — e Bob Gross — "Bob Nojento"? Para mim, eles poderiam ter dito que se chamavam Ken Estúpido e Bob Feio. Mas eles não estavam brincando. E não pensavam que seus nomes eram engraçados de forma alguma, e não sorriram quando perguntei se eles estavam gozando com a minha cara.

Eles falavam tão rápido — com referências a pessoas de quem eu jamais havia ouvido falar, como Stanley Kubrick e Woody Allen — que às vezes era difícil entendê-los. Embora não tivessem senso de humor com relação aos seus nomes, o Ken e o Bob gostavam, sim, de fazer muitas piadas. Não era o tipo de humor a que eu estava acostumada na escola secundária de Welch — piadas sobre poloneses e caras colocando a mão em forma de concha sob o sovaco para fazer um barulho de pum. Eles tinham uma maneira inteligente e competitiva de contar piadas, onde um fazia um comentário jocoso ao outro, que retrucava ao um, que retorquia ao outro. Eles podiam continuar, sem parar, até eu ficar com a cabeça rodando.

Num fim de semana, o Ken e o Bob exibiram um filme sueco no auditório da escola. Era filmado em preto-e-branco, tinha legenda e uma trama carregada de simbolismos, por isso menos de uma dúzia de pessoas compareceu, mesmo o evento sendo de graça. Depois, Lori mostrou-lhes algumas de suas ilustrações. Eles lhe disseram que ela tinha talento, e que se ela tinha mesmo a intenção de se tornar uma artista, precisava ir para Nova York. Era uma cidade de ener-gia e criatividade, e de estímulo intelectual com os quais nunca tivé-ramos contato. Estava cheia de pessoas que, por serem tão originais, não se enquadravam em nenhum outro lugar.

Naquela noite, Lori e eu ficamos deitadas nas nossas camas de corda e conversamos sobre Nova York. As coisas que eu tinha ouvi-do a seu respeito faziam-me acreditar que era um lugar muito grande, barulhento, com tanta poluição e hordas de pessoas usando terno e se acotovelando para poder andar nas calçadas. Mas Lori começou a ver Nova York como uma espécie de Cidade das Esmeraldas, de *O mágico de Oz* — um lugar resplandecente ao final de uma longa estrada, onde ela se tornaria a pessoa que desejava ser.

O que Lori mais gostou da descrição do Ken e do Bob foi que a cidade atraía gente que era diferente. E em Welch ninguém con-seguia ser mais diferente do que a Lori. Enquanto quase todas as outras crianças usavam jeans, tênis de tecido e camiseta, ela apare-cia na escola usando botas do exército, um vestido branco de boli-nhas vermelhas e uma jaqueta jeans com versos de poesia gótica que ela tinha pintado nas costas. As outras crianças jogavam sabonetes nela, empurravam-se uns aos outros atravancando o seu caminho e escreviam coisas sobre ela nas paredes do banheiro. Em resposta, ela os xingava em latim.

Em casa, ela lia e pintava até tarde da noite, à luz de vela ou de lampião de querosene, se a luz estivesse cortada. Ela gostava de detalhes góticos: bruma pairando sobre um lago plácido, raízes re-torcidas elevando-se da terra, um corvo solitário sobre o galho de uma árvore desfolhada às margens de um rio. Eu achava a Lori uma pessoa surpreendente e não tinha qualquer dúvida de que se tornaria uma artista de sucesso, mas só se ela conseguisse ir para Nova York. Resolvi que também queria ir para lá, e naquele inverno detalhamos um plano. Lori partiria sozinha para Nova York em junho, depois que se formasse. Ela se instalaria, encontraria um apartamento para nós duas e eu me juntaria a ela assim que pudesse.

Contei à Lori sobre o meu fundo de fuga, os US$75 que eu tinha economizado. De agora em diante, falei, seria a nossa conta conjunta. Faríamos trabalhos extras depois da escola e colocaríamos tudo o que ganhássemos no cofrinho. Lori podia levá-lo para Nova York e usá-lo na instalação. Assim, quando eu chegasse, tudo estaria arrumado.

Lori sempre fizera cartazes muito bons para campeonatos de futebol americano, peças do grupo de teatro e candidatos ao conselho de estudantes. Agora, ela começou a receber encomendas de cartazes a US$1,50 a unidade. Era tímida demais para oferecer seus serviços, então eu o fazia para ela. Muitos jovens da escola secundária de Welch desejavam cartazes personalizados para pendurar nas paredes dos seus quartos — com o nome do namorado ou da namorada, do carro, do signo do Zodíaco ou da banda de rock preferida. Lori desenhava os nomes em letras tridimensionais grandes, gordas e sobrepostas, como as dos discos de rock, e aí pintava-as em tintas furta-cor, delineadas com nanquim, para que as letras tivessem relevo, e as contornava com estrelas, bolinhas e linhas rabiscadas que faziam com que as letras parecessem estar se movendo. Os cartazes eram tão bons que a notícia se espalhou no boca a boca, e a Lori acabou ficando com uma caderneta de encomendas recheada, e minha irmã ficava acordada trabalhando até uma ou duas horas da manhã.

Eu ganhava dinheiro como babá e fazendo o dever de casa das outras crianças. Elaborava relatórios de livros, ensaios científicos e exercícios de matemática. Cobrava um dólar por tarefa e garantia, no mínimo, um A-. Caso contrário, o cliente tinha direito a uma devolução total. Depois da escola, eu cobrava um dólar por hora como babá e geralmente podia fazer os deveres ao mesmo tempo. Eu também dava aula de reforço para outras crianças.

Contamos ao Brian sobre o fundo de fuga e ele começou a participar, mesmo que não o tivéssemos incluído nos nossos planos, porque ele ainda estava na sexta série. Ele aparava a grama, cortava lenha ou capinava com uma gadanha. Trabalhava depois da aula até o sol se pôr, e aos sábados e domingos. Sempre voltava para casa com os braços e rosto arranhados pelos arbustos que havia arrancado. Sem esperar gratidão ou louvores, modestamente, ele juntava os seus ganhos ao cofrinho, que nomeamos Oz.

Deixávamos Oz sobre a velha máquina de costura no nosso quarto. Oz não tinha uma abertura móvel na barriga, e a fenda nas costas era estreita demais para que se pudesse tirar as notas — mesmo usando uma faca —, por isso, quando você colocava o dinheiro dentro do cofre, ele não mais saía. Nós o testamos para termos certeza. Não dava para contar o dinheiro, mas, como Oz era translúcido, podíamos ver a quantia acumulando quando o levantávamos contra a luz.

Um dia naquele inverno quando voltei para casa, um Cadillac dourado Coupe de Ville estava estacionado na frente de casa. Fiquei curiosa: teria a agência de Proteção ao Menor encontrado uns milionários para serem nossos pais adotivos? Eles tinham chegado para nos levar embora? Não, papai estava dentro de casa, girando um chaveiro ao redor do dedo. Ele explicou que o Cadillac era o novo veículo oficial da família Walls. Mamãe estava dizendo algo sobre como era digna a pobreza de se morar em um barraco de três cômodos sem eletricidade, mas como era sem-vergonhice viver em um barraco de três cômodos e possuir um Cadillac dourado.

— Como foi que você conseguiu o carro? — perguntei ao papai.

— Uma mão de pôquer danada de boa, e um blefe ainda melhor — respondeu.

Tínhamos tido uns carros desde que estávamos em Welch, mas eles eram um monte de ferro-velho, com motores barulhentos e pára-brisas quebrados, e, quando eles estavam em movimento, dava para ver os detalhes do asfalto pelos buracos das placas enferrujadas da carroceria. Esses carros nunca duravam mais do que uns poucos meses, e, como o Oldsmobile que compráramos em Phoenix, nunca lhes dávamos nomes e nem sequer registrávamos ou mandávamos para a inspeção. Para falar a verdade, o Coupe de Ville tinha um adesivo indicando uma inspeção com a data, em vigor, da validade. Era tão lindo que papai declarou que chegara a hora de reavivar a tradição de nomear os carros.

— Esse carrão me lembra o Elvis — disse papai.

Ocorreu-me que papai devia vender o Elvis e usar o dinheiro na instalação de um banheiro interno e nos comprar roupas novas. Os sapatos de couro preto que eu tinha comprado por cinqüenta centavos na loja de produtos remarcados estavam remendados com pinos de segurança, que eu tinha tentado escurecer com tinta de canetinha, para disfarçar. Eu também tinha usado canetinha para fazer manchas coloridas nas minhas pernas, que eu esperava estarem camuflando os buracos das calças. Achei que seria menos visível do que se eu costurasse remendos por cima. Eu tinha uma calça azul e uma verde, então, quando tirava a roupa, minhas pernas ficavam cobertas de bolinhas azuis e verdes.

Mas papai gostava demais do Elvis para sequer cogitar vendê-lo. E a verdade é que eu gostava do Elvis tanto quanto ele. Elvis era longo e polido como um iate de corrida. Tinha ar-condicionado, detalhes de tecido dourado, janelas que subiam e desciam com o apertar de um botão e seta funcionando; assim o papai não tinha que meter o braço para fora quando ia fazer a curva. Toda vez que passeávamos pela cidade com o Elvis, eu acenava com a cabeça graciosamente e sorria para as pessoas nas calçadas, sentindo-me uma herdeira.

— Você tem uma verdadeira *noblesse oblige*, Cabrita Montesa — dizia papai.

Mamãe também desenvolveu afeição pelo Elvis. Ela não tinha voltado a lecionar e em vez disso passava o tempo pintando e, nos fins de semana, começamos a ir a feiras de artesanato de carro, por toda West Virginia: espetáculos em que homens barbudos usando macacões tocavam saltério, e mulheres usando vestidos rendados de florzinha vendiam coçadores de costas feitos de palha de milho, e esculturas de ursos negros e mineradores feitas em carvão. Nós enchíamos a mala do Elvis com as pinturas da mamãe e tentávamos vendê-las nas feiras. Mamãe também desenhava retratos em pastel na hora, para qualquer um disposto a pagar US$18, e de vez em quando conseguia um cliente.

Todos dormíamos dentro do Elvis durante essas viagens, porque muitas vezes só ganhávamos o suficiente para pagar a gasolina, ou nem isso. Mesmo assim, era gostoso pegar a estrada novamente. Nossas viagens com o Elvis lembravam-me de como era fácil juntar a tralha e mudar de ares quando dava vontade. Uma vez tomada a decisão, não havia dificuldade nenhuma.

COM A CHEGADA DA PRIMAVERA e a proximidade da formatura da Lori, eu ficava acordada de noite, imaginando a vida dela em Nova York.

— Em exatamente três meses — dizia-lhe eu — você vai estar morando em Nova York. — Na semana seguinte, eu dizia: — Em exatamente dois meses e três semanas você vai estar morando em Nova York.

— Dá pra você parar com isso? — reclamava ela.

— Você não tá nervosa, tá?

— Que é que você acha?

Lori estava aterrorizada. Ela não tinha muita certeza do que deveria fazer quando chegasse à metrópole. Essa sempre tinha sido a parte mais vaga do nosso plano de fuga. Ainda no outono, eu não tinha a menor dúvida de que ela poderia conseguir uma bolsa em uma das universidades da cidade. Tinha sido finalista em um concurso da Bolsa Nacional de Mérito, mas teve que ir de carona até Bluefield para fazer a prova. No caminho, ficou perturbada quando o caminhoneiro que lhe deu carona tentou abusar dela. Chegou com quase uma hora de atraso e não passou.

Mamãe, que apoiava o projeto da Lori de ir para Nova York e vivia dizendo que ela própria tinha vontade de se mudar para lá, sugeriu que a Lori se candidatasse à escola de arte Cooper Union. Lori reuniu um portfólio com seus desenhos e pinturas, mas, pouco antes do prazo de apresentação dos documentos, ela derramou um bule de café nele, o que fez a mamãe comentar que talvez a Lori tivesse medo do sucesso.

Foi quando a Lori ouviu falar numa bolsa oferecida por uma sociedade literária para o estudante que criasse a melhor obra de arte inspirada em um dos gênios da língua inglesa. Ela resolveu fazer um busto de argila de Shakespeare. Ela trabalhou nele durante uma semana, usando um palito de picolé afiado, a fim de dar a forma ligeiramente saliente dos olhos e formar o cavanhaque, o brinco e o cabelo meio comprido. Quando terminou, era o Shakespeare quase em carne e osso, não fosse pelo barro.

Naquela noite, estávamos todos sentados ao redor da escrivaninha olhando a Lori fazer os últimos retoques no cabelo do Shakespeare quando papai chegou em casa bêbado.

— Não é que parece mesmo com o velho Billy? Só que, como eu já falei pra vocês antes, ele era uma fraude — disse ele.

Durante anos, todas as vezes em que mamãe trazia para casa alguma peça de Shakespeare, papai ficava falando que os textos não tinham sido escritos por William Shakespeare de Avon, mas por um bando de gente, inclusive um tal de Earl de Oxford, porque nenhum indivíduo da Inglaterra elisabetana poderia ter tido o vocabulário shakespeariano de trinta mil palavras. Toda aquela balela sobre o pequeno Billy Shakespeare, dizia papai, o grande gênio apesar da sua educação de nível escolar, o seu pouco latim e parco grego era um monte de mitologia sentimental.

— Você está ajudando a perpetuar essa fraude — disse ele à Lori.

— Pai, é só um busto — disse ela.

— E esse é o problema — reclamou.

Ele examinou a escultura, e aí, de repente, debruçou e amassou a boca do Shakespeare com o polegar.

— Mas o que é que você tá fazendo? — gritou ela.

— Não é mais *só* um busto. Agora, ele tem valor simbólico. Você pode chamar ele, agora, de "Trovador Mudo".

— Eu passei dias fazendo ele. E você estragou!

— Eu o elevei.

Papai disse à Lori que a ajudaria a escrever uma apreciação em que demonstraria que as peças de Shakespeare tinham múltiplos autores, como os quadros de Rembrandt.

— Poxa, você vai botar fogo no mundo literário! — empolgou-se ele.

— Eu não quero botar fogo no mundo literário — gritou minha irmã. — Só quero ganhar uma porcaria de bolsa de estudos!

— Porra, você tá numa corrida de cavalo, mas pensa que nem um carneirinho — disse ele. — Carneiros não ganham corridas de cavalo.

Lori não teve ânimo para refazer o busto. No dia seguinte, ela amassou a argila, fez uma bolota bem grande e a deixou em cima da escrivaninha. Falei para ela que, mesmo que não conseguisse ser aceita em uma escola de arte até se formar, ela devia ir para Nova York de qualquer forma. Ela poderia se sustentar com o dinheiro que nós tínhamos economizado até encontrar um emprego e então se candidataria a uma vaga em alguma escola. Esse se tornou o nosso novo projeto.

Todo mundo ficou zangado com o papai, o que o deixou acabrunhado. Ele disse que não sabia por que ele ainda se dava ao trabalho de voltar para casa, já que suas idéias não eram mais valorizadas. Ele fez questão de deixar claro que não estava tentando impedir a Lori de ir para Nova York, mas, se ela tivesse o bom senso que Deus deu a um ganso, ficaria com o pé atrás. Ele disse mais de uma vez que "Nova York é um antro de zeros à esquerda, cheio de veados e estupradores". Ela seria assaltada e cairia na rua da amargura, costumava avisar, forçada a se prostituir, e acabaria viciada em drogas, como todas aquelas adolescentes que fogem de casa. "Só tô te falando isso porque te amo e não quero que você se machuque."

Certa tarde de maio, depois de já juntarmos nosso dinheiro há quase nove meses, cheguei em casa com uns dólares que tinha ganhado como babá e fui até o quarto para enfiá-los dentro do Oz. O cofrinho não estava sobre a velha máquina de costura. Comecei a vasculhar em meio ao mafuá que reinava no quarto e finalmente encontrei o Oz no chão. Alguém o havia aberto ao meio com uma faca e roubado o dinheiro todo.

Eu sabia que tinha sido o papai, mas ao mesmo tempo não conseguia acreditar que ele conseguisse descer tão baixo. Lori obviamente ainda não estava a par. Ela estava cantarolando na sala enquanto terminava um cartaz. O meu primeiro impulso foi esconder o Oz. Tive a idéia maluca de que eu poderia, de alguma maneira, arranjar dinheiro antes que a Lori se desse conta de que ele tinha sumido. Mas eu sabia que era ridículo. Três de nós havíamos passado a maior parte do ano acumulando a quantia. Seria impossível, sozinha, conseguir recuperar tudo durante o mês que faltava para a formatura da Lori.

Fui até a sala e fiquei parada ao seu lado tentando pensar no que dizer. Ela estava fazendo um cartaz escrito "TAMMY!" em tinta furta-cor. Depois de um certo tempo, ela levantou a cabeça.

— Que foi? — perguntou.

A Lori percebeu, pela minha cara, que tinha alguma coisa errada. Levantou com tanta violência que derrubou o frasco com nanquim e correu até o quarto. Eu me encolhi, abrigando a cabeça com os braços, esperando ouvir um grito, mas houve apenas silêncio e um choramingo entrecortado.

Lori ficou acordada a noite toda para pedir explicações ao papai, mas ele não voltou para casa. Ela faltou à escola no dia seguinte, para o caso de ele voltar, mas ele sumiu do nada, durante três dias, até o ouvirmos subindo a escadinha bamba que leva até a varanda.

— Seu vigarista! Você roubou o nosso dinheiro! — gritou ela.

— Mas de que raios você tá falando? E veja lá como fala.

Ele recostou contra a porta e acendeu um cigarro. Lori levantou o cofrinho cortado ao meio e o jogou com toda a força no papai, mas ele estava vazio e quase sem peso. O objeto bateu de leve contra o seu ombro, e caiu no chão. Ele se abaixou cuidadosamente, como se o chão sob seus pés pudesse se mexer de repente, suspendeu o nosso cofrinho destruído e virou-o de cabeça para baixo.

— Não há a menor dúvida: alguém estripou o coitado do Oz, não é mesmo? — E, virando-se para mim: — Jeannette, você sabe o que foi que aconteceu?

Ele estava simplesmente armando um meio sorriso para mim. Depois da surra, papai tinha me bajulado um pouco, e, mesmo planejando ir embora, eu ainda ria quando ele fazia graça. Ele ainda me considerava como uma aliada. Mas agora eu queria dar um murro na cara dele.

— Você pegou o nosso dinheiro, foi isso que aconteceu — respondi.

— Isso não está bem contado.

Ele começou a tagarelar sobre como um homem chega em casa depois de matar dragões, tentar manter a sua família em segurança, e que tudo o que ele espera em retorno pela sua corvéia e sacrifício é um pouco de amor e respeito, mas que parecia que, hoje em dia, isso era um pedido caro demais. Ele disse que não pegou o nosso dinheiro que estava reservado para Nova York, mas que, se a Lori estivesse mesmo decidida a ir morar naquela terra-de-ninguém, ele pagaria, ele mesmo, a viagem.

Enfiou, então, a mão no bolso e retirou umas notas amassadas. Ficamos paradas, olhando para ele. Foi quando ele deixou o dinheiro cair no chão.

— Como queiram — falou.

— Por que você tá fazendo isso com a gente, pai? — perguntei. — Por quê?

Seu rosto contraiu de raiva, e aí ele cambaleou até o sofá-cama e apagou.

— Nunca vou conseguir sair daqui — Lori ficou repetindo. — Nunca vou conseguir sair daqui.

— Vai, sim. Juro que vai — falei.

Eu acreditava que ela ia. Porque eu sabia que, se ela nunca conseguisse ir embora de Welch, eu também não conseguiria.

No dia seguinte, fui até a G.C. Murphy e fiquei olhando a prateleira de cofrinhos-porcos. Eles eram todos ou de plástico, ou de porcelana, ou de vidro, facilmente quebráveis. Examinei uma coleção de caixas de metal com fechaduras e chaves. As dobradiças eram frágeis demais. Papai poderia bisbilhotar sem grandes dificuldades. Comprei uma moedeira azul. Comecei a usar atada ao cinto, debaixo da roupa, o tempo todo. Quando ficava cheia demais, eu colocava o dinheiro na meia que eu escondia no buraco na parede debaixo do meu beliche.

Começamos a economizar de novo, mas a Lori estava desanimada demais para pintar, e não juntávamos o dinheiro tão rápido. Uma semana antes de terminarem as aulas, só tínhamos US$37,20 na meia. Foi quando uma mulher, para quem eu trabalhava como babá, uma professora chamada sra. Sanders, me disse que ela e a família estavam de mudança para a sua cidade natal, no estado do Iowa, e me perguntou se eu queria passar o verão lá com eles. Se eu fosse junto, e ajudasse a cuidar de seus dois bebês, ela disse que me pagaria US$200 no final do verão, acompanhado de um bilhete de ônibus de volta para Welch.

Pensei sobre sua oferta.

— Leve a Lori no meu lugar. E, no final do verão, pague pra ela um bilhete de ônibus pra Nova York.

A dona Sanders concordou.

Nuvens baixas e azul-acinzentadas baixaram sobre os cumes das montanhas nos arredores de Welch na manhã em que Lori partiu. Elas estavam lá na maioria das manhãs, e, quando eu as notava, lembrava-me de quão isolada e esquecida era a cidade — que lugar triste e perdido à deriva nas nuvens. Normalmente, elas evaporavam lá pelo final da manhã, quando o sol se elevava acima das colinas íngremes, mas, em certos dias como este, da partida da Lori, elas ficavam agarradas às montanhas, e uma bruma fina se formava no vale, deixando o cabelo e o rosto úmidos.

Quando a família Sanders estacionou a berlinda na frente de casa, a Lori estava pronta. Ela havia colocado as roupas, os livros prediletos e o material de pintura em uma única caixa de papelão. Abraçou-nos a todos, exceto ao papai — se recusara a voltar a falar com ele desde que havia saqueado o Oz —, prometeu escrever e entrou no carro.

Ficamos todos olhando enquanto o carro desaparecia na curva da Little Hobart Street. Lori não olhou para trás sequer uma vez. Considerei isso como um bom sinal. Subi os degraus da escada para dentro de casa, e papai estava parado na varanda, fumando um cigarro.

— Essa família está se esfacelando — falou.

— Está sim, senhor — falei.

NAQUELE OUTONO, QUANDO ENTREI para o primeiro ano do segundo grau, a srta. Bivens me colocou como redatora do *The Maroon Wave*. Depois de trabalhar, na sexta série, como revisora, na sétima série eu tinha começado a fazer diagramação. Na oitava série, comecei a fazer entrevistas, escrever artigos e tirar fotografias. Mamãe tinha comprado uma câmera Minolta para tirar fotos dos seus quadros, para que ela pudesse enviá-las à Lori, que as poderia mostrar nas galerias de arte de Nova York. Quando mamãe não usava, eu levava a Minolta para tudo o que era canto, porque nunca se sabe quando alguma coisa pode virar notícia. O que eu mais gostava em ser repórter era que eu tinha uma desculpa para ir a todos os lugares. Como nunca tinha feito muitos amigos em Welch, quase não tinha ido a jogos de futebol, bailes ou eventos coletivos. Sentia-me mal de ficar sentada sozinha enquanto todo mundo estava cercado de amigos. Mas quando eu trabalhava para o *Wave*, eu tinha uma razão para estar lá. Eu estava em missão, como membro da imprensa local, com o meu bloquinho na mão e a Minolta pendurada no pescoço.

Comecei a freqüentar praticamente todos os eventos extracurriculares da escola, e a garotada que antes fugia de mim agora me aceitava e até me procurava, posando e fazendo gracinhas na esperança de ter sua fotografia no jornal. Enquanto alguém que os podia tornar famosos entre os seus pares, eu já não era mais uma pessoa que se podia desprezar.

Apesar de o *Wave* só ser editado uma vez por mês, eu trabalhava todos os dias. Em vez de passar a hora do almoço escondida no banheiro, eu ficava na sala de aula da srta. Bivens, onde escrevia os meus artigos, editava as matérias escritas pelos outros alunos e contava os caracteres das manchetes para ter certeza de que caberiam nas colunas. Finalmente, eu tinha uma boa desculpa para nunca almoçar. "Estou correndo com o prazo", dizia. Também ficava na escola depois da aula para revelar as fotos na câmara escura, o que tinha uma vantagem extra. Eu podia entrar escondida na lanchonete depois que todo mundo tivesse ido embora para pesquisar as latas de lixo. Eu costumava encontrar latas de milho de tamanho industrial praticamente cheias, e grandes engradados de salada de repolho e pudim de tapioca. Eu já não tinha mais que vasculhar dentro das latas de lixo do banheiro, procurando por comida, e estava quase livre de passar fome.

Quando fui para o segundo ano, a srta. Bivens fez de mim a chefe de redação, embora o trabalho devesse ser dado a alguém do último ano. Somente um punhado de estudantes queria trabalhar para o *Wave*, e acabei escrevendo tantos artigos que aboli o nome do autor. Era ridículo que o meu nome aparecesse quatro vezes na primeira página.

O jornal custava 15 centavos, e eu mesma vendia, indo de sala em sala, nos corredores, anunciando-o como se fosse um jornaleiro ambulante. A escola tinha uns mil e duzentos alunos, mas só vendíamos uns duzentos exemplares do jornal. Tentei várias estratégias para aumentar a circulação: lancei concursos de poesia, acrescentei uma coluna sobre moda e escrevi editoriais polêmicos, inclusive um sobre a validade das provas padronizadas, o que provocou uma carta irada por parte do alto comando do Departamento de Educação. Nada adiantou.

Um dia, um aluno que eu estava tentando convencer a comprar o *Wave* me disse que ele não tinha o menor interesse, porque eram sempre os mesmos nomes que apareciam todas as vezes: os atletas

da escola e as líderes de torcida, e o punhado de alunos considerados como prodígios, que sempre ganhavam prêmios acadêmicos.
Por isso, comecei uma coluna chamada "Canto dos aniversários",
com a lista dos nomes dos oitenta e tantos aniversariantes do mês
seguinte. A maioria dessas pessoas nunca tinha saído no jornal, e
elas ficavam tão contentes de ver seus nomes impressos preto no
branco que compravam vários exemplares. A circulação dobrou. A
srta. Bivens comentou que talvez o "Canto dos aniversários" não re-
presentasse um jornalismo sério. Eu lhe disse que não me importava,
ele vendia jornal.

O Chuck Yeager visitou a escola naquele ano. Eu sempre tinha ouvido o papai falar em Chuck Yeager, como ele tinha nascido em West
Virginia, na cidade de Myra, à beira do rio Mud, no condado de
Lincoln, e como ele tinha entrado para a aeronáutica durante a Segunda Guerra Mundial e derrubado 11 aviões alemães antes de fazer
22 anos, e como se tornou piloto de teste na Base Aérea Edwards, lá
no deserto de Mojave, na Califórnia, e como um dia, em 1947, ele
se tornou o primeiro homem a romper a barreira do som com o seu
X-1, apesar de, na noite anterior, ele ter bebido e caído do cavalo e
quebrado algumas costelas.

Papai nunca admitiu ter heróis, mas o Chuck Yeager machão,
beberrão, frio e calculista era o homem que ele admirava acima de
todos os outros, em todo o mundo. Quando ele soube que o Chuck
Yeager ia fazer uma palestra na escola e que havia concordado em
me dar uma entrevista depois, papai mal conseguiu conter seu entu-
siasmo. Ele estava esperando por mim na varanda, com uma caneta
e um pedaço de papel, quando cheguei da escola um dia antes da
grande entrevista. Ele sentou comigo para me ajudar a fazer uma
lista de perguntas inteligentes, para que eu não desse vexame diante
de um dos mais notáveis filhos de West Virginia.

No que o senhor pensou quando quebrou o recorde Mach I?

No que o senhor pensou quando A. Scott Crossfield quebrou o
Mach II?

Qual é a sua aeronave preferida?

O que o senhor pensa da possibilidade de se voar à velocidade da luz?

Papai escreveu umas 25 ou 30 perguntas desse tipo e depois insistiu para que ensaiássemos a entrevista. Ele fingiu ser o Chuck Yeager e me deu respostas detalhadas às perguntas que havia escrito. Seus olhos ficaram marejados quando descreveu a sensação de quebrar a barreira do som. Então resolveu que eu precisava de noções sólidas sobre a história da aviação, e ficou acordado até metade da noite me fornecendo informações, à luz do lampião de querosene, sobre o programa de testes de vôo, aerodinâmica básica e o físico austríaco Ernst Mach.

No dia seguinte, o diretor, o sr. Jack, apresentou o Chuck Yeager durante a assembléia no auditório. Ele parecia mais um caubói do que um nativo de West Virginia, com o seu jeito cavaleiro de andar, seu rosto liso e curtido de sol, mas assim que ele começou a palestra, sua maneira de falar era de um caipira da gema. Enquanto falava, os estudantes irrequietos se acomodaram nas cadeiras dobradiças e foram envolvidos por esse homem lendário, conhecedor do mundo, que nos disse o quão orgulhoso ele era de suas raízes de West Virginia e como nós também devíamos ter orgulho dessas raízes que partilhávamos todos. E como, independentemente de onde nascíamos, cada um de nós podia e devia perseguir seus sonhos, assim como ele perseguira os seus. Quando terminou de falar, os aplausos só faltaram rachar o vidro das janelas.

Subi no palco antes que os alunos começassem a se retirar.

— Senhor Yeager, sou Jeannette Walls, do *The Maroon Wave* — apresentei-me, estendendo a mão.

Chuck Yeager apertou a minha mão e sorriu.

— Vê se escreve o meu nome direito, senhorita, pro meu pessoal sabê sobre quem cê tá escrevendo — falou.

Sentamo-nos nos assentos dobradiços e conversamos por quase uma hora. Ele levou todas as perguntas a sério e agiu como se tivesse todo o tempo do mundo para me dedicar. Quando mencionei vários aviões em que havia voado, sobre os quais papai tinha me falado tanto, ele sorriu e disse:

— Ora, sim, senhor. Acho que tô diante de uma especialista em aviação.

Depois disso, nos corredores, as outras crianças vinham até mim para me dizer como eu era sortuda. "Como ele é de perto?", perguntavam, "O que foi que ele falou?". Todos me tratavam com a deferência reservada somente aos melhores atletas da escola. Até o zagueiro do time de futebol americano do colégio me olhou e fez um sinal com a cabeça. Eu era a garota que tinha falado com Chuck Yeager.

Papai estava tão ansioso para saber como tinha sido a entrevista que ele não só estava em casa quando cheguei da escola, como também estava sóbrio. Fez questão de me ajudar com o artigo para garantir a exatidão técnica.

Eu já tinha bolado o *lead*, a introdução da matéria. Sentei diante da Remington da mamãe e datilografei:

As páginas dos livros de história tomaram vida este mês, quando Chuck Yeager, o primeiro homem a quebrar a barreira do som, visitou a escola secundária de Welch.

Papai olhou por sobre o meu ombro.

— Ótimo. Agora vamos apimentar isso um pouco.

A LORI VINHA NOS ESCREVENDO regularmente de Nova York. Ela adorava a cidade. Estava hospedada em um hotel para mulheres em Greenwich Village, trabalhando como garçonete em um restaurante alemão e tendo aulas de arte e até de esgrima. Ela tinha conhecido pessoas fascinantes, cada qual um gênio excêntrico. As pessoas em Nova York adoravam tanto arte e música que, segundo ela, os artistas vendiam quadros diretamente na calçada, ao lado de quartetos de corda que tocavam Mozart. Nem o Central Park era tão perigoso quanto se pensava em West Virginia. Nos fins de semana, ficava cheio de patinadores, jogadores de *frisbee*, malabaristas e mímicos com rostos pintados de branco. Ela tinha certeza de que eu ia adorar quando chegasse lá. Eu também.

Desde que tinha começado o segundo ano, vinha fazendo uma contagem regressiva dos meses — vinte e dois — até me juntar à Lori. Tinha tudo planejado. Assim que me formasse no segundo grau, me mudaria para Nova York, me inscreveria em uma universidade da cidade e arranjaria um emprego na AP — Associated Press — ou na UPI — United Press International —, as agências de informação que enviavam os artigos ao *Welch Daily News*, ou em um dos famosos jornais nova-iorquinos. Eu ouvia os repórteres no *The Welch Daily News* fazendo piada sobre os escritores pretensiosos que trabalhavam para estes jornais. Eu estava decidida e me tornar um deles.

No meio do ano, fui até a srta. Katona, conselheira vocacional da escola, para pedir nomes de universidades em Nova York. A srta. Katona levantou os óculos que estavam pendurados na cordinha ao redor do pescoço e me analisou através das lentes. A universidade de Bluefield State ficava a uma distância de pouco menos de sessenta quilômetros, disse-me, e, com as minhas notas, eu poderia provavelmente conseguir uma bolsa integral.

— Eu quero fazer faculdade em Nova York — declarei.

A srta. Katona franziu a testa de maneira inquisidora.

— E por quê?

— Porque é lá que eu quero morar.

A srta. Katona disse que, na sua opinião, era uma má idéia. Era mais fácil ir à faculdade no estado onde se tinha estudado o segundo grau. Você era considerado como local, o que significava aceitação mais provável e custos menores.

Fiquei pensando no que ela disse alguns instantes.

— Talvez eu deva me mudar para Nova York agora mesmo e me formar em uma escola de lá. Aí, eu seria considerada uma local.

A srta. Katona me olhou de banda, reprovando-me.

— Mas você vive aqui, esta é a sua casa.

A srta. Katona era uma mulher longilínea, que sempre vestia suéteres abotoados na frente e sapatos de sola grossa. Ela havia freqüentado a escola secundária de Welch, e parece que nunca lhe ocorrera morar em outro lugar. Deixar West Virginia, ou mesmo deixar Welch, teria sido impensavelmente desleal, algo como desertar a própria família.

— Só porque eu moro aqui agora não quer dizer que eu não possa me mudar pra outro lugar.

— Isso seria um grande erro. Você vive aqui. Pense no que você estaria perdendo. Sua família, seus amigos. O último ano é o ápice da sua experiência escolar. Você perderia o Dia do Formando. E perderia o baile de formatura.

Andei lentamente no caminho de volta para casa naquela noite, refletindo sobre o que a srta. Katona havia dito. Era verdade que muitos adultos de Welch haviam falado de como o último ano havia sido o ápice das suas vidas. No Dia do Formando, algo que a escola tinha inventado para evitar que os secundaristas abandonassem o curso, os formandos do ano usavam roupas engraçadas e tinham direito de matar aula. Não chegava a ser uma razão suficiente para ficar em Welch um ano a mais. Quanto ao baile dos formandos, eu tinha tanta chance de conseguir que alguém me convidasse quanto o papai de pôr um fim à corrupção nos sindicatos.

Eu havia falado de maneira hipotética sobre mudar para Nova York um ano antes do previsto. Mas, enquanto caminhava, dei-me conta de que, se quisesse, era só me aprontar e partir. Eu podia mesmo ter essa iniciativa. Talvez não agora, agorinha — estávamos no meio do ano letivo —, mas eu podia aguardar até terminar o segundo ano. A essa altura, eu teria 17 anos. Eu tinha quase US$100 guardados, o suficiente para começar a vida em Nova York. Eu podia deixar Welch em menos de cinco meses.

Fiquei tão empolgada que comecei a correr. E corri cada vez mais rápido, ao longo da estrada Velha, onde árvores de galhos desfolhados arqueavam-se sobre o caminho, e depois pela Vista Grande, e, mais adiante, pela Little Hobart Street, passando pelos cachorros que latiam nos quintais e pelas pilhas de carvão cobertas de geada, pela casa dos Noes, dos Parishs, dos Halls e dos Renkos, até, sem fôlego, parar na frente da nossa casa. Pela primeira vez em anos reparei na minha pintura amarela semiconcluída. Eu havia passado tanto tempo tentando melhorar as coisas em Welch, mas nada havia dado certo.

Na verdade, as coisas estavam piorando. Uma das pilastras de sustentação estava começando a arquear. O furo no telhado sobre a cama do Brian tinha ficado tão sério que, quando chovia, ele dormia debaixo de um bote inflável que a mamãe ganhou em um concurso ao mandar pacotes de cigarros Benson & Hedges 100s que nós havíamos catado em latas de lixo. Se eu fosse embora, o Brian poderia ficar com a minha cama. Tomei minha decisão. Eu iria para Nova York assim que o ano escolar acabasse.

Subi pela ribanceira dos fundos da casa — a escada havia apodrecido completamente — e entrei pela janela de trás, que agora usávamos como porta. Papai estava à escrivaninha fazendo uns cálculos, e mamãe estava mexendo nas suas pilhas de quadros. Quando lhes contei sobre o meu projeto, papai amassou a guimba que estava fumando, levantou e saiu pela janela sem dizer palavra. Mamãe balançou a cabeça e olhou para baixo, limpando a poeira de um dos quadros e murmurando algo para si mesma.

— Então, o que você acha? — perguntei.

— Tudo bem. Vai embora.

— O que é que foi?

— Nada. Você deve ir embora. A idéia é boa.

Ela parecia a ponto de explodir em pranto.

— Não fica triste assim, mãe. Eu vou escrever.

— Eu não estou triste porque vou sentir saudades. Estou triste porque você vai conseguir ir pra Nova York enquanto eu vou continuar presa aqui. Não é justo.

Quando liguei para a Lori, ela aprovou a idéia e disse que eu poderia morar com ela se arrumasse um emprego e ajudasse a pagar o aluguel. O Brian também gostou, sobretudo quando eu ressaltei que ele poderia ficar com a minha cama. Ele começou a me gozar, falando com um sotaque afetado daqueles nova-iorquinos que usam casaco de pele, levantam o dedo mindinho e empinam o nariz. Ele começou uma contagem regressiva das semanas até a minha partida, como eu fizera com a Lori. "Em 16 semanas, você vai estar em Nova York", repetia ele. Na semana seguinte: "Em três meses e três semanas, você vai estar em Nova York."

Papai mal falara comigo desde que anunciei minha decisão. Uma noite daquela primavera, ele veio até o quarto, onde eu estava estudando no meu beliche. Ele tinha umas folhas de papel enroladas debaixo do braço.

— Tem um minuto pra dar uma olhadinha aqui? — perguntou.

— Claro.

Eu o segui até a sala, onde ele espalhou os papéis na escrivaninha. Eram as suas velhas plantas, em cópia heliográfica, para o Castelo de Vidro, todas manchadas e cheias de orelhas. Não conseguia me lembrar da última vez em que as havia visto. Tínhamos parado

de falar no Castelo de Vidro quando as fundações que cavamos ficaram entulhadas de lixo.

— Acho que eu finalmente consegui descobrir uma maneira de
lidar com a falta de iluminação natural na encosta — disse ele.

Tinha a ver com instalar espelhos especialmente côncavos e con-
vexos nas células solares. Mas ele queria mesmo conversar comigo
sobre os planos para o meu quarto.

— Agora que a Lori foi embora, estou reconfigurando a disposi-
ção, e o teu quarto vai ficar bem maior.

As mãos do papai tremiam enquanto desenrolava as diferentes
plantas. Ele havia desenhado fachadas, cortes, plantas baixas e de
situação do Castelo de Vidro. As instalações elétricas e hidráulicas já
estavam identificadas nas folhas. Ele havia desenhado o interior dos
cômodos, anotado os detalhes e especificado as dimensões, chegando
à indicação dos centímetros, com a sua caligrafia precisa e compacta.

Fiquei olhando fixo para as plantas.

— Pai, você nunca vai construir o Castelo de Vidro.

— Você tá querendo dizer que não confia no teu velho?

— Mesmo que você construa, não vou mais estar aqui. Em menos de três meses, vou embora pra Nova York.

— Eu tava pensando que você não tem que ir logo — disse ele.

Na cabeça do papai, eu poderia ficar e me formar na escola secundária de Welch e ir para a Bluefield State, como a srta. Katona tinha sugerido, e aí arrumar um emprego no *The Welch Daily News*.
Ele me ajudaria com as matérias, como me ajudara com o artigo
sobre o Chuck Yeager.

— Vou, sim, construir o Castelo de Vidro, eu juro. E vamos, todos, morar nele juntos. Vai ser muito melhor do que qualquer apartamento que você encontrar em Nova York, garanto e assino embaixo.

— Pai, assim que as aulas acabarem, vou pegar o primeiro ônibus pra fora daqui. Se os ônibus pararem de circular, vou embora
pedindo carona na estrada. Vou a pé se for preciso. Se você quiser,
vai fundo e constrói o Castelo de Vidro, mas não por minha causa.

Papai enrolou as plantas e saiu da sala. Um minuto depois, ouvi-
o descendo a ladeira às carreiras.

Havia sido um inverno brando, e o verão chegou cedo às montanhas. Em fins de maio, as lágrimas-de-cristo silvestres e as azaléias haviam florido, e o perfume das madressilvas fluía das colinas e invadia a nossa casa. Tivemos os primeiros dias quentes antes do fim das aulas.

Naquelas últimas semanas, eu passava da excitação ao nervosismo, e então ao medo puro e simples, e depois de volta à excitação, em uma questão de minutos. No último dia de aula, esvaziei meu armário e fui me despedir da srta. Bivens.

— Tenho um bom pressentimento. Acho que você vai se dar bem lá. Mas você me deixou com um problema e tanto. Quem vai ser o redator do *Wave* no ano que vem?

— A senhora vai encontrar alguém, não tenho a menor dúvida.

— Tenho pensado em convencer o seu irmão a entrar nessa.

— As pessoas vão começar a achar que os Walls estão criando uma dinastia.

A srta. Bivens sorriu.

— Talvez vocês estejam mesmo.

Em casa, de noite, mamãe liberou uma mala que ela vinha usando para a sua coleção de sapatos de dança, e eu a enchi com as minhas roupas e os meus exemplares encadernados do *The Maroon Wave*. Queria deixar tudo o que pertencia ao passado para trás, até as coisas boas, por isso dei o meu geode à Maureen. Estava empoeirado e feio, mas eu lhe disse que se ela esfregasse bem, a pedra brilharia que nem um diamante. Ao esvaziar a caixa pregada à parede ao lado da minha cama, o Brian falou:

— Quer saber? Daqui a um dia você vai estar em Nova York.

Então, ele começou a imitar o Frank Sinatra, cantando "New York, New York" fora do tom e fazendo a sua dança de *crooner* canastrão.

— Cala a boca, seu bobalhão — disse-lhe, dando um tapa forte em seu ombro.

— Você é que é a bobalhona — disse-me, devolvendo o tapa com força. Ficamos nessa violência de brincadeirinha um pouco mais e aí nos entreolhamos de uma maneira meio sem jeito.

O único ônibus que partia de Welch era às sete e dez da manhã. Eu tinha que estar na rodoviária antes das sete. Mamãe disse que, como ela não era de madrugar, não ia levantar cedo pra se despedir de mim.

— Conheço a tua cara e conheço a cara da rodoviária. E essas grandes despedidas são sentimentais demais — disse ela.

Quase não dormi naquela noite. Nem o Brian. De vez em quando, ele quebrava o silêncio para anunciar que em sete horas eu estaria fora de Welch, que em seis horas eu estaria fora de Welch, e ambos tínhamos um acesso de choro. Adormeci, mas logo em seguida, assim que o dia começou a raiar, o Brian, que, como a mamãe, também não era de levantar cedo, me acordou. Ele estava puxando o meu braço.

— Agora não é mais brincadeira — falou. — Daqui a duas horas, você estará longe daqui.

Papai não tinha voltado para casa durante a noite, mas, quando saí pela janela com a minha mala, eu o vi sentado no pé da escada de pedra, fumando um cigarro. Ele fez questão de carregar minha mala, e caminhamos, descendo a Little Hobart Street e, depois, virando na estrada Velha.

As ruas vazias estavam úmidas e abafadas. De tempos em tempos, papai olhava para mim e dava uma piscada, ou estalava a língua fazendo barulho, como se eu fosse um cavalo e ele estivesse me instando a correr mais rápido. Era como se ele achasse que estava fazendo o que um pai devia fazer, instigando a coragem da filha, ajudando-a a encarar os terrores do desconhecido.

Quando chegamos à rodoviária, ele se virou para mim.

— Fofura, a vida em Nova York pode não ser tão fácil quanto você está pensando.

— Vou conseguir encarar.

Papai colocou a mão no bolso e tirou o seu canivete predileto, o de cabo de osso e lâmina de aço azul alemão, que ele tinha usado na Caça ao Demônio.

— Vou ficar mais tranqüilo sabendo que você tem isso.

Ele apertou o canivete contra a palma da minha mão.

O ônibus virou a esquina, avançou e parou com um assobio de ar comprimido na frente da estação de trem. O motorista abriu o compartimento de bagagem e empurrou minha mala para dentro, ao lado das outras. Abracei o papai. Quando nossos rostos se tocaram, inspirei o cheiro de tabaco, loção pós-barba e uísque, e dei-me conta de que ele havia feito a barba para mim.

— Se as coisas não derem certo, você pode voltar pra casa quando quiser. Vou estar sempre aqui pro que der e vier. Você sabe disso, não sabe? — disse.

— Sei.

Eu sabia que, à sua maneira, ele sempre estaria. Eu também sabia que eu não voltaria nunca.

O ônibus estava bem vazio, e eu consegui um bom lugar, ao lado da janela. O motorista fechou a porta e deu a partida. No início, eu tinha decidido não olhar para trás. Eu queria olhar para frente, para onde eu estava indo, e não de onde estava saindo, mas olhei, mesmo assim.

Papai estava acendendo um cigarro. Dei adeus, e ele também. Aí, ele enfiou as mãos dentro dos bolsos, com o cigarro pendurado no canto da boca, e ficou lá, parado, com os ombros meio caídos e ar distraído. Perguntei-me se ele se lembrava de como ele também havia partido de Welch, cheio de gás, aos 17 anos de idade, e tão convicto quanto eu, agora, de que nunca mais retornaria. Perguntei-me se ele tinha esperança de que a sua filha predileta voltasse ou se desejava que ela, diferentemente dele, se desse bem na vida.

Coloquei a mão no bolso e toquei no canivete com cabo de osso. Dei mais um adeus. Papai ficou parado... e diminuía cada vez mais. Aí nós dobramos uma curva e ele desapareceu.

4

NOVA YORK

ESTAVA ANOITECENDO QUANDO TIVE os primeiros vislumbres da cidade, ao longe, do outro lado de uma cadeia de montanhas. Não via mais do que as agulhas das torres e seus terraços quadrados. Foi quando chegamos ao topo da colina, e lá, do outro lado de um rio largo, havia uma ilha abarrotada de arranha-céus, com as vidraças luzindo como fogo ao sol poente.

Meu coração começou a bater acelerado, e fiquei com as palmas das mãos molhadas. Andei pelo corredor do ônibus até o minúsculo banheiro nos fundos e lavei as mãos na pia de metal. Olhei bem para o meu rosto no espelho e tentei imaginar o que os nova-iorquinos pensariam quando me vissem. Será que veriam uma jovem roceira, grandalhona e desengonçada dos Apalaches, com ombros e joelhos salientes, além de dentuça? Há anos papai vinha me dizendo que eu tinha uma beleza interior. A maioria das pessoas não a via. Eu mesma tinha dificuldade para vê-la, mas papai insistia em dizer que ele a via, sim, e que era isso que importava. Eu tinha esperança de que, quando os nova-iorquinos me vissem, enxergassem o mesmo que o papai.

Quando o ônibus parou no terminal, peguei minha mala e andei até o meio da rodoviária. Uma massa disforme de corpos apressados passou por mim como um rio caudaloso, dando-me a impressão de ser uma pedrinha em um lago, e aí ouvi alguém me chamando.

Era um sujeito branquelo com óculos grossos, de armação preta, que faziam seus olhos parecerem pequenos. Ele se chamava Evan e era amigo da Lori. Ela estava no trabalho e pediu-lhe que viesse me encontrar. O rapaz se ofereceu para carregar a minha mala e me levou até o lado de fora, na rua — um lugar barulhento com uma multidão que estava esperando, aglutinada, para atravessar no sinal, um engarrafamento de carros e papéis esvoaçando pelo ar em todas as direções. Eu o segui para dentro do bolo.

Depois de andarmos um quarteirão, Evan colocou a mala no chão.

— Isso é pesado. O que é que você tem aqui dentro?

— Minha coleção de carvão.

Ele me olhou estatelado.

— Brincadeirinha — disse-lhe, e dei um soco no seu ombro.

Evan era meio lento para brincadeiras, mas considerei isso um bom sinal. Eu não tinha nenhuma razão para ficar imediatamente boquiaberta diante da esperteza e da inteligência desses nova-iorquinos.

Peguei minha mala. Evan não fez nenhum esforço para que eu a devolvesse a ele. Na verdade, pareceu aliviado com o fato de eu a estar carregando. Seguimos pelo quarteirão, e ele me olhava, de vez em quando, de soslaio.

— Essas meninas de West Virginia são mesmo duras na queda — comentou ele.

— É isso aí — falei.

O Evan me deixou em um restaurante alemão chamado Zum Zum. A Lori estava atrás do balcão, com quatro canecas de cerveja em cada mão e dois coques, um em cada lado da cabeça, falando com um sotaque alemão carregado porque, como ela explicou depois, aumentava as gorjetas.

— *Essa ist mainha irrman*! — gritou ela para os homens em uma das suas mesas.

Eles levantaram as canecas de cerveja e gritaram:

— *Bem-vinda a Nofa Yorken*!

Eu não sabia nada em alemão, então respondi:

— *Grazi*!

Todo mundo caiu na gargalhada. Lori estava no meio do expediente, então fui dar umas voltas pelas ruas. Acabei me perdendo algumas vezes, e tive que pedir ajuda. As pessoas vinham me avisando há meses sobre o quão rudes os nova-iorquinos eram. Era verdade que, se você tentasse pará-los no meio da rua, muitos continuavam andando, fazendo que não com a cabeça. Os que paravam não te olhavam de primeira. Eles olhavam para um ponto distante à frente, com as caras amarradas. Mas, assim que eles se davam conta de que você não estava tentando assaltá-los, nem pedir dinheiro, eles ficavam simpáticos. Olhavam nos seus olhos e davam instruções detalhadas sobre como, para chegar ao Empire State Building, você tinha que andar nove quarteirões, virar à direita e andar por mais dois quarteirões e assim por diante. Eles até desenhavam mapinhas. Achei que os nova-iorquinos só fingiam que eram rudes.

Mais tarde, a Lori e eu pegamos o metrô até Greenwich Village e andamos até o Evangeline, o albergue para mulheres onde ela estava morando. Naquela noite, acordei às três da madrugada e vi o céu todo iluminado de um laranja forte. Pensei que talvez houvesse um incêndio em algum lugar, mas de manhã a Lori me disse que a luminosidade alaranjada vinha da poluição do ar, que refratava a luz das ruas e dos prédios. O céu noturno aqui, disse-me, sempre tinha aquela coloração. Isso significava que, em Nova York, nunca se conseguiam ver as estrelas. Mas Vênus não era uma estrela. Fiquei imaginando: eu conseguiria ver Vênus?

Já no dia seguinte, arranjei um emprego em um quiosque de hambúrguer na Fourteenth Street. Descontados os impostos e a previdência, eu estaria levando para casa mais de US$80 por semana. Eu tinha passado muito tempo refletindo sobre como seria Nova York, mas nunca me ocorreu que as oportunidades pudessem aparecer tão facilmente. A não ser por aqueles uniformes vermelhos e amarelos, com o boné molengo combinando, eu adorava o emprego. As horas de pico, no almoço e no jantar, eram sempre emocionantes, com filas se formando diante do balcão, os caixas gritando os pedidos ao microfone, os rapazes da grelha jogando hambúrgueres na esteira rolante, que os despejava na chapa flamejante, todo mundo correndo do balcão de montagem dos sanduíches para as máquinas das bebidas, a fritadeira que disparava um sinal quando as batatas fritas estava prontas, controlando os pedidos, o gerente pulando de um lado para o outro para ajudar quando pintava uma crise. Tínhamos um desconto de vinte por cento nas nossas refeições e, nas primeiras semanas trabalhando lá, almocei cheeseburger com milk-shake de chocolate todos os dias.

No meio do verão, a Lori nos encontrou um apartamento no bairro à altura do nosso orçamento: o sul do Bronx. O prédio amarelo, *art déco*, deve ter sido bem bonito quando acabara de ser construído, mas agora os muros estavam cobertos de pichações, e os espelhos rachados da portaria estavam remendados com fita isolante. Ainda assim, ele tinha o que mamãe chamava de bons ossos.

Nosso apartamento era maior do que toda a casa da Little Hobart Street, e muito mais bonito. Tinha um piso de tacos de carvalho brilhante, um hall de entrada com dois degraus dando para a sala de estar — onde eu dormia — e, na lateral, um quarto que a Lori ocupou. Nós também tínhamos uma cozinha com uma geladeira que funcionava e um fogão a gás que tinha um botão automático que acendia a chama, para que não se precisasse usar fósforo — era só virar o botão, ouvir o estalinho e admirar o círculo de chamas azuis surgir dos buraquinhos da boca. O meu cômodo predileto era o banheiro. Tinha um chão de azulejo preto-e-branco, uma privada com uma descarga poderosa, uma banheira tão profunda que dava para você submergir completamente dentro d'água, que podia ser aquecida e não faltava nunca.

O fato de o apartamento ficar em um bairro barra-pesada não me incomodava; sempre tínhamos vivido em bairros violentos. A garotada porto-riquenha ficava de bobeira pelas calçadas o tempo todo, tocando música, dançando, sentando em carros abandonados, aglutinados à entrada das escadas que subiam para a estação de metrô de superfície e à frente do armazém que vendia cigarro no varejo.

Tomei susto um monte de vezes. As pessoas sempre me diziam que, se eu fosse assaltada, era para entregar o dinheiro, e não arriscar minha vida. Mas nem pensar em dar a um desconhecido qualquer o meu dinheirinho tão suado, e eu não queria me tornar conhecida na vizinhança como uma presa fácil, por isso eu sempre resistia. Umas vezes, eu ganhava, outras vezes, eu perdia. O que funcionava mesmo era não perder o sangue-frio. Um dia, quando eu estava entrando no trem, um cara tentou agarrar a minha bolsa, mas eu a puxei e a alça arrebentou. Ele caiu de mãos vazias no chão da plataforma e, no que o trem deu a partida, olhei pela janela e dei-lhe um adeusinho sarcástico.

No outono, a Lori me ajudou a encontrar uma escola pública onde, em vez de assistir às aulas, os alunos faziam estágios por toda a cidade. Um dos estágios era no *The Phoenix*, jornal semanal que funcionava em uma sala comercial lúgubre de primeiro andar, na Atlantic Avenue, no centro do Brooklyn, perto da velha fábrica Ex-Lax. O proprietário, editor e redator-em-chefe era o Mike Armstrong. Ele se apresentava como um futriqueiro impertinente, que tinha hipotecado o seu pequeno prédio de tijolos vermelhos cinco vezes para não fechar o *The Phoenix*. Toda a equipe usava máquinas de escrever manuais Underwood, com fita de tecido e teclas amareladas. O "e" da minha estava quebrado, por isso, em vez dele eu usava o @. Nunca tínhamos papel para rascunho, escrevíamos em folhas descartadas de *releases* — notícias que eram retransmitidas — que tirávamos da lata de lixo. Pelo menos uma vez por mês, o cheque de pagamento de alguém vinha sem fundos. Jornalistas estavam sempre pedindo demissão, indignados. Na primavera, quando o sr. Armstrong estava entrevistando uma formanda de jornalismo candidata a uma vaga, um camundongo passou por cima do seu pé e ela deu um grito. Depois que ela foi embora, ele olhou para mim. Os representantes da área administrativa do Brooklyn iam se reunir naquela tarde, e não havia ninguém para cobrir a matéria.

— Se você começar a me chamar de Mike em vez de sr. Armstrong, pode ficar com o emprego.

Eu tinha acabado de fazer 18 anos. Saí do quiosque no dia seguinte e tornei-me repórter em tempo integral do *The Phoenix*. Nunca tinha me sentido tão feliz na vida. Eu trabalhava noventa horas por semana, meu telefone não parava de tocar, estava sempre correndo para entrevistas e verificando a hora no meu Rolex, que comprei por dez dólares na rua, para ter certeza de que eu não estava atrasada, correndo de volta ao jornal para entregar minha matéria e ficando acordada até quatro da matina para fazer a tipografia, quando o tipógrafo pediu demissão. E eu ganhava US$125 por semana para contribuir em casa. Se o cheque tivesse fundos.

Escrevi longas cartas ao Brian descrevendo como a vida era doce em Nova York. Ele respondia, dizendo que, no geral, as coisas continuavam indo ladeira abaixo em Welch. Papai estava sempre bêbado, a não ser durante o tempo que passava na cadeia; mamãe tinha se retirado, completamente, para dentro do seu mundo pessoal; e a Maureen estava praticamente vivendo com os vizinhos. O teto do quarto havia desmoronado, e ele teve que levar sua cama até a varanda. Ele fez paredes, pregando placas de madeira ao longo da grade, mas tinha goteira lá também, por isso continuava dormindo debaixo do bote inflável.

Falei para a Lori que o Brian devia vir morar conosco em Nova York, e ela concordou. Mas eu temia que ele tivesse vontade de ficar em Welch. Parecia mais um menino da roça do que da cidade grande. Estava sempre vagando, andarilho, pelos bosques, ou com uma motoneta de motor de dois tempos que ele encontrou, cortando lenha, ou esculpindo cabeças de animais em tocos de madeira. Ele nunca reclamava de Welch e, diferentemente de nós duas, havia feito muitos amigos lá. Mas eu achava que ele gostaria, a longo prazo, de sair do interior. Fiz uma lista de razões pelas quais ele devia se mudar para Nova York, assim tentaria convencê-lo.

Telefonei para ele na casa do vovô e defendi o meu ponto de vista. Ele ia precisar arrumar um emprego para dividir as despesas de aluguel e alimentação, mas tinha emprego a dar com pau na cidade. Ele podia dormir na sala comigo — havia espaço suficiente para outra cama —, a descarga da privada funcionava e o teto nunca tinha goteira.

Quando acabei, o Brian ficou quieto um tempo. Aí ele perguntou:

— Quando é que eu posso ir?

Como eu, Brian pegou o ônibus na rodoviária na manhã seguinte à formatura do segundo ano. Um dia depois de desembarcar em Nova York, ele arranjou um emprego em uma lojinha de sorvete no Brooklyn, nada longe do *The Phoenix*. Ele dizia que gostava mais do Brooklyn do que de Manhattan ou do Bronx, mas pegou o hábito de passar pelo *The Phoenix* ao sair do trabalho e esperar por mim até três ou quatro da manhã, para que nós pegássemos o metrô juntos até o sul do Bronx. Meu irmão nunca comentou nada, mas tenho a impressão de que ele achava que, como quando éramos crianças, ambos tínhamos mais chances de nos darmos bem se ficássemos juntos.

Agora eu já não via mais sentido em cursar uma faculdade. Era cara, e o meu objetivo ao entrar teria sido obter um diploma e me habilitar para um emprego como jornalista. Mas eu já estava trabalhando no *The Phoenix*. Quanto ao estudo propriamente dito, achei que não precisava de um diploma para tornar-me uma pessoa que sabia de verdade o que estava acontecendo no mundo. Se você prestasse atenção, descobria as coisas sozinho. Assim, toda vez que eu ouvia uma menção a algo que desconhecia — comida *kosher*, Tammany Hall, alta-costura —, fazia uma pesquisa depois. Uma vez, entrevistei um líder comunitário que descreveu um certo programa de emprego como sendo uma retroação à Era Progressiva. Eu não tinha a menor idéia do que fosse a Era Progressiva e, quando voltei ao escritório, dei uma olhada na *World Book Encyclopedia*. O Mike Armstrong quis saber o que eu estava fazendo e, quando expliquei, ele me perguntou se eu já tinha pensado em fazer uma faculdade.

— Por que eu deveria largar esse emprego pra entrar pra faculdade? Você tem universitários trabalhando aqui que estão fazendo o mesmo trabalho que eu.

— Você pode até não acreditar, mas tem emprego melhor do que
o que você tem agora, lá fora. Você pode arranjar um qualquer dia
desses. Mas não sem um diploma universitário.

Mike me prometeu que, se eu fosse à faculdade, eu poderia voltar
ao *The Phoenix* quando quisesse. Mas acrescentou: ele não achava
que eu fosse precisar.

Os amigos da Lori me contaram que a Universidade de Columbia
era a melhor da cidade de Nova York. Como, à época, ela só aceitava estudantes homens, eu me candidatei à sua faculdade irmã, a
Barnard, e fui aceita. Recebi bolsas e consegui empréstimos para
cobrir a maior parte da despesa, que era enorme, e eu havia economizado um pouco de dinheiro enquanto trabalhara no *The Phoenix*.
Mas para pagar o resto, tive que passar um ano como atendente de
telefone em uma empresa da Wall Street.

Quando as aulas começaram, não consegui mais pagar a minha
parte do aluguel, mas uma psicóloga me deixou ocupar um quarto no
seu apartamento no Upper Side West em troca de cuidar dos seus dois
filhos pequenos. Arrumei um emprego de fim de semana em uma galeria de arte, concentrei todas as minhas aulas em dois dias e tornei-me
a redatora do *Barnard Bulletin*. Mas deixei isso tudo de lado quando
fui contratada como assistente de redação, com carga semanal de apenas três dias, em uma das maiores revistas da cidade. Os redatores de
lá haviam publicado livros, coberto guerras e entrevistado presidentes.
Eu encaminhava as suas correspondências, verificava as suas despesas
e contava as palavras dos seus textos. Achei que tinha chegado *lá*.

Mamãe e papai nos ligavam de vez em quando da casa do vovô, para
nos pôr a par da vida em Welch. Comecei a temer aquelas chamadas, já que, a cada vez que tínhamos notícias deles, havia um novo
problema: um deslizamento de terra havia carregado o que restava
da escada; os nossos vizinhos, os Freemans, estavam tentando obter
a interdição da casa; Maureen tinha caído da varanda e ficado com
um talho na cabeça.

Quando a Lori ouviu aquilo, afirmou que já estava na hora de a Maureen se mudar para Nova York também. Mas nossa caçula só tinha 12 anos de idade, e eu fiquei com medo de ela ser nova demais para sair de casa. Tinha quatro anos quando nos mudamos para West Virginia, e aquele pedaço de terra era o mundo que ela conhecia.

— Quem vai cuidar dela? — perguntei.

— Eu. Ela pode ficar aqui comigo — respondeu Lori.

Lori ligou para a Maureen, que ficou empolgadíssima com a perspectiva, e aí a mais velha falou com a mamãe e com o papai. Mamãe achou ótimo, mas papai acusou a Lori de roubar os seus filhos e disse que a estava deserdando. Maureen chegou no início do inverno. A esta altura, o Brian havia se mudado para um prédio antigo, sem elevador, perto do terminal rodoviário Port Authority, e, usando o seu endereço, matriculamos a Maureen em uma boa escola pública em Manhattan. Nos fins de semana, nos encontrávamos no apartamento da Lori. Comíamos costeletas de porco fritas ou enormes pratos de espaguete com almôndegas, e ficávamos sentados conversando sobre Welch, rindo tanto daquela maluquice toda que as lágrimas esguichavam.

CERTA MANHÃ, TRÊS ANOS DEPOIS de eu haver mudado para Nova York, estava me preparando para ir à aula e ouvindo o rádio. O comentarista anunciou um terrível engarrafamento na radial de Nova Jersey. Uma picape tinha enguiçado, espalhando roupas e móveis por toda a estrada, criando uma grande retenção. A polícia estava tentando liberar a via, mas um cachorro tinha pulado para fora da picape e estava correndo para cima e para baixo, ao longo da estrada, enquanto dois agentes da polícia tentavam segurá-lo. O comentarista aumentou bastante a história, contando sobre os gaiatos, a geringonça e o cachorro histérico que estavam fazendo milhares de trabalhadores chegarem tarde aos locais de trabalho em Nova York.

De noite, a psicóloga me disse que eu havia recebido um telefonema.

— Jeannettezinha!

Era a mamãe.

— Adivinha? — perguntou com uma voz esganiçada de excitação. — Teu pai e eu nos mudamos pra Nova York!

A primeira coisa que me veio à mente foi a picape enguiçada na radial de manhã. Quando toquei no assunto com a mamãe, ela admitiu que sim, junto ao papai, ela tivera um probleminha técnico com a picape. A correia da ventoinha tinha afrouxado no meio de uma estrada enorme e entupida de gente, e o Tinkle, que estava se sentindo mal e cansado de ficar parado no banco de trás, você sabe como é, tinha desembestado. A polícia apareceu, e papai bateu boca com eles, que ameaçaram mandá-lo para a cadeia, e, caramba, foi um sufoco e tanto.

— Como foi que você ficou sabendo? — perguntou ela.

— Deu no rádio.

— No rádio? — perguntou. Ela não conseguia acreditar. Com tudo o que está acontecendo pelo mundo nos dias de hoje, uma picape velha com um problema na ventoinha é notícia?

Havia uma alegria intensa na sua voz.

— Acabamos de chegar aqui e já estamos famosos!

Depois de conversar com a mamãe, olhei em volta, ao redor do quarto. Era um minúsculo quarto de empregada ao lado da cozinha, com uma janela exígua e um banheiro que fazia as vezes, também, de armário. Mas era meu. Eu agora tinha um quarto e uma vida também, e não existia lugar nela nem para a mamãe, nem para o papai.

Ainda assim, fui até o apartamento da Lori para vê-los. Estava todo mundo lá. Mamãe e papai me abraçaram. Ele tirou uma minigarrafa de uísque de dentro de um saco de papel enquanto ela descreveu as várias aventuras ao longo da viagem. Eles tinham feito um pouco de turismo mais cedo, durante o dia, e pegaram o metrô pela primeira vez na vida, o qual papai chamava de um buraco caceta no chão. Mamãe nos afirmou que os murais *art déco* do Rockfeller Center foram uma decepção para ela, nem de longe tão bons quanto alguns de seus próprios quadros. Lori, Brian, Maureen e eu não estávamos ajudando muito a encher o papo.

— Então, o que é que vocês estão fazendo aqui? — perguntou Brian, finalmente. — Vocês vão se mudar pra cá?

— Já nos mudamos — respondeu mamãe.

— De vez? — perguntei.

— É isso aí — respondeu papai.

— Por quê? — questionei.

A pergunta saiu meio ríspida. Papai pareceu confuso, como se a resposta fosse óbvia.

— Pra que a gente seja uma família de novo. — Ele levantou a garrafinha. — Pela família.

Mamãe e papai alugaram um quarto numa pensão a uns quarteirões do apartamento da Lori. A senhoria os ajudou a se mudar e, dois meses depois, quando eles atrasaram o aluguel, ela botou todos os seus pertences na rua e trocou a fechadura do quarto. Mamãe e papai mudaram-se para um pombal de seis andares em um bairro muito mais barra-pesada. Eles ficaram lá uns meses, mas, quando papai colocou fogo no quarto ao dormir com um cigarro aceso na mão, os dois foram expulsos. O Brian achava que nossos pais precisavam ser forçados a ser auto-suficientes, senão seriam dependentes de nós para sempre, por isso ele se recusou a acolhê-los em seu apartamento. Mas a Lori se mudara do sul do Bronx para um apartamento no mesmo prédio do Brian e os deixou morar com ela e com a Maureen. Seria somente por uma ou duas semanas, eles lhe garantiram, um mês no máximo, enquanto juntavam uma graninha e procuravam um lugar aonde ir.

Um mês com a Lori tornou-se dois meses, e, depois, três e quatro. Cada vez que eu os visitava, o apartamento estava mais entulhado de coisas. Mamãe pendurou quadros nas paredes e empilhou a bagulhada que encontrava na rua e colocou garrafas coloridas nas janelas, para obter aquele efeito de vitral. As pilhas chegaram à altura do teto, e aí a sala ficou lotada, e os achados e obras de arte catadas no lixo pela mamãe invadiram a cozinha.

Mas era o papai quem estava mesmo irritando a Lori. Se por um lado ele não encontrava emprego fixo, ele sempre tinha maneiras misteriosas de arrumar dinheiro, e voltava para casa de noite bêbado e puxando briga. Brian viu que a Lori estava prestes a ter uma crise nervosa, então convidou o papai para ir morar com ele. Colocou uma tranca no armário com as garrafas de bebida, mas, em menos de uma semana, ao voltar para casa, descobriu que o papai já tinha usado uma chave de fenda para tirar as dobradiças da porta e abri-la. Com esse recurso, conseguiu beber todas as garrafas até a última gota.

Brian não perdeu a cabeça. Ele disse ao papai que tinha cometido um erro ao deixar bebidas alcoólicas dentro do apartamento e que deixaria o papai ficar, mas que, para isso, deveria seguir algumas regras. A primeira delas era que ele teria que parar de beber enquanto estivesse lá.

— Você é rei no teu castelo, e é assim que tem que ser — respondeu papai. — Mas ainda está para nascer o dia em que eu vou me dobrar para o meu próprio filho.

Ele e mamãe ainda tinham a picape branca com que vieram de West Virginia, e ele começou a dormir lá.

Enquanto isso, a Lori havia dado um ultimato para a mamãe se livrar das tralhas. Mas o prazo expirou, e então veio outro, e mais outro. Além disso, papai estava sempre passando para ver a mamãe, mas eles tinham brigas tão alvoroçadas que os vizinhos batiam nas paredes. Papai começou a brigar com eles também.

— Não agüento mais — disse-me Lori certo dia.

— Acho que você vai ter que botar a mamãe pra fora também — falei.

— Mas ela é minha mãe.

— Não tem jeito. Ela tá te deixando maluca.

Finalmente, Lori concordou. Foi um custo dizer à mamãe que ela teria que ir embora, e se propôs a fazer o que quer que fosse necessário para que ela se instalasse em outro lugar, mas mamãe insistiu em dizer que estava tudo bem.

— A Lori está fazendo a coisa certa — disse-me. — Às vezes, você precisa de uma crise rápida pra reativar a tua adrenalina e te ajudar a perceber o teu potencial.

Mamãe e Tinkle se mudaram para a picape, junto com o papai. Eles moraram lá alguns meses, mas um dia, ao deixarem o carro em uma área de estacionamento proibido, ele foi rebocado. Como a picape não tinha registro, não conseguiram recuperá-la. Naquela noite, eles dormiram em um banco de praça. Meus pais viraram sem-teto.

MAMÃE E PAPAI LIGAVAM freqüentemente a cobrar de telefones públicos para saber se estava tudo bem conosco, e, uma ou duas vezes por mês, nos reuníamos todos na casa da Lori.

— Não é uma vida tão ruim assim — contou mamãe, depois de ser uma sem-teto há dois meses.

— Não se preocupem com a gente — acrescentou papai. — Sempre soubemos nos virar bem.

Mamãe explicou que se dedicaram, nos últimos tempos, a aprender sobre os meandros da coisa. Foram aos vários dispensários de sopa para os pobres, experimentando para ver o que tinha a melhor culinária, escolhendo os seus preferidos. Já sabiam quais igrejas distribuíam sanduíches e em que horários. Descobriram bibliotecas públicas com bons banheiros, onde era possível se lavar.

— Nós lavamos o mais embaixo possível, o mais em cima possível, mas nunca tudo — descreveu mamãe.

Escovar os dentes e fazer a barba também. Meus pais catavam jornais nas lixeiras e procuravam por eventos gratuitos. Eles iam a peças, óperas, concertos em parques, ouviam quartetos de cordas e recitais de piano em halls de entrada de grandes prédios de escritórios, assistiam a estréias de filmes e visitavam museus. Quando começaram a viver como sem-teto, no início do verão, dormiam em bancos de praças ou em meio a arbustos que orlam os caminhos de pedestres dos parques. De vez em quando, um policial os acordava e os mandava irem embora, mas acabavam encontrando outro lugar para dormir. Durante o dia, escondiam os seus colchões improvisa-dos debaixo dos arbustos.

— Vocês não podem continuar vivendo assim — falei.

— Por que não? — perguntou mamãe. — Ser sem-teto é uma aventura.

Com a chegada do outono, os dias encurtaram e a temperatura abai-xou, e mamãe e papai começaram a passar mais tempo nas biblio-tecas, que eram aquecidas e confortáveis, e algumas ficavam abertas até tarde da noite. Mamãe estava lendo a obra de Balzac. Papai de-senvolvera interesse pela teoria do caos e estava lendo os periódicos *Los Alamos Science* e *Journal of Statistical Physics*. Ele disse que já tinham ajudado no seu jogo de sinuca.

— O que vocês vão fazer quando o inverno chegar? — perguntei à mamãe.

Ela sorriu.

— O inverno é uma das minhas estações prediletas.

Eu não sabia o que fazer. Parte de mim queria fazer o que quer que fosse possível para tomar conta deles, mas a outra parte queria sim-plesmente "lavar as mãos". O frio chegara cedo aquele ano, e, todas as vezes em que eu saía do apartamento da psicóloga, me pegava olhando para os rostos dos sem-teto nas ruas, todos por quem passava, ima-ginando se um deles seria a mamãe ou o papai. Eu costumava dar aos sem-teto as moedas que eu tivesse na carteira, mas não conseguia deixar de pensar que isso era apenas uma forma de tranqüilizar minha consciência com relação aos dois, errantes pelas ruas, enquanto eu ti-nha um emprego fixo e um quarto quente para o qual voltar no fim do dia.

Certa vez, descendo a Broadway com outra estudante chamada Carol, dei uns trocados a um sem-teto.

— Você não devia fazer isso — disse ela.

— Por quê?

— Só serve pra encorajar essa gente. Eles são todos versados na *arte do golpe*.

"E o que é que você entende disso?", tive vontade de perguntar. Desejei contar à Carol que os meus pais estavam lá também, que ela não tinha a menor idéia do que era estar entregue à própria sorte, sem ter aonde ir e sem ter o que comer. Mas isso teria significado explicar quem eu era de verdade, e essa não era a intenção. Por isso, na esquina seguinte, segui o meu caminho sem dizer uma palavra.

Eu sabia que eu devia ter defendido a mamãe e o papai. Eu tinha sido uma criança muito brigona, e a nossa família sempre lutara uns pelos outros, mas naquela época não tínhamos escolha. A verdade era que eu estava cansada de ter que brigar com as pessoas que nos ridicularizavam pela nossa maneira de viver. Eu simplesmente não tinha vontade de defender e dar explicações sobre mamãe e papai para o mundo todo.

Foi por isso que não os defendi diante da professora Fuchs. Ela era uma das minhas professoras preferidas, uma mulher negra, baixinha e passional, que tinha olheiras empapuçadas sob os olhos e ensinava ciência política. Um dia, ela perguntou se os sem-teto eram o resultado de programas sociais mal orientados e do uso abusivo de drogas, como defendiam os conservadores, ou se eram a conseqüência de cortes nos programas de assistência social e da incapacidade de se criarem oportunidades econômicas para os pobres, como acreditavam os liberais. A professora Fuchs pediu que eu me pronunciasse. Hesitei.

— Às vezes acho que não é nem um, nem outro.

— Você pode explicar melhor?

— Acho que às vezes as pessoas vivem como desejam.

— Você está querendo dizer que os sem-teto desejam viver nas ruas? Você está querendo dizer que eles não querem dormir em camas quentes, com tetos sobre as suas cabeças?

— Não exatamente — disse, procurando as palavras. — Eles querem. Mas, se alguns tivessem força de vontade para trabalhar e se comprometer, poderiam não ter as vidas que sempre quiseram, mas poderiam dar conta das despesas mensais.

A professora Fuchs saiu de detrás do púlpito.

— O que você sabe sobre a vida dos desafortunados? — Ela estava praticamente trêmula de agitação. — O que você sabe sobre as dificuldades e os obstáculos que as classes desfavorecidas enfrentam?

Os outros alunos me encararam.

— Tem razão — falei.

NAQUELE MÊS DE JANEIRO, fez tanto frio que dava para ver pedaços de gelo do tamanho de carros flutuando pelo rio Hudson abaixo. Nessas noites de pleno inverno, os abrigos para sem-teto ficavam cheios, e com razão. Mamãe e papai odiavam os abrigos. Esgoto humano, dizia papai, poços de vermes ambulantes. Preferiam dormir nos bancos das igrejas, que abriam as portas aos desabrigados, mas, certas noites, todos os bancos de igreja ficavam ocupados. Nessas noites, papai ia acabar em um abrigo enquanto a mamãe aparecia na casa da Lori, com o Tinkle a tiracolo. Em momentos como esses, sua fachada alegre desmoronava e ela começava a chorar, e confessava à Lori que a vida nas ruas era dura, só muito dura.

Durante um tempo, considerei a possibilidade de largar a faculdade para ajudar. Sentia-me insuportavelmente egoísta e achava até mesmo errado me permitir uma formação em artes liberais em uma escola grã-fina, enquanto eles estavam nas ruas. Mas a Lori me convenceu de que largar a escola era uma idéia burra. Não resolveria nada, disse-me, e, além do mais, abandonar os estudos seria um golpe fatal para o papai. Ele estava profundamente orgulhoso de ter uma filha na faculdade, ainda por cima uma faculdade da Ivy League. Toda vez que conhecia alguém, dava um jeito de falar nisso durante os primeiros minutos da conversa.

Eles tinham opções, segundo o Brian. Podiam se mudar, voltar para West Virginia ou para Phoenix. Mamãe podia trabalhar. E ela não tinha esgotado os seus recursos. Ela tinha a sua coleção de jóias indianas antigas, que ela guardava em um depósito de bens alugado. Tinha o anel de diamantes de dois quilates que ele e eu encontráramos debaixo das tábuas podres lá em Welch; ela o usava até para dormir no banco da praça. Ela ainda tinha posses em Phoenix. E tinha também a terra no Texas, que rendia os *royalties* da prospecção de petróleo.

Brian tinha razão. Mamãe tinha, de fato, opões. Marquei um encontro com ela em uma lanchonete para discuti-las. A primeira coisa que falei era que ela poderia pensar em conseguir um esquema como o meu: um quarto no apartamento legal de alguém em troca de cuidar de crianças ou de pessoas idosas.

— Passei a vida inteira cuidando dos outros. Agora está na hora de eu cuidar de mim.

— Mas você não está cuidando de si.

— Você quer mesmo conversar sobre isso? Tenho visto uns filmes bons ultimamente. Não dá pra gente falar de filmes?

Sugeri à mamãe que ela vendesse a coleção de jóias indianas. Ela não quis nem ouvir falar no assunto. Tinha paixão por aquelas jóias. Além do mais, eram uma herança e tinham valor sentimental.

Mencionei as terras no Texas.

— Elas pertencem à família há várias gerações e vão continuar na família. Não se vende uma terra daquelas.

Perguntei sobre a propriedade em Phoenix.

— Estou reservando, como se costuma dizer aqui, "para um dia chuvoso".

— Mãe, tá caindo o maior toró.

— Só chuviscando. Monções podem estar diante de nós! — Ela bebericou o chá. — As coisas sempre acabam dando certo no final das contas.

— E se não se acertarem?

— Só quer dizer que ainda não chegaram ao final.

Olhou para mim do outro lado da mesa sorrindo, o sorriso que se dá às pessoas quando se sabe ter respostas a todas as suas perguntas. Por isso, conversamos sobre filmes.

MAMÃE E PAPAI SOBREVIVERAM ao inverno, mas todas as vezes em que os via, eles pareciam um pouco mais mulambentos: mais sujos, mais machucados, com o cabelo mais embaraçado.

— Não se preocupe — disse papai. — Você já viu o teu velho entrar em uma situação que não conseguisse resolver?

Eu dizia para mim mesma que ele tinha razão, que eles sabiam se cuidar, mas na primavera mamãe me telefonou dizendo que papai estava com tuberculose.

Papai quase nunca ficava doente. Ele sempre levava uns trancos, mas se recuperava quase imediatamente, como se nada pudesse atingi-lo em cheio. Por um lado, eu ainda acreditava em todas aquelas histórias da carochinha que nos contara, sobre o quão invencível ele era. Papai pediu que ninguém fosse visitá-lo, mas mamãe disse que achava que ele ficaria contente se eu aparecesse no hospital.

Esperei na recepção do andar enquanto um assistente foi dizer ao papai que ele tinha uma visita. Pensei que ele poderia estar dentro de uma tenda de oxigênio, ou deitado sobre uma cama, tossindo sangue em um lenço branco, mas um minuto depois ele veio apressado pelo corredor. Estava mais pálido e magro do que de costume, mas, apesar de todos aqueles anos de vida difícil, ele havia envelhecido muito pouco. Ainda tinha muito cabelo, cor preto-carvão, e seus olhos escuros brilhavam por sobre a máscara cirúrgica de papel que estava usando.

Ele não me deixou abraçá-lo.

— Alto lá, Nelly. Fica por aí mesmo — disse-me. — Você é um colírio para os olhos, fofura, mas eu não quero que você pegue essa porcaria filha-da-puta.

Ele me acompanhou à sala de recuperação de tuberculose, e me apresentou a todos os seus amigos.

— Acreditem se quiserem, mas o velho Rex Walls produziu alguma coisa de que vale a pena se orgulhar, e aqui está ela — disse-lhes.

Aí ele começou a tossir.

— Pai, você está bem?

— Não se sai vivo da vida, fofura.

Era uma expressão que ele costumava usar, e agora ele parecia sentir um prazer todo especial ao repeti-la.

Papai me levou até o seu leito. Tinha uma enorme pilha de livros ao lado da cama. Ele disse que esse entrevero com a TB — tuberculose — tinha feito com que ele meditasse sobre a mortalidade e a natureza do cosmo. Ele estava sóbrio como pedra desde que entrara no hospital e vinha lendo mais sobre a teoria do caos, particularmente um trabalho do Mitchell Feigenbaum, um físico de Los Alamos que fez um estudo sobre a transição entre a ordem e a turbulência. Papai disse que dava a mão à palmatória se o Feigenbaum não tinha feito uma defesa inatacável da turbulência, que na verdade não era acaso, mas que seguia um espectro seqüencial de freqüências variáveis. Se toda ação no Universo que se acreditasse ser casual constituísse, na verdade, um padrão racional, continuou papai, isso implicaria a existência de um criador divino. Assim, ele estava começando a repensar o seu credo ateu.

— Não estou dizendo que tem um velho barbudo chamado Jeová trepado nas nuvens, decidindo qual time de futebol vai ganhar o campeonato nacional. Mas se os físicos, os físicos quânticos, sugerem que Deus existe, estou mais predisposto a acalentar essa noção.

Papai mostrou-me uns cálculos nos quais vinha trabalhando. Ele me viu olhar seus dedos trêmulos e esticou-os.

— Falta de álcool ou temor divino, não sei o que está causando isso. Talvez ambos.

— Me promete que não vai sair daqui antes de ficar bom. Não quero que você dê uma escapulida.

Papai caiu na gargalhada e acabou tendo outro acesso de tosse.

Papai ficou no hospital seis semanas. A essa altura, ele tinha não somente ficado bom da tuberculose, como também ficado sóbrio pelo período mais longo de sua vida desde a desintoxicação em Phoenix. Ele sabia que, se retornasse às ruas, recomeçaria a beber. Um dos diretores do hospital arrumou um emprego para ele na manutenção em uma clínica ao norte do estado, com quarto e comida de graça. Ele tentou convencer a mamãe a ir com ele, mas ela se recusou categoricamente:

— O norte do estado é um porre — disse ela.

Então papai foi sozinho. Volta e meia me ligava e parecia ter construído uma vida que lhe convinha. Ele tinha um cômodo em cima da garagem, gostava de consertar e de fazer os bicos que fossem precisos, adorava estar — novamente e praticamente — a poucos metros de distância da natureza selvagem, e curtia viver sóbrio. Papai trabalhou na clínica durante o verão e o outono. Quando começou a fazer frio de novo, mamãe ligou para ele e mencionou como era mais fácil para duas pessoas se manterem aquecidas durante o inverno, e quanto o Tinkle, o cachorro, sentia falta dele. Em novembro, depois da primeira grande geada, recebi um telefonema do Brian, dizendo que mamãe tinha conseguido convencer o papai a largar o emprego e a voltar para a cidade.

— Você acha que ele vai continuar sóbrio? — perguntei.

— Ele já voltou a beber — respondeu.

Poucas semanas depois de o papai voltar, eu o encontrei na casa da Lori. Ele estava sentado no sofá, com o braço em volta dos ombros da mamãe e uma garrafa na mão... rindo.

— Essa mãe maluca de vocês, não posso viver com ela, não consigo viver sem ela. E acho que ela sente o mesmo por mim.

Todos tínhamos nossas vidas agora. Eu estava na faculdade, Lori tinha se tornado ilustradora em uma editora de revistas em quadrinhos e ainda morava com Maureen, que estava no ensino médio, e Brian, que queria ser policial desde que teve que chamar a polícia à nossa casa em Phoenix para apartar uma briga entre a mamãe e o papai, era supervisor em um armazém, e trabalhava na força de polícia auxiliar até ter idade suficiente para fazer o concurso do departamento de polícia. Mamãe sugeriu que festejássemos o Natal no apartamento da Lori. Comprei para a mamãe uma cruz de prata em um antiquário, mas encontrar um presente para o papai era mais difícil. Ele sempre dizia não precisar de nada. Como estava parecendo que aquele ia ser mais um inverno rigoroso, e como ele não usava nada além de uma jaqueta da aeronáutica, até mesmo no frio mais intenso, resolvi comprar-lhe umas roupas quentes. Em uma loja de roupa e equipamento do exército, comprei camisas de flanela, roupa de baixo térmica, meias de lã grossas, calças azuis do tipo usado pelos mecânicos de carro e um par de botas novo com a ponta de aço.

Lori decorou o apartamento com luzes coloridas, galhos de pinheiro e anjos de papel; Brian preparou gemada; e, para mostrar que estava com boas maneiras, papai se deu ao trabalho de se certificar de que não havia álcool dentro antes de aceitar um copo. Mamãe distribuiu os seus presentes, cada qual embrulhado em papel de jornal e amarrado com barbante grosso. Lori ganhou uma luminária rachada que pode ter sido uma Tiffany; Maureen, uma boneca antiga de porcelana quase careca; Brian, um livro de poesia do século XIX, faltando a capa e as primeiras páginas. O meu presente era um suéter abóbora de gola alta, ligeiramente manchado, mas feito, como mamãe bem observou, de lã Shetland.

Quando entreguei ao papai a minha pilha de caixas cuidadosamente embrulhadas, ele reclamou, dizendo que não precisava, nem queria nada.

— Vai em frente — falei. — Abre.

Olhei com atenção enquanto ele desembrulhava, cheio de cuidado. Levantou as abas da caixa e olhou para as roupas dobradas. Seu rosto adquiriu aquela expressão magoada que ele fazia todas as vezes que o mundo denunciava o seu blefe.

— Você deve ter uma vergonha danada do teu velho.

— Como assim? — perguntei.

— Você acha que eu preciso de caridade.

Papai levantou e vestiu a jaqueta, evitando os nossos olhos.

— Aonde você vai? — perguntei.

Papai só levantou a gola e saiu do apartamento. Ouvi o barulho de suas botas descendo as escadas.

— O que foi que eu fiz? — perguntei.

— Te coloca no lugar dele — disse mamãe. — Você compra pra ele todas essas coisas novas e bacanas, e tudo o que ele pode te dar é lixo encontrado na rua. Ele é o pai. Ele é quem devia estar cuidando de você.

A casa ficou silenciosa alguns instantes.

— Acho que você também não quer os teus presentes — falei para a mamãe.

— Quero, sim — disse ela. — Eu adoro ganhar presente.

Com a chegada do verão, mamãe e papai estavam a ponto de completar três anos nas ruas. Eles descobriram uma maneira de se virar direito, e aos poucos eu comecei a aceitar a idéia de que, gostando ou não, as coisas eram assim, e ponto.

— É meio que culpa da cidade — falou mamãe. — Eles tornam tudo fácil demais para os sem-teto. Se fosse mesmo insuportável, viveríamos de outro jeito.

Em agosto, papai ligou para rever comigo a escolha das matérias do semestre seguinte. Ele também queria discutir alguns dos livros da bibliografia indicada. Desde que se mudara para Nova York, ele vinha pegando emprestado os livros que eu trazia da biblioteca pública. Ele lia cada um deles, disse-me, para poder responder a qualquer dúvida que eu pudesse vir a ter. Mamãe disse que era a sua maneira de ter uma formação universitária junto comigo.

Quando me perguntou em que matérias eu havia me inscrito, eu disse que estava pensando em largar o curso.

— Nem pensar — falou.

Eu lhe disse que, se a maior parte das mensalidades eram pagas pelas doações, bolsas e empréstimos, a faculdade ainda me cobrava uma contribuição de US$2.000 anuais. Mas durante o verão eu só tinha conseguido economizar US$1.000 e não tinha como conseguir o resto.

— Por que não me falou antes?

Papai ligou uma semana depois e me pediu para encontrá-lo na casa da Lori. Quando chegou com a mamãe, estava carregando um saco plástico grande, e uma bolsa de papel pardo debaixo do braço. Imaginei que fosse uma garrafa de bebida, mas aí ele abriu a bolsa e a virou de cabeça para baixo. Centenas de notas — de um, cinco, dez, vinte dólares, todas amarfanhadas e meio puídas — caíram no meu colo.

— Aqui tem US$950 — falou ele.

Ele abriu o saco plástico, e um casaco de pele saiu rolando para fora.

— E isso aqui é um *vison*. Você deve conseguir tirar uns cinqüenta paus com ele no prego; isso no mínimo.

Fiquei parada, olhando para aquilo.

— Onde foi que vocês conseguiram tudo isso? — perguntei, finalmente.

— Nova York é uma cidade cheia de jogador de pôquer que não sabe a diferença entre o buraco na bunda deles e um olho mágico.

— Pai, vocês precisam desse dinheiro mais do que eu.

— É teu. Desde quando é errado que um pai cuide de sua filhota?

— Mas eu não posso aceitar. — Olhei para a mamãe.

Ela se sentou ao meu lado e colocou a mão sobre minha perna.

— Eu sempre acreditei no valor de uma boa educação — disse ela.

Por isso, quando me matriculei no último ano da Barnard, paguei o que devia com as notas amassadas e carcomidas do papai.

UM MÊS DEPOIS, RECEBI UM TELEFONEMA da mamãe. Estava tão animada que mal conseguia falar. Ela e papai haviam encontrado um lugar onde morar. Sua nova casa, disse, era em um prédio abandonado no Lower East Side.

— Ele está meio decrépito — admitiu. — Mas só precisa de um pouco de amor e carinho. O melhor da história é que é de graça.

Ela me garantiu que outras pessoas também estavam se mudando para prédios abandonados. Eles eram chamados de *squatters* — colonizadores ilegais —, e os prédios eram *squats* — colônias.

— Seu pai e eu somos pioneiros, como o meu tetravô, que ajudou a domar o Oeste Selvagem.

A próxima ligação de mamãe foi poucas semanas mais tarde, quando disse que, embora o *squat* ainda precisasse de uns últimos retoques — uma porta da frente, por exemplo —, ela e papai estavam oficialmente recebendo visitas. Peguei o metrô até Astor Place em um dia de primavera e rumei para o leste. O apartamento deles ficava em um prédio de seis andares sem elevador. O reboco estava caindo e os tijolos, se soltando. Todas as janelas do primeiro andar tinham sido arrancadas. Estendi a mão para abrir a porta da entrada do prédio, mas, onde houvera um dia uma maçaneta, só tinha um buraco. Do lado de dentro, tinha uma lâmpada pendurada na ponta de um fio no início do corredor. Nas paredes, pedaços inteiros de gesso haviam descolado, revelando o esqueleto de madeira, o encanamento e a fiação. No terceiro andar, bati à porta do apartamento da mamãe e do papai, e ouvi a voz abafada do papai. Em vez de a porta abrir para dentro, apareceram dedos, em ambos os lados, e ela foi levantada e retirada completamente do portal. Lá estava o papai, vibrando, me abraçando, enquanto tagarelava que ainda tinha que colocar as dobradiças da porta. Aliás, eles tinham acabado de arranjar a porta, que ele encontrou no porão de um outro prédio abandonado.

Mamãe veio correndo por trás dele, com um sorriso tão largo que dava para ver os molares, e me deu um abraço apertado. Papai espantou um gato de cima de uma cadeira — eles já haviam adotado alguns desgarrados — e me convidou para sentar. A sala estava entulhada de móveis quebrados, bolos de roupas, pilhas de livros e o material de arte da mamãe. Quatro ou cinco aquecedores elétricos estavam acesos pelos cantos. Mamãe explicou que papai tinha feito uma ligação em cada apartamento ocupado no prédio ao cabo geral da rua, armando um gato no poste mais embaixo, perto da esquina.

— Estamos todos recebendo luz elétrica gratuita graças ao teu pai. Ninguém no prédio poderia sobreviver sem ele.

Papai riu modestamente. Ele me contou como o processo havia sido complexo, porque a fiação do prédio era muito velha.

— É a instalação elétrica mais ferrada de complicada que já vi. O manual deve ter sido escrito em hieróglifos.

Olhei em volta e dei-me conta de que, se você substituísse os aquecedores elétricos pelo fogão a carvão, esse apartamento no Lower East Side parecia muito com a casa na Little Hobart Street. Eu tinha fugido de Welch uma vez, e, agora, respirando aqueles mesmos ares de aguarrás, pêlo de cachorro, roupa suja, cerveja quente, fumaça de cigarro e comida em temperatura ambiente começando a estragar, tive uma vontade enorme de dar no pé. Mas eles estavam claramente orgulhosos, e, enquanto os ouvia falar — interrompendo-se mutuamente na sua animação para corrigir e precisar os fatos e dar detalhes da história — sobre os seus colegas colonizadores e amigos que haviam feito na vizinhança, e a luta comum contra a secretaria municipal de urbanismo e habitação, ficou nítido que eles encontraram, por acaso, toda uma comunidade de pessoas como eles, gente que vivia uma vida desregrada, insurgindo-se contra a autoridade, e que gostavam de tudo dessa forma. Depois de todos aqueles anos de nomadismo, eles encontraram um lar.

Formei-me na Barnard naquela primavera. Brian compareceu à colação de grau, mas Lori e Maureen tinham que trabalhar, e mamãe disse que só ia ser um monte de discursos chatos sobre a longa e sinuosa estrada da vida. Eu queria que papai viesse, mas ele provavelmente chegaria bêbado e tentaria polemizar com o representante da turma, que ia fazer o discurso.

— Eu não posso correr esse risco, pai — eu lhe disse.

— Ora bolas, eu não preciso ver a minha Cabrita Montesa recebendo uma pele de carneiro pra saber que ela tem um diploma universitário.

A revista onde eu vinha trabalhando dois dias por semana me havia proposto um emprego de tempo integral. Eu precisava mesmo era de um lugar onde morar. Havia vários anos eu namorava um homem chamado Eric, amigo de um dos amigos excêntrico-geniais da Lori, que era de uma família rica, tinha uma pequena empresa e morava sozinho em um apartamento na Park Avenue, onde fora criado. Era um sujeito desapegado, quase fanático por arrumação, que tinha agendas detalhadas com a organização das horas do dia, e que podia recitar estatísticas intermináveis de jogos de beisebol. Mas ele era honesto e responsável, nunca jogava por dinheiro nem perdia a calma, e sempre pagava as contas a tempo. Quando soube que eu estava procurando alguém para rachar um apartamento, sugeriu que eu me mudasse para o dele. Eu não tinha condições de pagar metade do aluguel, disse-lhe, e não moraria lá, a não ser que eu pudesse pagar à minha própria maneira. Ele sugeriu que eu começasse pagando o que podia, e, quando o meu salário melhorasse, poderia aumentar a minha contribuição. Ele fez a proposta soar como um negócio, algo sólido, e, depois de refletir um pouco, aceitei.

Quando contei ao papai sobre o meu projeto, ele perguntou se o Eric me fazia feliz e se ele me tratava direito.

— Porque, se não tratar, vou dar um chute tão forte na bunda do miserável que o cu dele vai parar entre os ombros.

— Ele me trata bem, papai.

Eu queria dizer que eu sabia que o Eric nunca tentaria roubar o cheque do meu pagamento, nem me jogar pela janela, que eu sempre tive medo de me apaixonar por um beberrão, brigalhão e pilantra carismático que nem você, pai, mas que eu tinha acabado com um sujeito que era exatamente o oposto.

Todos os meus pertences couberam em dois engradados plásticos de leite e em um saco de lixo. Eu os arrastei até a rua, chamei um táxi e os levei até o outro lado da cidade, para o prédio do Eric. O porteiro, que usava um uniforme azul com detalhes dourados, veio apressado de baixo do toldo da entrada e fez questão de carregar os engradados de leite para dentro da portaria.

O apartamento do Eric tinha teto com vigas aparentes e uma lareira com um mantel *art déco*. Eu repetia para mim mesma que eu estava, quem diria, morando na Park Avenue, enquanto pendurava as roupas no armário que o Eric havia liberado para mim. Foi quando comecei a pensar na mamãe e no papai. Quando eles se mudaram para o seu *"squat"* — 15 minutos de metrô, sentido sul, e uma meia dúzia de mundos de distância — parecia que eles tinham finalmente encontrado seu lugar no mundo, e eu me perguntava se eu também havia encontrado o meu.

Convidei a mamãe e o papai para o apartamento. Papai disse que se sentiria desconfortável e nunca veio, mas mamãe me visitou quase que imediatamente. Ela olhou o verso dos pratos para ler o nome do fabricante, e levantou o canto do tapete persa para contar os nós. Suspendeu a porcelana contra a luz e passou o dedo ao longo da arca militar antiga. Aí, ela foi até a janela e olhou para fora, para os prédios de tijolo vermelho e pedra do outro lado da rua.

— Eu não gosto muito da Park Avenue. A arquitetura é monótona demais. Prefiro a arquitetura do Central Park West.

Eu lhe disse que ela era a colonizadora mais besta que eu conhecia, e isso provocou alguns risos. Ela sentou no sofá da sala de estar. Tinha algo que eu queria conversar com ela. Agora eu tinha um bom emprego, disse-lhe, e tinha condições de ajudar a ela e ao papai. Eu queria comprar alguma coisa para eles, algo que melhorasse as suas vidas. Podia ser um carro pequeno. Podia me apresentar como fiadora e adiantar uns meses de aluguel de um apartamento. Podia ser o pagamento da entrada de uma casa em um bairro mais popular.

— Não precisamos de nada. Estamos bem. — Ela colocou a taça de chá sobre a mesinha. — E é contigo que estou preocupada.

— *Você* tá preocupada *comigo*?

— Sim, muito.

— Mãe. Eu estou muito bem! Tenho muito, muito conforto.

— E é com isso mesmo que eu estou preocupada. Olha só como você está vivendo. Você se vendeu. Se não tomar cuidado, vai acabar entrando pro Partido Republicano. — Ela balançou a cabeça. — Onde estão os valores com os quais eu te criei?

Mamãe ficou ainda mais preocupada com os meus valores quando o redator me ofereceu um emprego para escrever uma coluna sobre o que ele chamava os "bastidores dos grandes e poderosos". Mamãe achava que eu devia estar escrevendo crônicas sobre senhorios opressores, injustiça social e a luta de classes no Lower East Side. Mas eu agarrei o emprego com unhas e dentes, porque isso significava que eu me tornaria uma daquelas pessoas que sabiam o que estava acontecendo de verdade. E, além disso, porque a maioria das pessoas em Welch tinha uma idéia bem precisa de quão ferrada era a família Walls, mas a verdade era que eles todos tinham os seus problemas também — os grandes e poderosos só eram melhores do que nós em esconder o jogo. Eu queria que todo o mundo soubesse que ninguém tinha uma vida perfeita, que até as pessoas que pareciam ter uma vida perfeita tinham, todas, os seus segredos.

Papai achou ótimo que eu escrevesse uma coluna semanal sobre, como ele costumava dizer, as mulheres magricelas e os gatunos gordos. Ele se tornou um dos meus leitores mais fiéis, ia à biblioteca para pesquisar sobre as pessoas da coluna e aí me ligava com dicas. "Essa madame Astor tem um passado danado de cabeludo", disse-me certa vez. Com o tempo, até a mamãe concordou que eu tinha feito a coisa certa.

— Ninguém achava que você fosse dar pra alguma coisa — disse-me. — A Lori era a inteligente da família, a Maureen, a bonita, e o Brian, o corajoso. Você nunca teve grandes talentos, a não ser o de trabalhar pesado, com afinco.

Eu adorava o meu novo emprego, mais ainda do que adorava o meu endereço na Park Avenue. Eu era convidada a dúzias de festas por semana: inaugurações de galerias de arte, bailes filantrópicos, estréias de filmes, lançamentos de livros e jantares reservados em salas com piso de mármore. Eu encontrava empreendedores imobiliários, agentes de artistas, herdeiras, gerentes de fundos de investimento, advogados, estilistas, jogadores de basquete profissionais, fotógrafos, produtores de cinema e correspondentes do telejornalismo. Encontrei pessoas que possuíam coleções inteiras de casas e que gastavam mais em um jantar de restaurante do que minha família havia pagado pelo número 93 da Little Hobart Street.

Verdade ou não, eu estava convencida de que, se essa gente toda descobrisse tudo sobre a mamãe e o papai e sobre quem eu era, seria realmente impossível continuar com esse emprego. Por isso, eu evitava conversar sobre meus pais. Quando isso era impossível, eu mentia.

Um ano depois de ter começado a minha coluna, eu estava em um restaurante pequeno com uma decoração excessiva e, do outro lado da mesa, havia uma mulher de uma certa idade, elegante, usando um lenço de seda, responsável pela nominação na Lista Internacional dos Mais Bem-Vestidos.

— Então, de onde você é, Jeannette?

— De West Virginia.

— De onde em West Virginia?

— De Welch.

— Formidável. Qual é a principal atividade econômica em Welch?

— Exploração de carvão natural.

Enquanto me interrogava, ela examinava o que eu estava vestindo, analisando o tecido e avaliando o custo de cada item indumentário, e julgando o meu gosto em geral.

— E a sua família possui minas de carvão?

— Não.

— O que os seus pais fazem?

— Mamãe é artista.

— E o seu pai?

— Ele é um empreendedor.

— Em que setor?

Respirei fundo.

— Ele está desenvolvendo uma tecnologia para queimar carvão betuminoso de baixa qualidade de maneira mais eficiente.

— E eles ainda estão em West Virginia?

Resolvi arrebentar a boca do balão.

— Eles adoram aquilo lá. Têm uma casa antiga *linda*, sobre uma colina que dá para um belíssimo rio. Passaram anos restaurando a propriedade.

MINHA VIDA COM O ERIC ERA CALMA e previsível. Eu gostava dela assim, e, quatro anos depois de eu ter mudado para o seu apartamento, nos casamos. Pouco depois do casamento, o irmão da mamãe, o tio Jim, morreu no Arizona. Mamãe veio até o meu apartamento para dar a notícia e pedir um favor.

— Precisamos comprar as terras do Jim — falou.

Mamãe e ele haviam herdado do pai, cada qual, metade das terras no oeste do Texas. Durante toda a nossa infância e adolescência, mamãe tinha sido misteriosamente vaga sobre o tamanho e o valor dessas terras, mas eu tinha a impressão de que se tratava de algumas centenas de acres, em um deserto mais ou menos inabitável, a quilômetros de distância de uma estrada.

— Temos que manter aquelas terras na família. É importante por razões afetivas.

— Vamos ver se conseguimos comprar, então — disse-lhe. — Quanto custam?

— Você pode pedir o dinheiro emprestado ao Eric, agora que ele é teu marido.

— Eu tenho um pouco de dinheiro. Quanto custam?

Eu tinha lido em algum lugar que um terreno longe da estrada no oeste do Texas era vendido por pouco mais de US$100 o acre.

— Você pode pedir emprestado ao Eric — repetiu ela.

— Então, quanto?

— Um milhão de dólares.

— O quê?

— Um milhão de dólares.

— Mas as terras do tio Jim são do tamanho das tuas.

Eu estava falando lentamente, porque queria ter certeza de que entendia o que significava tudo aquilo que a mamãe tinha acabado de me dizer.

— Cada um de vocês herdou metade das terras do vovô Smith.

— Mais ou menos.

— Portanto, se as terras do tio Jim valem um milhão de dólares, isso significa que as suas valem um milhão de dólares.

— Eu não sei.

— Como assim, você não sabe? Elas são do mesmo tamanho.

— Não sei quanto valem, porque nunca pedi para serem avaliadas. Eu nunca venderia. Meu pai me ensinou que nunca se vende terra. É por isso que nós temos que comprar as terras do tio Jim. Temos que mantê-las na família.

— Você está querendo me dizer que você possui terras que valem um milhão de dólares?

Eu estava catatônica. Todos aqueles anos em Welch sem comida, sem carvão, sem encanamento, e mamãe tinha estado sentada sobre terras que valiam um milhão de dólares? Será que todos aqueles anos, assim como o tempo que mamãe e papai passaram nas ruas — para não falar na sua vida atual, em um prédio abandonado — tinham sido um capricho infligido a nós pela mamãe? Será que ela poderia ter resolvido os nossos problemas financeiros vendendo essas terras que ela nunca tinha visto? Mas ela evitou as minhas perguntas, e ficou claro que, para ela, agarrar-se à terra não era tanto uma estratégia financeira, mas uma questão de fé, uma verdade revelada, tão profundamente vivida e incontestável para ela quanto o catolicismo. E por nada nesse mundo eu conseguiria fazer com que ela me dissesse quanto as terras valiam.

— Já disse que não sei.

— Então diz quantos acres elas têm, e onde exatamente elas ficam, e eu descubro quanto vale um acre de terra nessa região.

Eu não estava interessada no dinheiro dela. Só queria saber, precisava ter a resposta à minha pergunta: quanto é que aquela porcaria de terra valia? Talvez ela não soubesse mesmo. Talvez ela tivesse medo de descobrir. Talvez ela tivesse medo do que nós todos pensaríamos se soubéssemos. Mas, em vez de responder, ela ficou repetindo que era importante manter as terras do tio Jim — terras que tinham pertencido ao seu pai, e ao pai dele, e ao pai deste — na família.

— Mãe, eu não posso pedir ao Eric um milhão de dólares.

— Jeannette, eu não tenho te pedido muitos favores, mas estou pedindo um agora. Eu não pediria se não fosse importante. Mas é importante.

Eu disse a ela que achava que o Eric não me emprestaria um milhão de dólares para comprar terras no Texas, e, mesmo que emprestasse, eu não pediria.

— É dinheiro demais. E o que eu faria com as terras?

— Manteria na família.

— Eu não consigo acreditar que você esteja me pedindo uma coisa dessas. Eu nunca nem vi essas terras.

— Jeannette — comentou mamãe quando finalmente percebeu que não ia conseguir impor sua vontade —, estou muito decepcionada com você.

Lori vinha trabalhando como artista *free-lancer* especializada em fantasia, ilustrando calendários, tabuleiros de jogos e sobrecapas de livros. Brian tinha entrado para a força policial assim que completou vinte anos. Papai não conseguia entender onde havia errado na educação do filho para que ele fosse um adulto egresso na *gestapo*. Mas eu estava orgulhosíssima do meu irmão no dia de prestar juramento. Ali, parado na formação em fileiras dos novos oficiais, o Brian tinha ombros esticados dentro do seu uniforme azul-marinho, com os botões de latão reluzindo.

Enquanto isso, Maureen tinha terminado o ensino médio e entrado para uma das faculdades da cidade, mas nunca se dedicara muito, e acabou indo morar com a mamãe e o papai. Ela trabalhava de vez em quando como atendente de bar ou garçonete, mas os empregos nunca duravam muito. Desde pequena, procurava alguém que cuidasse dela. Em Welch, os nossos vizinhos pentecostais propiciavam-lhe o necessário, e agora, em Nova York, com os seus longos cabelos louros e grandes olhos azuis, ela encontrou vários homens dispostos a dar uma mãozinha.

Os namorados não duravam mais do que os empregos. Ela falara em continuar os estudos e fazer a faculdade de direito, mas as distrações apareciam a todo momento. Quanto mais tempo passava com a mamãe e com o papai, mais sem rumo ela ficava, e, depois de um certo tempo, ela estava passando a maior parte dos seus dias dentro de casa, fumando cigarro, lendo romances e, de vez em quando, pintando auto-retratos nus. O apartamento de dois cômodos estava entulhado, e Maureen e papai entravam em brigas homéricas, em que ela o chamava de bêbado imprestável, e ele a chamava de cachorrinho doente, de raspa do tacho, que devia ter sido afogada quando nasceu.

Maureen chegou a parar de ler, para passar o dia inteiro dormindo, só saindo de casa para comprar cigarro. Liguei para ela e a convenci de vir me visitar e conversar sobre o seu futuro. Quando ela chegou, quase não a reconheci. Ela tinha tingido o cabelo e as sobrancelhas de louro-platinado e estava usando uma maquiagem escura e carregada, como as dançarinas de cabúqui. Ela acendia um cigarro no outro e não parava de olhar ao redor da sala. Quando comentei sobre suas possibilidades profissionais, ela me disse que a única coisa que queria fazer era lutar contra os cultos mórmons, que seqüestraram milhares de pessoas no Utah.

— Que cultos? — perguntei.

— Não finge que não sabe. Isso só pode querer dizer que você é um deles.

Depois liguei para o Brian.

— Você acha que a Maureen tá tomando drogas?

— Se não está, devia. Ela ficou completamente pancada.

Falei para a mamãe que Maureen precisava de ajuda psiquiátrica, mas mamãe dizia que ela precisava apenas de um pouco de ar puro e de sol. Falei com vários médicos, mas eles me disseram que, como parecia que ela se recusava a procurar ajuda por conta própria, só poderia ser tratada com a autorização de uma medida judicial, caso demonstrasse ser um perigo para si mesma ou para os outros.

Seis meses depois, Maureen esfaqueou a mamãe. Aconteceu depois que a mamãe resolveu que estava na hora da Maureen desenvolver um pouco a sua independência, se mudando e se instalando em uma casa que fosse sua. Deus ajuda a quem se ajuda, disse mamãe à Maureen, e, portanto, para o seu próprio bem, ela teria que voar do ninho e procurar o seu próprio caminho no mundo. Maureen não conseguiu agüentar a idéia de que sua própria mãe a pusesse para fora de casa e surtou. Mamãe fez questão de dizer que o que aconteceu não fora uma tentativa de homicídio, a menina só tinha ficado confusa e transtornada. Mas as feridas precisaram levar pontos, e a polícia deteve a Maureen.

Ela foi julgada poucos dias depois. Mamãe, papai, Lori, Brian e eu estávamos todos lá. Brian estava furioso. Lori estava mortificada. Papai, cambaleante de bêbado, tentava puxar briga com os seguranças. Mas mamãe agia como de costume — impassível diante da adversidade. Enquanto esperávamos sentados nos bancos da sala de audiência, ela cantarolou sem parar e fez desenhos dos demais espectadores.

Maureen entrou de repente na sala de audiência, algemada e usando um macacão abóbora. Seu rosto estava inchado, e ela parecia tonta, mas quando nos viu, sorriu e deu adeus. Seu advogado pediu à juíza para estabelecer uma caução. Eu havia pedido emprestado milhares de dólares ao Eric e estava com o dinheiro na bolsa. Mas, depois de ouvir a versão dos fatos feita pelo procurador, a juíza balançou a cabeça com desgosto: "caução negada".

Nos corredores, Lori e papai tiveram uma briga espalhafatosa a propósito de quem era responsável por levar a Maureen a ultrapassar os limites. Lori culpava o papai por ter criado um ambiente doentio, ao passo que papai sustentava que a Maureen tinha um parafuso a menos. Mamãe acrescentou que toda aquela comida industrializada que a Maureen havia comido a tinha levado a um desequilíbrio químico, e Brian começou a gritar com todo mundo, mandando que se calassem, ou ele os botava todos na cadeia. Eu só fiquei lá, olhando de um rosto distorcido para o outro, ouvindo essa baboseira de bate-boca raivoso, enquanto os membros da família Walls davam vazão a anos de mágoa e fúria, cada qual descarregando os seus fardos acumulados e culpando os outros por permitir que o mais frágil de nós tivesse se desmantelado.

A juíza enviou a Maureen para um hospital do norte do estado. Ela foi libertada depois de um ano e imediatamente comprou um bilhete, só de ida, para a Califórnia. Eu disse ao Brian que precisávamos impedi-la. Ela não conhecia ninguém na Califórnia. Como conseguiria sobreviver? Mas Brian pensava que era a coisa mais sábia que ela podia fazer pelo seu próprio bem. Ele disse que ela tinha que ir o mais longe possível da mamãe e do papai, e, provavelmente, do resto de nós.

Achei que Brian estava certo. Mas eu também esperava que Maureen tivesse escolhido a Califórnia por achar que era a sua verdadeira casa, seu lar por natureza, onde fazia sempre calor, e você podia dançar na chuva, catar uva direto nas vinhas, e dormir à noite, ao relento, sob as estrelas.

Maureen não quis que nenhum de nós fosse se despedir dela. Acordei com os primeiros raios de sol na manhã de sua partida. O ônibus saía cedo, e eu queria estar acordada, pensando nela no momento em que o ônibus desse a partida, e que eu pudesse me despedir mentalmente. Fui até a janela e olhei para fora, para o céu frio e úmido. Perguntei-me se ela estava pensando em nós e se ia sentir a nossa falta. Sempre tivera sentimentos confusos quanto a trazê-la para Nova York, mas havia concordado em que ela viesse. Quando ela chegou, eu estava ocupada demais cuidando de mim mesma para cuidar dela.

— Me perdoa, Maureen — eu lhe disse quando foi chegada a hora. — Me perdoa por tudo.

DEPOIS DISSO, QUASE NUNCA MAIS VI mamãe ou papai. Nem o Brian. Ele tinha se casado e comprado uma casa vitoriana decadente em Long Island, a qual ele estava restaurando, e ele e a mulher tiveram uma filha. Elas eram a sua família agora. Lori, que ainda morava no seu apartamento perto da Port Authority, tinha mais contato com mamãe e papai, mas ela também seguiu seu próprio caminho. Não houve mais nenhuma reunião desde o julgamento da Maureen. Alguma coisa dentro de nós todos se fragmentou naquele dia, e, desde então, não tínhamos ânimo para reuniões familiares.

Mais ou menos um ano depois de a Maureen ir para a Califórnia, recebi um telefonema do papai, no trabalho. Ele disse que tínhamos que nos ver para conversarmos sobre uma coisa importante.

— Não dá pra ser pelo telefone?

— Eu tenho que te ver pessoalmente, fofura.

Papai me pediu para ir até o Lower East Side naquela noite.

— E, se não for incomodar — acrescentou —, dá pra dar uma passadinha no mercado e comprar uma garrafa de vodca no caminho?

— Ah, então é isso.

— Não, não, fofurinha. Eu preciso mesmo falar com você. Mas eu gostaria de um pouco de vodca. Nada caro, só o que tiver de mais barato. Uma garrafa pequena dá pro gasto. Uma média seria ainda melhor.

Eu fiquei chateada com o pedido ardiloso do papai no final da conversa, como se fosse algo que lhe passasse pela cabeça por acaso.

Concluí que era, provavelmente, o propósito da ligação. De tarde, liguei para a mamãe, que ainda não bebia nada mais forte do que chá, e perguntei se eu devia fazer a vontade do papai.

— O teu pai é o que é. A essa altura do campeonato, já está tarde demais pra tentar mudá-lo. Faz um agradozinho a ele.

De noite, passei no mercado e comprei uma garrafa de dois litros do que havia de mais barato na prateleira, como papai havia pedido, e depois peguei um táxi até o Lower East Side. Subi a escadaria escura e empurrei a porta destrancada. Mamãe e papai estavam deitados na cama, debaixo de uma pilha de cobertores. Tive a impressão de que passaram o dia todo lá. Mamãe deu um gritinho quando me viu, e papai começou a se desculpar pela bagunça, dizendo que, se a mamãe o deixasse jogar fora uma parte daquela lixarada, eles poderiam pelo menos ser capazes de andar de um lado para o outro, o que levou a mamãe a chamá-lo de vagabundo.

— Que bom ver vocês — disse-lhes ao dar-lhes um beijo. — Faz um tempão.

Eles se esforçaram para ficarem sentados. Vi papai olhando para o saco de papel, e o entreguei a ele.

— Uma garrafa grande — disse papai com a voz cheia de gratidão, ao liberar a garrafa do pacote. Ele abriu a tampa e deu um gole longo e profundo. — Obrigado, filhota, você é tão boa com o teu velho pai.

Mamãe estava usando um suéter de tricô grosso. A pele das suas mãos tinha rachaduras profundas, seu cabelo estava embaraçado, mas o rosto tinha uma coloração rosada saudável, e seus olhos estavam claros e brilhantes. Ao seu lado, papai parecia abatido. Seu cabelo, ainda preto-carvão, a não ser por algumas manchas grisalhas nas têmporas, estava penteado para trás, mas suas maçãs do rosto estavam chupadas, e ele estava com uma barba rala. Sempre se barbeara, até mesmo durante aqueles tempos nas ruas.

— Tá deixando a barba crescer por quê, papai?

— Todo homem deve deixar crescer a barba uma vez na vida.

— Mas por que agora?

— É agora ou nunca. É fato, estou morrendo.

Ri nervosamente e então olhei para a mamãe, que estava segurando o seu bloco de desenhos, sem dizer palavra.

Papai estava me olhando com atenção. Ele me devolveu a garrafa de vodca. Embora eu quase nunca bebesse, tomei um gole e senti o álcool queimando ao descer garganta abaixo.

— Esse troço pode te subir à cabeça.

— Não deixe que suba.

Ele começou a me contar como havia contraído uma doença tropical rara depois de entrar em uma luta sangrenta com uns traficantes de droga nigerianos. Os médicos o haviam examinado, atestaram que a doença rara não tinha cura e declararam que ele tinha entre poucas semanas e poucos meses de vida.

Era uma balela ridícula. O fato era que, apesar de ter apenas 59 anos, ele havia fumado quatro maços de cigarro por dia desde os 13 anos de idade, e, a essa altura, também ingeria cerca de um litro de bebida diariamente. Estava, como ele mesmo havia dito em várias ocasiões, totalmente ferrado.

Mas, apesar da violência, da destruição e do caos que ele tinha instituído em nossas vidas, eu não conseguia imaginar como seria a minha vida — como seria o mundo — sem ele. Por pior que ele fosse, eu sempre soube que ele me amava, de uma maneira como ninguém mais me havia amado. Olhei pela janela.

— Agora, nada de choramingar, nem fazer escarcéu por causa do "pobre coitado" do Rex. Não quero esse tipo de coisa nem agora nem quando eu me for.

Fiz que sim com a cabeça.

— Mas você sempre amou o teu velho pai, não foi?

— Amei, pai, e você me amou.

— Essa é uma verdade divinamente verdadeira. — Papai deu uma risada. — Tivemos uns momentos e tanto, não foi?

— Se tivemos.

— Não cheguei a construir o Castelo de Vidro.

— Não, mas a gente se divertiu projetando ele.

— Aqueles projetos eram danados de bons.

Mamãe ficou de fora da conversa, desenhando em silêncio.

— Pai, desculpa, eu devia ter te convidado pra minha formatura.

— Deixa isso pra lá. — Ele riu. — Nunca gostei mesmo de cerimônias. — E tomou outro longo gole da garrafa. — Eu tenho muito do que me arrepender na vida. Mas tenho um orgulho danado de você, Cabrita Montesa, do que você fez com a sua vida. Sempre que penso em você, acho que devo, sim, ter feito alguma coisa certa.

— Claro que fez.

— Então tá tudo bem.

Conversamos um pouco sobre os velhos tempos, e finalmente chegou a hora de eu ir embora. Beijei os dois, e, à porta, olhei para trás para ver o papai mais uma vez.

— Ei — falou, piscou os olhos e apontou o dedo para mim. — Eu já te deixei na mão alguma vez?

Ele começou a rir porque sabia que só havia uma maneira de responder a essa pergunta. Eu apenas sorri. E então fechei a porta.

DUAS SEMANAS DEPOIS, papai teve um ataque do coração. Quando cheguei ao hospital, ele estava em uma maca na sala de emergência, com os olhos fechados. Mamãe e Lori estavam de pé, ao seu lado.

— A vida dele depende dessas máquinas — falou mamãe.

Eu sabia que papai teria odiado isso, passar os momentos finais em um hospital, entubado de todos os lados. Ele teria desejado estar em qualquer outro lugar, desde que em plena natureza. Sempre dissera que, quando morresse, nós devíamos colocá-lo no topo de uma montanha e deixar os falcões e os coiotes depredarem o seu cadáver. Tive uma vontade doida de pegá-lo no colo e sair correndo pelas portas — saindo *à la* Rex Walls — uma última vez.

Mas, em vez disso, segurei a sua mão. Estava quente e pesada. Uma hora depois, eles desligaram as máquinas.

Nos meses seguintes, eu estava sempre querendo estar onde eu não estava. Se estivesse no trabalho, queria voltar para casa. Se estivesse em casa, ficava ansiosa para sair. Se o táxi que eu tivesse pegado ficasse preso em um engarrafamento por mais de um minuto, eu saltava e ia andando. Eu me sentia melhor quando estava em movimento, preferindo ir a algum lugar a ficar parada. Comecei a patinar no gelo. Acordava cedo pela manhã e andarilhava pelas ruas tranqüilas e ainda meio escuras até o rinque de patinação, onde eu amarrava os patins com tanta força que meus pés latejavam. Eu gostava do frio e até do impacto de minhas quedas no gelo duro e molhado. As manobras rápidas e repetitivas distraíam-me, e às vezes eu voltava ao rinque novamente à noite, só chegando em casa tarde e exausta. Levei um certo tempo para perceber que só estar em movimento não era o bastante; que eu tinha que repensar tudo.

Depois que o papai morreu, larguei o Eric. Ele era um homem bom, mas não era o certo para mim. E Park Avenue não era o meu lugar.

Mudei-me para um pequeno apartamento no West Side. Não tinha nem porteiro, nem lareira, mas as imensas janelas inundavam os cômodos de luz. O revestimento do piso era de madeira, e havia um hall de entrada, exatamente como aquele primeiro apartamento que Lori e eu havíamos encontrado no Bronx. Senti-me em casa.

Comecei a patinar menos, e, quando os meus patins foram roubados, não comprei outros. Minha compulsão de estar sempre em movimento começou a esvaecer. Mas fazia longas caminhadas à noite com muito gosto. Costumava andar rumo ao oeste, na direção do rio. As luzes da cidade obscureciam as estrelas, mas, em noites claras, eu podia ver Vênus no horizonte, por sobre a água escura, brilhando intensamente.

5
DIA DE AÇÃO DE GRAÇAS

Eu estava parada na plataforma com o meu segundo marido, John. Um apito soou à distância, luzes vermelhas acenderam, e um sino tocou, enquanto as barreiras levadiças baixaram sobre a estrada. O apito soou de novo, e o trem apareceu na curva, atrás das árvores, e chacoalhou até a estação, com os faróis enormes emitindo uma luz pálida naquela tarde luminosa de novembro.

O trem se delongou até parar. A maquinaria elétrica zuniu e vibrou, e, depois de uma longa pausa, as portas se abriram. Os passageiros saltavam apressados, com jornais dobrados debaixo do braço e sacolas de lona com a roupa para o fim de semana, usando casacos de cores vivas. Em meio à multidão, vi mamãe e Lori descendo de um dos vagões traseiros e acenei para elas.

Fazia cinco anos que papai morrera. Eu só havia visto mamãe esporadicamente desde então, e ela nem mesmo conhecera o John ou visitara a nossa velha casa de campo, uma pequena fazenda que havíamos comprado um ano antes. Tinha sido idéia do John de convidá-las, e ao Brian, para comemorar o Dia de Ação de Graças lá em casa — a primeira reunião da família Walls desde o funeral do papai.

Mamãe abriu um sorriso imenso e começou a correr em nossa direção. Em vez de um casacão, ela estava vestindo o que pareciam ser quatro suéteres e um xale, calças de *côtelé* e tênis velhos. Carregava sacolas de compras abarrotadas em ambas as mãos. Lori, atrás dela, estava usando uma capa preta e um chapéu *fedora*. Formavam uma dupla e tanto.

Mamãe me deu um abraço. Seus longos cabelos estavam quase completamente grisalhos, mas suas maçãs do rosto ainda eram rosadas. Seus olhos, brilhantes como sempre. Então, Lori me abraçou, e apresentei o John a elas.

— Não leve a mal a minha indumentária — disse mamãe. — Mas estou pensando em trocar esses sapatos confortáveis por outros, mais chiques, na hora do jantar.

Ela tirou, de dentro de uma das sacolas, um par de mocassins masculinos para lá de gastos.

A estrada sinuosa que levava até nossa casa passava sob pontes de pedra, no meio de bosques e vilarejos, e por laguinhos onde cisnes flutuavam em espelhos d'água. A maioria das folhas havia caído, e rajadas de vento as levantavam em espirais súbitas, ao longo da estrada. Passando pelos conjuntos de árvores desnudadas, podiam-se ver casas que eram imperceptíveis durante o verão.

Enquanto dirigia, John falou-lhes sobre a região, sobre as fazendas de criação de patos, sobre o cultivo de flores naquela terra e sobre a origem indígena do nome da nossa cidade. Sentada ao seu lado, pude analisar o seu perfil, e não consegui impedir um sorriso. John escrevia livros e artigos para revistas. Como eu, ele havia mudado de um lado para o outro quando criança, mas sua mãe fora criada em um vilarejo da cidade do Tennessee, nos Apalaches, a uns 150 quilômetros ao sudoeste de Welch, por isso, podia se considerar que nossas famílias eram aparentadas. Eu nunca tinha encontrado um homem com quem gostava de passar nosso tempo juntos mais do que tudo na vida. Eu o amava por toda sorte de razões: ele cozinhava sem ler as receitas, escrevia poemas absurdos para as sobrinhas, e sua grande e calorosa família aceitou-me como se eu fizesse parte dela. E, quando eu lhe mostrei minha cicatriz pela primeira vez, ele disse que ela era interessante. Ele usou a palavra "texturizada". Disse que "macio" era monótono, mas que "texturizado" era interessante, e que a cicatriz significava que eu era mais forte do que aquilo que tinha tentado me machucar.

Entramos de carro na alameda que levava à casa. Jessica, uma adolescente de 15 anos, filha do primeiro casamento do John, saiu da casa junto com o Brian e a sua filha de oito anos, Veronica, e o seu cachorro *bull mastiff* chamado Charlie. Brian também quase não se encontrara com a mamãe desde o enterro do papai. Deu-lhe um abraço e começou imediatamente a zombar dos presentes *made-in-lixão* que ela trazia para todo mundo nas sacolas de compras: talheres enferrujados, livros e revistas velhos, umas boas peças de porcelana da década de 1920 com apenas alguns defeitos de pouca monta.

Brian tinha se tornado detetive, sargento condecorado, supervisor de uma unidade especial que investigava o crime organizado. Ele se separara da mulher mais ou menos na mesma época que eu do Eric, mas tinha se consolado comprando e reformando uma casa em ruínas em pleno Brooklyn. Trocou todas as instalações elétricas e hidráulicas, construiu uma fornalha, vigas de sustentação reforçadas e uma varanda nova, tudo com seu próprio suor. Era a segunda vez que ele pegava um monte de escombros e o restaurava até ficar novo em folha. Além disso, havia pelo menos duas mulheres, verdadeiras pretendentes, que ansiavam por ele e queriam tê-lo como marido. Ele estava se dando muito bem na vida.

Mostramos os jardins à mamãe e à Lori. Eles estavam prontos para o inverno. John e eu tínhamos tratado de tudo sozinhos: catado e triturado as folhas, aparado as plantas e arado o solo, acrescentado e misturado adubo à terra da horta, e retirado os bulbos das dálias e estocado em baldes de areia no porão da casa. John também serrou e empilhou a madeira de uma acerácea que derrubamos, além de ter subido no nosso telhado para substituir umas placas podres de cedro de lá.

Mamãe aprovou todos os nossos preparativos. Sempre soubera apreciar a independência das pessoas. Ela admirou a glicínia que crescia enroscando-se ao alpendre, a trombeta-da-china trepando nas árvores e a plantação de bambu no fundo do pomar. Quando viu a piscina, teve um impulso incontrolável e correu até a lona de plástico que a cobria para testar a sua resistência, com Charlie, o cachorro, saltitando atrás dela. A cobertura cedeu sob seu peso e ela desabou, caindo na gargalhada. John e Brian tiveram que ajudar a tirá-la de lá, enquanto a filha do Brian, Veronica, que não vira a mamãe desde que era bebê, ficou olhando com os olhos arregalados.

— A vovó Walls é diferente da tua outra avó — disse-lhe.

— Pra caramba — falou.

A filha do John, Jessica, virou-se para mim e disse:

— Mas ela ri igualzinho a você.

Mostrei a casa à mamãe e à Lori. Eu ainda ia até o escritório na cidade uma vez por semana, mas era aqui que John e eu vivíamos e trabalhávamos, nossa casa — a primeira casa que eu possuíra. Elas apreciaram as tábuas corridas largas do piso, as grandes lareiras e as vigas do teto feitas de troncos de alfarrobeira, com as marcas dos talhes feitas pelo machado que os havia cortado. Os olhos da mamãe grudaram no sofá egípcio que tínhamos comprado em um mercado de pulgas. Ele tinha pés entalhados e um encosto de madeira decorado com triângulos de madrepérola. Ela balançou a cabeça em aprovação.

— Toda família — disse — precisa de uma peça de mobília de muito mau gosto.

A cozinha exalava o cheiro do peru que estava assando, preparado por John com um recheio de lingüiças, cogumelos, nozes, maçãs e *crouton* temperado. Ele também tinha feito cebolas ao creme, arroz-selvagem, molho de amora e abóbora ao forno. Eu tinha assado três tortas com as maçãs de um pomar das redondezas.

— Atacar! — gritou o Brian.

— Tá na hora da bóia! — falei para ele.

Ele olhou para os pratos. Eu sabia o que meu marido estava pensando, o que ele imaginava a cada vez que via uma mesa farta assim. Balançou a cabeça e disse:

— Sabe, não é tão difícil assim pôr comida na mesa, se é o que você quer fazer.

— Ora, ora, nada de recriminações — disse-lhe Lori.

Depois de nos sentarmos à mesa, mamãe nos contou as suas boas-novas. Ela tinha sido uma "colonizadora" por quase 15 anos, e a cidade tinha finalmente resolvido vender os apartamentos a ela e aos outros moradores pelo preço de um dólar. Ela não podia aceitar o nosso convite para ficar uns tempos, falou, porque tinha que voltar por causa de uma reunião com os outros moradores. Mamãe disse também que tinha entrado em contato com a Maureen, que ainda estava morando na Califórnia. Parece que nossa irmã caçula, com quem não falávamos desde que ela deixara Nova York, estava pensando em dar uma passada e nos fazer uma visita.

Começamos a narrar algumas das grandes aventuras do papai: deixar-me passar a mão na cabeça do guepardo, levar-nos à Caça ao Demônio, dar-nos estrelas de presente de Natal.

— Devíamos fazer um brinde ao Rex — falou John.

Mamãe ficou olhando para o teto, imitando a expressão de estar tendo uma idéia espantosa.

— Já sei — disse, e levantou o copo. — Seu pai nunca deixou nossas vidas ficarem monótonas.

Levantamos os nossos copos. Mais um pouco e eu conseguiria escutar o papai gargalhando do comentário da mamãe. Era o que fazia sempre, quando estava realmente se divertindo. A noite já tomara o ambiente. O vento recomeçou, batendo as janelas, e as chamas das velas estremeceram de repente, dançando no limite entre a turbulência e a ordem.

EDITORA RESPONSÁVEL
Izabel Aleixo

PRODUÇÃO EDITORIAL
Daniele Cajueiro
Gustavo Penha

REVISÃO DE TRADUÇÃO
Phellipe Marcel

REVISÃO
Guilherme Bernardo
Mariana Duba

DIAGRAMAÇÃO
Abreu's System

Este livro foi impresso em São Paulo, em outubro de 2007,
pela Lis Gráfica e Editora, para a Editora Nova Fronteira.
A fonte usada no miolo é Sabon corpo 11,5/15.
O papel do miolo é pólen soft 70g/m², e o da capa é cartão 250g/m².

Visite nosso site: www.novafronteira.com.br